大/学/公/共/课/系/列/教/材

劳动教育教程

第2版

LAODONG
JIAOYU JIAOCHENG

付洪涛　王调品　刘　桦——主　编
刘勇恩　姚　婕　黄小平
段水仙　熊祥梅——副主编

北京师范大学出版集团
BEIJING NORMAL UNIVERSITY PUBLISHING GROUP
北京师范大学出版社

图书在版编目(CIP)数据

劳动教育教程/付洪涛，王调品，刘桦主编. —2版. —北京：北京师范大学出版社，2023.8

(大学公共课系列教材)

ISBN 978-7-303-28455-9

Ⅰ.①劳… Ⅱ.①付… ②王… ③刘… Ⅲ.①劳动教育—高等学校—教材 Ⅳ.①G40-015

中国版本图书馆CIP数据核字(2022)第242574号

教材意见反馈 gaozhifk@bnupg.com 010-58805079
营销中心电话 010-58807651
北师大出版社高等教育分社微信公众号 新外大街拾玖号

LAODONG JIAOYU JIAOCHENG

出版发行：北京师范大学出版社 www.bnupg.com
北京市西城区新街口外大街12-3号
邮政编码：100088

印　　刷：北京盛通印刷股份有限公司
经　　销：全国新华书店
开　　本：787 mm×1 092 mm　1/16
印　　张：14.75
字　　数：298千字
版　　次：2023年8月第2版
印　　次：2023年8月第3次印刷
定　　价：44.80元

策划编辑：周　粟　　责任编辑：李　明
美术编辑：陈　涛　李向昕　　装帧设计：陈　涛　李向昕
责任校对：张亚丽　郑淑莉　　责任印制：马　洁

编委会

主　编： 付洪涛　王调品　刘　桦

副主编： 刘勇恩　姚　婕　黄小平　段水仙　熊祥梅

参　编： 郭英才　叶芋伶　吕登蓉　王坤容　唐娜娜　王　飞　郭　庆　陈森玲　王俸俊　吴　红　李　倩　黄　巾　魏　曦　陈　龙　张弘霞　宋　立　陈　攀　戴　荣　彭龄莹

前　言

2018年9月，习近平总书记在全国教育大会上发表重要讲话，提出了培养德智体美劳全面发展的社会主义建设者和接班人的总要求。习近平总书记在讲话中强调："要在学生中弘扬劳动精神，教育引导学生崇尚劳动、尊重劳动，懂得劳动最光荣、劳动最崇高、劳动最伟大、劳动最美丽的道理，长大后能够辛勤劳动、诚实劳动、创造性劳动。"

党的二十大报告指出："全面贯彻党的教育方针，落实立德树人根本任务，培养德智体美劳全面发展的社会主义建设者和接班人。坚持以人民为中心发展教育，加快建设高质量教育体系，发展素质教育，促进教育公平。""在全社会弘扬劳动精神、奋斗精神、奉献精神、创造精神、勤俭节约精神，培育时代新风新貌。"

劳动是创造物质财富和精神财富的过程，是人类特有的基本社会实践活动。劳动教育是发挥劳动的育人功能，对学生进行热爱劳动、热爱劳动人民的教育活动，是新时代党对教育的新要求，是全面发展教育体系的重要组成部分，是大中小学必须开展的教育活动。

劳动教育，即让学生树立正确的劳动观念和劳动态度、养成劳动习惯的教育，是德智体美劳全面发展体系的重要组成部分，是新时代中国特色社会主义教育制度的重要内容，是学生成长的必要途径，具有树德、增智、强体、育美的综合育人价值，直接决定社会主义建设者和接班人的劳动精神面貌、劳动价值取向和劳动技能水平。劳动教育具有鲜明的思想性，只有将马克思主义劳动观贯彻始终，才能让学生充分认识到：劳动是一切财富、价值的源泉，只有辛勤劳动才能创造属于自己的美好生活，帮助自己实现人生梦想。

2020年3月，中共中央、国务院发布《中共中央 国务院关于全面加强新时代大中小学劳动教育的意见》(以下简称《意见》)；7月，教育部发布《大中小学劳动教育指导纲要(试行)》(以下简称《纲要》)。为深入贯彻落实新时代党对劳动教育的新要求，配合各高校劳动教育的开展，充分发挥劳动独特的育人价值，我们编写了《劳动教育教程》。

本书以《意见》和《纲要》为指导，强调劳动教育的思想性，注重理论与实践相结合，从理论知识到技能素养再到行动实践，层层递进、步步引导。本书涵盖了劳动思想、劳动知识、劳动技能和劳动实践的相关内容，设置了学习目标、课程导入、任务实施、案例分析、延伸阅读、知识链接、小贴士等模块，体例清晰、内容丰富、深入浅出，实用性和针对性强，旨在通过劳动教育引导学生崇尚劳动、热爱劳动、尊重劳动者，培育学生精益求精的工匠精神、爱岗敬业的职业精神和务实奉献的劳动精神。

本书聚焦实践，在系统的文化知识学习之外，有计划地引导和帮助学生了解日常生活劳动、生产劳动和服务性劳动，有利于培养学生的动手实践能力，促进学生树立正确的劳动价值观，养成良好的劳动品质。

本书在编写过程中，参考、借鉴和引用了有关专家、学者的著作以及部分网络资源，在此一并表示真诚的感谢！由于编者水平有限，书中疏漏和不妥之处在所难免，敬请广大专家、同行和读者批评指正，以便修订时改进完善。

编　者

目 录

第一章　认知中国特色劳动教育

【学习目标】

知识目标

1. 了解劳动教育的概念，认知劳动教育的内容。
2. 了解劳动教育的意义，明确劳动教育的目标。

素质目标

1. 懂得劳动的重大意义。
2. 认识接受劳动教育的必要性和重要性。

课程导入

你是否熟悉劳动教育?

情境一：小艾是某高校的一名学生，在得知学校要开展劳动教育时，他发表了自己的看法："现在科技越来越发达，许多传统的劳动方式已经或者正在被替代。所以我觉得不应该把时间用在学习这些生活技能上，我们的精力要用在自己喜欢、愿意做的事情上。"

情境二：小张参加了学校组织的研学实践，度过了一周与田野大地、劳作生活亲密接触的时光，回校后撰写的心得体会得到了老师的认可。"虽然累，但是很开心，比在农家乐游玩还有意思。"小张回家后对母亲说。当被问到实践、体验等劳动教育的深层次的问题时，小张一脸严肃地说："体力劳动实在太辛苦了，所以我得用功学习，上好大学、选好专业，以后从事脑力劳动。"

【想一想】

1. 你赞同小艾和小张的看法吗？为什么？

2. 劳动教育有何意义？请结合自身的经历或见闻谈谈你对劳动教育的看法。

第一节　劳动教育的概念和内容

2018年9月，习近平总书记在全国教育大会上发表重要讲话，提出了培养德智体美劳全面发展的社会主义建设者和接班人的总要求。习近平总书记在讲话中强调："要在学生中弘扬劳动精神，教育引导学生崇尚劳动、尊重劳动，懂得劳动最光荣、劳动最崇高、劳动最伟大、劳动最美丽的道理，长大后能够辛勤劳动、诚实劳动、创造性劳动。"

一、劳动教育的概念

《大中小学劳动教育指导纲要(试行)》说明了劳动教育的性质和基本理念。

（一）劳动教育的性质

劳动是创造物质财富和精神财富的过程，是人类特有的基本社会实践活动。劳动教育是发挥劳动的育人功能，对学生进行热爱劳动、热爱劳动人民的教育活动。当前实施劳动教育的重点是在系统的文化知识学习之外，有目的、有计划地组织学生参加日常生活劳动、生产劳动和服务性劳动，让学生动手实践、出力流汗，接受锻炼、磨炼意志，培养学生的正确劳动价值观和良好劳动品质。

劳动教育是新时代党对教育的新要求，是中国特色社会主义教育制度的重要内容，是全面发展教育体系的重要组成部分，是大中小学必须开展的教育活动。它具有鲜明的思想性，要求必须将马克思主义劳动观贯彻始终，强调劳动是一切财富、价值的源泉，劳动者是国家的主人，一切劳动和劳动者都应该得到鼓励和尊重；倡导通过诚实劳动创造美好生活、实现人生梦想，反对一切不劳而获、崇尚暴富、贪图享乐的错误思想。它具有突出的社会性，要求必须加强学校教育与社会生活、生产实践的直接联系，发挥劳动在个人与社会之间的纽带作用，引导学生认识社会，增强社会责任感；同时注重让学生学会分工合作，体会社会主义社会平等、和谐的新型劳动关系。它具有显著的实践性，要求必须面向真实的生活世界和职业世界，引导学生以动手实践为主要方式，在认识世界的基础上，获得有积极意义的价值体验，学会建设世界，塑造自己，实现树德、增智、强体、育美的目的。

（二）劳动教育的基本理念

1. 强化劳动观念，弘扬劳动精神。将劳动观念和劳动精神教育贯穿人才培养全过程，贯穿家庭、学校、社会各方面。注重让学生在学习和掌握基本劳动知识技能的过程中，领悟劳动的意义和价值，形成勤俭、奋斗、创新、奉献的劳动精神。

2. 强调身心参与，注重手脑并用。把握劳动教育的根本特征，让学生面对真实的个人生活、生产和社会性服务任务情境，亲历实际的劳动过程，善于观察思考，注重运用所学知识解决实际问题，提高劳动质量和效率。

3. 继承优良传统，彰显时代特征。在充分发挥传统劳动、传统工艺项目育人功能的同时，紧跟科技发展和产业变革，准确把握新时代劳动工具、劳动技术、劳动形态的新变化，创新劳动教育内容、途径、方式，增强劳动教育的时代性。

4. 发挥主体作用，激发创新创造。关注学生劳动过程中的体验和感悟，引导学生感受劳动的艰辛和收获的快乐，增强获得感、成就感、荣誉感。鼓励学生在学习和借鉴他人丰富经验、技艺的基础上，尝试新方法、探索新技术，打破僵化思维方式，推陈出新。

任务实施

你喜欢劳动吗？你在日常生活中参加劳动的机会多吗？你希望在劳动教育中“邂逅”哪些劳动内容？

二、劳动教育的内容

为构建德智体美劳全面培养的教育体系，2020 年 3 月，《中共中央 国务院关于全面加强新时代大中小学劳动教育的意见》(以下简称《意见》)提出，应根据教育目标，针对不同学段、类型学生特点，以日常生活劳动、生产劳动和服务性劳动为主要内容开展劳动教育，结合产业新业态、劳动新形态，注重选择新型服务性劳动的内容。

《意见》要求整体优化学校课程设置，将劳动教育纳入中小学国家课程方案和职业院校、普通高等学校人才培养方案，形成具有综合性、实践性、开放性、针对性的劳动教育课程体系。中等职业学校和高等学校要重点结合专业人才培养，增强学生职业荣誉感，提高职业技能水平，培育学生精益求精的工匠精神和爱岗敬业的劳动态度；要注重围绕创新创业，结合学科和专业积极开展实习实训、专业服务、社会实践、勤工助学等，重视新知识、新技术、新工艺、新方法的应用，创造性地解决实际问题；增强学生诚实劳动意识，积累职业经验，提升就业创业能力，树立正确择业观，培养其到艰苦地区和行业工作的奋斗精神，懂得空谈误国、实干兴邦的深刻道理；注重培育公共服务意识，使学生具有面对重大疫情、灾害等危机主动作为的奉献精神。

教育部印发的《大中小学劳动教育指导纲要(试行)》指出，劳动教育的主要内容包括日常生活劳动、生产劳动和服务性劳动中的知识、技能与价值观。日常生活劳动教育立足个人生活事务处理，结合开展新时代校园爱国卫生运动，注重生活能力和良好卫生习惯培养，树立自立自强意识。生产劳动教育要让学生在工农业生产过程中直接经历物质财富的创造过程，体验从简单劳动、原始劳动向复杂劳动、创造性劳动的发展过程，学会使用工具，掌握相关技术，感受劳动创造价值，增强产品质量意识，体会平凡劳动中的伟大。服务性劳动教育让学生利用知识、技能等为他人和社会提供服务，在服务性岗位上见习实习，树立服务意识，实践服务技能；在公益劳动、志愿服务中强化社会责任感。

延伸阅读

德国：优秀的师资参与劳动教育①

1. 课程体系

德国小学劳动教育的课程名称不一，一般叫“常识课”。在1、2年级与德语课合并，3、4年级才单独上课。巴伐利亚州小学的常识课每周4节，其中2节为史地，2节为手工劳作。手工劳作的教学内容包括纸工、编织、木工、陶器等。

德国十分强调和重视基础教育中的劳动技术教育，认为它是学生全面素质教育的重要组成部分，把它视为学生职业生活和社会生活的重要准备和基础，因此将其贯穿在基础教育的全过程中。

2. 具体课程

(1)师资模式

德国青少年劳动教育的教师培养有两种模式。第一种以专业职业化为基础；第二种以一体化的综合课程为基础，多学科劳动教育为学习主线，其中劳动教育教学法是综合课程的定向核心。在德国，要成为一名劳动教育教师，从小学到大学要念19年。

德国十分重视劳动教师的实践能力，既包括专业学科的专业实习，也包括在校实习、社会实习以及独立劳动实习。教师必须在各类教学范围和学习场所同时具备了高等教育教学法和职业经验，才可能定向成为劳动教育的教师。

(2)课程设置

德国中学劳动课的设置有四大类：技术、经济、家政和职业指导。技术类主要有金/木工、电子电工、技术制图、现代办公技术等。经济类包括银行贷款等经济活动。家政类有缝纫、烹饪与营养、编织等，重视传统工艺，如泥塑、纸工等。职业指导类包括了解各种职业性质特点，讲解求职方式、求职信函写法、面试技巧等。

---

① 节选自《日本、德国、芬兰的劳动课程，一起来看》，载《西都教育研究(陕西)》，2020(6)。选入时有改动。

(3)专用教室和实习制度

德国有五种劳动技术专用教室，即金加工、木加工、烹饪、办公室管理、缝纫和编织专用教室。专用教室设备齐全、设计讲究，如烹饪专用教室，不仅包括整套的烹饪设备、器具，还包括德国家庭厨房基本的四种形式，这种设计能够使学生将学习环境与生活环境联系起来。

德国中小学除了在学校专用教室开展劳动教育外，还有一个实践环节——由学生自己联系企业实习。例如，学生分头到工厂实习，在实习期内和工人一样上下班，了解工厂及相关职业。教师每周去看学生两次。实习结束后，学生作汇报，教师作总结。

(4)课程成果展示

劳动课程以制作为中心，课程成果与产品密切相关，以帮助学生掌握知识、发展技能、培养习惯——这一总体过程称为项目。项目产品可以呈现为以下形式。

- 文字描述：访问企业的报告、求职信、墙报、广播通讯稿。
- 形象描述：技术制图、绘画、录像带。
- 表演：求职过程的角色模仿、劳动技术方面的表演。
- 具体的、有形的产品：模型、工件、玩具、服装、农产品、食品。

第二节　劳动教育的意义和目标

一、劳动教育的意义

唐代诗人李商隐有诗云：“历览前贤国与家，成由勤俭破由奢。”无论是过去、现在还是将来，劳动都是人类赖以生存和服务社会的基本活动。未来社会竞争激烈，培养学生的劳动意识、增强其劳动观念、提高其劳动能力，使他们深刻懂得辛勤劳动光荣、好逸恶劳可耻，帮助他们树立正确的劳动观念和态度，引导他们积极参加家务劳动、社会劳动和公益劳动，对于促进学生全面成长成才有着重要的现实意义。

劳动教育是中国特色社会主义教育制度的重要内容，直接决定社会主义建设者和接班人的劳动精神面貌、劳动价值取向和劳动技能水平。劳动教育是连通学校与生活、职场和社会等的重要环节，是素质教育的重要内容，有利于促进学生全面成长成才。因此，在高校开展劳动教育具有重大意义。

（一）劳动教育是实现中国梦的强大助推力量

劳动开创未来，奋斗实现梦想。“以劳动托起中国梦”，根本上要靠劳动者的辛勤劳动、诚实劳动和创造性劳动。大学生对劳动的认知，对待劳动的态度，以及他们劳动习惯、劳动技能的养成，在一定程度上决定着国家和民族的未来。

随着物质条件和生活水平的提升，一些大学生推崇享乐，贪图安逸，不愿意吃苦，向往着成为“网红”，向往着“日进斗金”。一些涉世未深的年轻人喜欢把特殊的个别案例作为自己的动力，然而他们大多只看到了别人光鲜的一面，却没有看到其背后承担的各种风险和付出的艰辛。

劳动教育可以培养当代青年学生正确的劳动价值观和良好的劳动品质，同时让其体会到劳动创造美好生活，认识到劳动不分贵贱，从而热爱劳动。这些都将有助于当代青年学生接续奋斗，实现中华民族伟大复兴。

（二）劳动教育是培养合格社会主义建设者和接班人的途径

当代青年思维活跃，创新意识浓厚，自我意识较强，讲求实际，工作和生活追求个性化。讲创新、有想法、追求个性化没问题，但是好高骛远、好逸恶劳、贪图享乐的态度及不尊重劳动、不尊重劳动者的行为都是不可取的。

一代人有一代人的使命，能否承担起时代和人民赋予的历史重任，除了依靠组织培养，关键还要看自身的努力。因此，青年学生要主动接受劳动教育，提升自身的劳动素质，弘扬劳动精神，传承工匠精神，树立“以天下为己任”的社会责任感和担当精神，努力成为让党、祖国和人民满意与放心的新时代中国特色社会主义建设者和接班人。

（三）劳动教育是高校立德树人的重要载体

《左传·襄公二十四年》云：“太上有立德，其次有立功，其次有立言，虽久不废，此之谓不朽。”《管子·权修》云：“一年之计，莫如树谷；十年之计，莫如树木；终身之计，莫如树人。”为贯彻党的方针，落实立德树人根本任务，高校教育要以培养德才兼备、全面发展的人才为主旨。那么，高校应该如何培养德才兼备、全面发展的人才，以适应经济社会发展的需求呢？发展经验和实践证明：劳动教育是培养全面发展的人才的必要条件，也是基本和有效途径。

劳动教育的目标不仅在于掌握劳动技能，还在于塑造人格、完善品德、培养价值观念。可见，劳动教育既是“立德”的重要内容，也是“树人”的重要途径。劳动精神的培育是高校教育的重要内容，劳动技能的教育是高校智育的重要内容，将劳动教育与德智体美教育并列，既是对劳动教育本身的有效加强，也是对德智体美教育的有力支撑。

（四）劳动教育是学生成长成才的需要

学生当下的劳动虽然可能不会直接创造财富，但可以磨炼意志、锤炼品格。在现实生活中，一些人不理解劳动，不愿意劳动，说：“我们学习这么忙，劳动太占时间了！”真是这样的吗？当代青年学生学习的是科学文化知识，而劳动是创造科学文化的源泉。袁隆平为了研究杂交水稻，吃住在田间地头，最终解决了几亿人口的温饱问题。可见，离开一线劳动，现代科技的很多成果的取得都是不可想象的。那么，学习又怎么能离得开劳动呢？劳动是当代青年学生成长成才的必由途径。

接受劳动教育，有利于当代青年学生在课堂教学、自身学习、实验实训实践等教育环节上付出大量劳动，将自己打造成未来的有用之才；有利于当代青年学生在体味艰辛、挥洒汗水中塑造坚强的心理素质，在艰苦奋斗、顽强拼搏中磨炼自己的意志，从而获得受益终身的宝贵精神财富；有利于当代青年学生形成积极向上的就业创业观，在国家、社会需要与个人价值的实现、专业学习与岗位匹配等方面找到平衡，形成自主多元的积极就业观，提升创业创新意识和能力。

延伸阅读

习近平：我人生第一步所学到的都是在梁家河①

1969 年，15 岁的习近平下乡来到梁家河成为一名知青，在这里度过了 7 年的青春岁月。习近平曾说："15 岁来到黄土地时，我迷惘、彷徨；22 岁离开黄土地时，我已经有着坚定的人生目标，充满自信。"在这个叫做梁家河的小村庄里，习近平经历了他人生中的很多"第一次"。

第一次成为"种地的好把式"

到梁家河两三年后，习近平已经能够说一口流利的延川话。掏地、挑粪、耕种、锄地、收割、担粮，别人怎么做，习近平就跟着学。遇到不懂的问题，他就向村里人请教。渐渐地，所有农活他都熟悉了，成了种地的好把式。

对农村里的各种活计，习近平已经干得很娴熟了。他还学会了自己捻毛线、补衣服、缝被子，带来的针线包派上了用场，尽管针脚不那么齐整，但也有模有样。那些年，他接受艰苦生活的磨炼，过了"跳蚤关、饮食关、生活关、劳动关、思想关"。

第一次当众流泪

2013 年 5 月 4 日，习近平同各界优秀青年代表座谈时说："我到农村插队后，给自己定了一个座右铭，先从修身开始。一物不知，深以为耻，便求知若渴。上山放羊，我揣着书，把羊圈在山坡上，就开始看书。锄地到田头，开始休息一会儿时，我就拿出《新华字典》记一个字的多种含义，一点一滴积累。"

1975 年，习近平被清华大学录取了，10 月 7 日是他离开梁家河的日子。前一天晚上，他和乡亲们拉话一直到深夜，第二天早上起得较晚。当他早晨推开门走出窑洞时，看到院子里、道路旁站满了人——大人、孩子、老人，全村人都来了。大家手里拿着红枣、小米，默默地站着。他的眼泪一下子流了出来，这是他第一次当众流泪。

多年以后，习近平对梁家河这片土地做了深情的回望——他说："作为一个人民公仆，陕北高原是我的根，因为这里培养出了我不变的信念：要为人民做实事！"

---

① 节选自《习近平：我人生第一步所学到的都是在梁家河》，http://news.cnr.cn/native/gd/20180628/t20180628_524284288.shtml?from=timeline，访问日期：2023-06-27。选入时有改动。

任务实施

阅读以上小故事，谈谈自己的认识和体会。

二、劳动教育的目标

《中共中央 国务院关于全面加强新时代大中小学劳动教育的意见》(以下简称《意见》)从思想认识、情感态度、能力习惯三个方面向全体学生提出了劳动教育的目标，突出强调劳动教育的思想性。《意见》指出，劳动教育的总目标在于“通过劳动教育，使学生能够理解和形成马克思主义劳动观，牢固树立劳动最光荣、劳动最崇高、劳动最伟大、劳动最美丽的观念；体会劳动创造美好生活，体认劳动不分贵贱，热爱劳动，尊重普通劳动者，培养勤俭、奋斗、创新、奉献的劳动精神；具备满足生存发展需要的基本劳动能力，形成良好劳动习惯”。

《大中小学劳动教育指导纲要(试行)》也指出，劳动教育的总体目标在于“准确把握社会主义建设者和接班人的劳动精神面貌、劳动价值取向和劳动技能水平的培养要求，全面提高学生劳动素养。使学生：树立正确的劳动观念。正确理解劳动是人类发展和社会进步的根本力量，认识劳动创造人、劳动创造价值、创造财富、创造美好生活的道理，尊重劳动，尊重普通劳动者，牢固树立劳动最光荣、劳动最崇高、劳动最伟大、劳动最美丽的思想观念。具有必备的劳动能力。掌握基本的劳动知识和技能，正确使用常见劳动工具，增强体力、智力和创造力，具备完成一定劳动任务所需要的设计、操作能力及团队合作能力。培育积极的劳动精神。领会‘幸福是奋斗出来的’内涵与意义，继承中华民族勤俭节约、敬业奉献的优良传统，弘扬开拓创新、砥砺奋进的时代精神。养成良好的劳动习惯和品质。能够自觉自愿、认真负责、安全规范、坚持不懈地参与劳动，形成诚实守信、吃苦耐劳的品质。珍惜劳动成果，养成良好的消费习惯，杜绝浪费”。

任务实施

劳动需要手脑并用、心手相应。有人认为，掌握一定的劳动技能固然重要，更重要的是通过创造性的劳动教育，让我们因取得劳动成果而感到满足、愉悦，体验到劳动的价值感和存在感，切实感受到劳动不仅光荣，还能让人获得幸福，能让我们的身心获得全面发展。

你认同上述观点吗？结合自己的体验或见闻谈谈理想的劳动教育应该达到的目的，并结合自身实际情况为自己制订一份劳动教育的成长计划。

第二章　劳动教育的发展历程

【学习目标】

知识目标

1. 了解中华优秀传统文化中的劳动教育。
2. 了解新中国劳动教育发展进程。

素质目标

1. 认识劳动教育是中华优秀传统文化的重要组成部分。
2. 明确新时代劳动教育的使命。

课程导入

劳动是催生智慧的土壤。从“燧人取火”到“大禹治水”，从“蒸汽机”到“电气革命”，人类的智慧在劳动中不断叠加。勤劳勇敢、自强不息是中华民族的传统美德，我国流传千年的神话寓言，有着丰富的道德感召力，也有着深刻的劳动教育意义。精卫填海、夸父逐日、愚公移山……都是对英雄人物力挽狂澜、拯救万民于水火的讴歌，归根到底是对劳动人民德行的礼赞。

【想一想】

1. 谈谈中国古代劳动思想中有哪些方面的范例？
2. 如何对我国古代劳动思想进行创造性转化和创新性发展？

第一节　中华优秀传统文化中的劳动教育

知识链接

教育与生产劳动相结合，或多或少地存在于几乎整个中国古代社会，其实践与理论也在不断地完善与提高。产生这种现象的原因，或是知识分子的贫困，或是对理想社会的追求，扩大了教育的社会基础。这种现象的存在说明教育与生产劳动相结合是自古存在的，有其历史渊源，并且存在对现代教育的启示价值。(《浅析中国古代生产与教育结合的方式对现今大学生劳动教育的启示》)

【想一想】

你知道哪些从古代传承至今的劳动相关知识？

中华优秀传统文化是中华民族历史上各种思想文化、观念形态的总体表征。时至今日，中华优秀传统文化中仍有许多内容闪耀着智慧的光芒，影响着一代又一代的中国人，成为当今劳动教育理论的重要思想来源。劳动教育植根中华优秀传统文化，承载以劳动立德树人理念，对推动劳动创新、建设教育强国意义重大。劳动是成功的必经之路，劳动教育是成长成才的题中之义。著名教育家陶行知曾在《教学做合一》一文中说："教学做是一件事，不是三件事。我们要在做上教，在做上学。在做上教的是先生，在做上学的是学生。"可以看出，"做"在陶行知的教育观念中居于核心地位，一切都须通过"做"来完成，具体表现为在劳动中学习科学文化知识，在科学文化知识的学习中劳动。这是一种在劳动中进行科学文化知识教育的典型，体现了教育与生产劳动相结合的思想。长期以来，劳动教育融入改造自然、创造历史、发展自我的过程中，发挥着兴国利民的重要作用。

小贴士

国际劳动节

国际劳动节又称"五一国际劳动节"。1889 年 7 月，由恩格斯领导的第二国际在巴黎举行代表大会，会议通过决议，把 5 月 1 日定为国际劳动节。此后，国际劳动节成为世界上 80 多个国家的全国性节日。

中华人民共和国成立后，中央人民政府于1949年12月作出决定，将每年5月1日确定为我国的法定节日——劳动节。

一、传统文化中的劳动观念

中华民族一直以来就以辛勤劳动为荣，古人关于劳动的论述不胜枚举。例如，墨子说“赖其力者生”，彰显以劳动为荣的理念；《诗经》批判“不稼不穑”的封建剥削者的不劳而获；愚公移山的精神体现了中国人民勤劳勇敢的优良传统；唐代郑遨由“一粒红稻饭”联想到“几滴牛领血”，感慨劳动成果的来之不易。此外，古人还对劳动展开了思考。中国古人重视劳动技能的提升，以至于把劳动上升到艺术的层面，认为应当精神专一，心无旁骛，最后达到心物一体，即魏源所概括的“技可进乎道，艺可通乎神”。这正是今天我们所倡导的工匠精神的生动写照。另外，古人特别是道家学者又将器物的精巧与人心的机巧生硬地联系到一起，认为“有机械者必有机事，有机事者必有机心”，是失去了“纯白”之质的表现。

二、耕读文化中的劳动教育

我国是世界上最早从事农业生产的国家之一，从事农耕是先民生存和发展的必要手段，伴随着农业的发展与推广，农耕文明也逐渐发展起来。千百年来，农耕文明促进了人类社会文明的变革与演进，对一代又一代的中国人产生了深远的影响。而耕读文化正是中国农耕文明在特定的历史时期形成的。

古人将“耕”和“读”结合起来，希望拥有耕读相结合的生产生活方式，白天从事农业劳动，晚上挑灯读书。我国独特的耕读文化与我们一直所强调的理论与实践相结合的劳动教育是不谋而合的。从“耕以致富，读能荣身”的朴素愿望，到“胸怀天下，振兴中华”的理想追求，耕读文化在发展中形成了开拓进取、自信达观、自强不息的精神，激励了一代又一代的中华儿女。当然，我国古代耕读文化传承和劳动教育中也有一些消极因素，如技艺传承的封闭性、人身依附关系、重技术轻科学等。但劳动教育发展历经千年，仍然有一定的科学性，我们应该取其精华，去其糟粕，认真总结中国古代人民的劳动教育实践经验，促进今天劳动教育体系的发展与完善。

延伸阅读

古诗中的劳动之美

翻阅我国古代诗歌，我们会发现，围绕辛勤劳动这个永恒的主题，历代文人墨客写下了许多诗篇。例如，“乡村四月闲人少，才了蚕桑又插田”“笑歌声里轻雷动，一夜连枷响到明”“晨兴理荒秽，带月荷锄归”。这些诗句歌颂了劳动之美，展现了劳动之乐的美好情怀，故而广为传诵，经久不衰。

《诗经》作为我国最早的诗歌总集，收录了大量关于劳动生产的诗。其中具有代表性的诗篇——《诗经·周南·芣苢》，就描述了人们在田野间采摘芣苢时的欢快心情：“采采芣苢，薄言采之。采采芣苢，薄言有之。采采芣苢，薄言掇之。采采芣苢，薄言捋之。采采芣苢，薄言袺之。采采芣苢，薄言襭之。”《诗经》里描绘的劳动生活是丰富多彩的，体现了人们对美好生活的向往，让我们在诗句中感受到古代人民劳动的快乐、幸福，以及对人生的积极态度。可以说是劳动创造了中华民族灿烂悠久的文明，劳动最光荣！

任务实施

你知道哪些有关劳动的诗词？选择其中一首熟练朗诵。

三、仁政思想中的劳动正义

劳动正义本质上是对劳动方式、劳动活动和劳动关系的合理性前提与目的性根据的哲学反思和价值检审。简言之，就是追问劳动所得与付出是否合理。例如，对农民来说，土地就是最重要的生产资料，劳动应享有劳动所得。历代农民起义所提出的口号也多围绕土地归属、分配公平等展开。少数思想家也曾提出均分土地的设想。例如，清初的颜元提出“天地间田，宜天地间人共享之”的主张，其弟子李塨认为，要实现孟子所说的“制民恒产”，就得实行“均田”之法：“非均田则贫富不均，不能人人有恒产。”颜元、李塨还提出了“佃户分种”的具体主张，即使用渐进的手段，将地主多余的土地在某种条件下分给农民耕种，并逐渐转移其使用权，从而达到均田的目标。李塨还主张用“收田”的手段，将官府所收集的土地分给农民耕种，达到“有田者必自耕，勿募人代耕”，“惟农为有田耳”。

知识链接

劳动正义就是指劳动者得其应该得到的。在社会主义制度下，劳动交换正义是社会主义市场经济发展的基本规律，劳动获得正义是劳动人民主体地位的体现，劳动过程正义是解放人自身和发展生产力的有机统一，劳动成果分配正义是实现共同富裕的必由之路。

四、劳力与劳心的价值之辨

关于劳动的重要性，古人有明确的认识，但对于如何看待劳动特别是体力劳动，则有不同意见。总体来看，由于礼制和等级观念的影响，春秋战国时期的思想家普遍鄙视劳动特别是体力劳动，认为只有所谓“小人”（地位低下者）才从事体力劳动，而所谓“君子”则应“劳心”“勤礼”，且劳力者应为劳心者所役使。春秋战国以来的知识界特别是儒家对体力劳动的看法对此后的中国社会影响很大。但是，儒家思想对劳动价值观的认识绝不止于此。由于儒家思想的复杂性，一方面，其固然强调劳心劳力的对立和扬彼抑此，从而引导士人将读书视为功名之路、干禄之途；另一方面，儒家也强调人格的独立，强调“义”，而独立人格的获得也需要劳动作为保障。

任务实施

制作剪纸、中国结或其他中国传统手工艺品，在实际劳动中体会我国传统文化之美，并在班级开展主题讨论，相互分享感想。

第二节　新中国劳动教育的发展进程

知识链接

70多年来，从体力劳动、思想改造到培养劳动情感、态度、价值观与知识技能，从服务生产建设到与全面发展和素质教育相结合，从课堂教学、校内实习到家、校、社会三方合作，劳动教育概念的内涵和外延在变与不变中酝酿、沉淀。进入新时代，劳动价值观、劳动素养、劳动体验、儿童生活与成长等关键词使劳动教育焕发新的生机。梳理不同时期劳动教育概念的演变历程，厘清不同历史背景下劳动教育概念的内涵与外延，对新时代劳动教育的开展大有裨益。（《新中国成立以来“劳动教育”概念的嬗变》）

【想一想】

你在中小学期间接受过哪些劳动教育？

教育与生产劳动相结合，是我党历来坚持的教育方针。早在中华人民共和国成立前，毛泽东同志就把“教育与生产劳动联系起来”列为苏维埃文化教育总方针的主要内容。中华人民共和国成立以来，劳动教育一直是教育工作的重要主题之一，中共中央、国务院多次出台关于教育工作的指示文件，明确将“教育与劳动结合”确定为党的教育方针。2020年1月，全国教育工作会议召开，会议强调推动教体融合，划出美育硬杠杠，构建劳动教育责任链条，打通家校连心桥。2020年3月，《中共中央　国务院关于全面加强新时代大中小学劳动教育的意见》印发，就全面贯彻党的教育方针、加强大中小学劳动教育进行了系统设计和全面部署。

从教育政策的视角出发，可以将我国劳动教育的历史大致划分为社会主义过渡时期、社会主义十年探索时期和“文化大革命”前后、改革开放至21世纪前、全面建设小康社会以来和党的十八大以来的劳动教育。

知识链接

奋战2020确保“收官之年”圆满收官：2020年全国教育工作会议召开

一、社会主义过渡时期的劳动教育(1949—1956年)

中华人民共和国成立初期，国家以建设与恢复发展为主要任务，劳动教育也以个人与国家的生存与发展为主要目的进行初塑。1950年，时任教育部副部长钱俊瑞在《改革旧教育，建设新教育》报告中提出“实行教育与生产结合”的教育方针。这一方针的提出使劳动教育在我国国家政策中有了新的内涵，即推动与基础生产相结合的劳动成为教育的新形式，在劳动中开展教育、通过劳动进行教育，以及劳动推动教育发展。

在这一时期，国家对劳动教育进行了崭新的探索，完成了劳动教育基本体系的建构。社会主义过渡时期的劳动教育主要作为缓解当时中小学毕业生升学压力、动员毕业生就业的手段之一，其方针被定义为“为工农服务，为生产建设服务”。这一时期的劳动教育既注重劳动态度和观点的教育，也注重根据工农业发展的情况进行生产技术教育，通过教育支援工农生产、推动国家建设，初步建立了系统的生产劳动技术教育体系。但由于历史条件的限制，在政策的落实过程中还存在一系列问题，如地区、课程不平衡等，人们普遍的劳动意识和劳动习惯还未形成，辍学人数依旧较多，我国的劳动教育依旧任重道远。

二、社会主义十年探索时期和“文化大革命”前后的劳动教育(1956—1977年)

1956年，我国开始进入全面建设社会主义时期，教育事业的发展极为迅速。据统计，1956年我国的中小学生和大学生人数相较新中国刚成立时呈倍数增长，教育供给和需求的悬殊成为人民内部矛盾在教育领域的一个突出体现。1958年，《中共中央、国务院关于教育工作的指示》指出党的教育工作方针是“教育为无产阶级的政治服务，教育与生产劳动相结合”，是符合当时社会发展的需要的。

但是，由于当时要解决的是学生的政治方向和毕业后参加生产劳动的问题，而对政治的理解局限于阶级斗争，对生产劳动的理解又主要是体力劳动，在这样的实践中贯彻教育方针时就出现了偏差，导致劳动教育因过度政治化而走向异化。由此可见，这一时期的劳动教育偏离了马克思主义强调的以现代科学知识为基础、以机器为工具的现代劳动，呈现出一种不健全的发展态势。

三、改革开放至21世纪前的劳动教育(1978—1999年)

1978年，改革开放揭开了时代新篇章，劳动教育改革也提上日程。这一时期的教育方针深深植根于经济建设的大背景下，国家对新时期脑力劳动和体力劳动的关系、教育与生产劳动的结合、劳动教育在全面发展教育中的地位等问题进行了深入的讨论。邓小平同志多次在全国工作会议上指出，要在新的社会背景下，研究如何在批判继承的基础上更好地贯彻落实教劳结合的教育方针，如何更好地让教育为经济建设添砖加瓦。积极探索教育与生产劳动新的融合发展模式成了新时期现代化发展的重要命题。1993年11月，中国共产党十四届三中全会举行，社会的现代化建设步伐加快，劳动教育迎来了由学科化向综合实践化发展转向的过渡时期。1993年印发的《中国教育改革和发展纲要》(以下简称《教改纲要》)指出，当前的教育工作任务是要进一步提高劳动者素质，推动形式上和技能上的劳动教育。《教改纲要》拉开了劳动教育现代化转型的序幕，推动劳动教育逐渐走向制度化和规范化，加速了劳动教育的转型发展。

这一阶段是从全面改革劳动教育在异化时期的失衡，肃清劳动教育中的不成熟、不合理因素，到劳动教育的重大转型阶段。综合实践化、人本化和素质教育化是该阶段的重点和目标。在这一阶段，人的劳动培养有了更全面的内涵和意义，为21世纪全面建设小康社会中劳动教育的发展奠定了思想理论根基与初步探索经验。

四、全面建设小康社会以来的劳动教育(2000—2011年)

21世纪，我国进入了全面建设小康社会时期。在加快推进社会主义现代化的新的发展阶段，党中央站在新的历史高度，重新诠释了新时代劳动教育的意义。党的十六大报告明确指出，创新是一个民族进步的灵魂，是一个国家兴旺发达的不竭动力。报告将“尊重劳动、尊重知识、尊重人才、尊重创造”确立为党和国家一项重大方针。“四个尊重”也写进了党的十七大、十八大报告，并在党的十九大以后写入了《中国共产党章程》。此后，对知识和人才的尊重融合进了教育的发展，劳动教育进入整合发展时期：通过综合实践活动课程的方式，让劳动教育更加多元化；以人为本，凸显了课程内在人文性价值的丰富化；以劳动情感教育整合学生的劳动情感，塑造其精神世界的繁盛；全面推进学生自主参与社会综合性实践，培养其独立意识，使其认知劳动创造的乐趣与重要性。

然而在这一时期，伴随着劳动教育内涵和外延的不断丰富和发展，劳动教育却在实践中渐行渐远，失去了它的本质作用，使劳动教育在实践时无标准、无目标、无基础，在学校教育教学中很难落地。

五、党的十八大以来的劳动教育(2012 年至今)

党的十八大以来，在综合素质评价稳步推进及立德树人教育体系逐步完善的大背景下，将“劳”纳入教育方针提上了日程。首先，坚持价值引领，确立新时代思想方向。2015 年 7 月，教育部等各部委相继发布有关劳动教育的重要意见，指出劳动教育在贯彻党的教育方针要求、实施素质教育和培育践行社会主义核心价值观方面具有难以估量的重要作用，对价值观塑造具有重大战略意义。党的十九大报告指出，要“建设知识型、技能型、创新型劳动者大军，弘扬劳模精神和工匠精神，营造劳动光荣的社会风尚和精益求精的敬业风气”，对加强当代青年的劳动教育、弘扬劳模精神和工匠精神提出了新的要求。其次，加强法治建设，明确新时代制度规范。2021 年 4 月，《全国人民代表大会常务委员会关于修改〈中华人民共和国教育法〉的决定》明确提出，教育“必须与生产劳动和社会实践相结合”，用法律的形式再次强调了“教劳结合”。最后，建立长效机制，永葆新时代劳动教育生机与活力。中华人民共和国成立以来，劳动教育缺乏健全机制，有关政策的推行多服务于社会建设，缺乏自身的独立性和连续性，综合实践活动课程也多停留在课程表上。因此，需要建立劳动教育长效机制，推进教劳实质性结合，落实劳动与教育的内在融合，引发劳动价值自主体验、劳动意识自主萌发，将劳动教育的发展落到实处。

党的十八大以来，习近平总书记在各个重要场合围绕劳动教育的育人价值作出重要论述。从 2018 年 9 月的全国教育大会，到 2020 年 3 月的《中共中央　国务院关于全面加强新时代大中小学劳动教育的意见》，再到《中华人民共和国教育法》和《中华人民共和国职业教育法》的修订，一系列关于劳动教育的法律法规和政策文件陆续推出，充分彰显出以习近平同志为核心的党中央着力补齐劳动教育短板、构建德智体美劳全面培养的教育体系、形成更高水平的人才培养体系的坚定决心与系统谋划。

党的二十大报告作出了“全面贯彻党的教育方针，落实立德树人根本任务，培养德智体美劳全面发展的社会主义建设者和接班人。坚持以人民为中心发展教育，加快建设高质量教育体系，发展素质教育，促进教育公平”的战略部署，劳动教育第一次被写入党代会报告，再次彰显其在“全面培养人、培养全面的人”中的重要地位，为全面推进新时代青少年劳动教育提供了根本遵循和行动指南。

延伸阅读

党的十八大以来，习近平总书记多次围绕劳动的价值、弘扬劳动精神、构建和谐劳动关系等内容进行深刻阐述。其内涵丰富、思想深邃，为决胜全面建成小康社会、夺取新时代中国特色社会主义伟大胜利、实现中华民族伟大复兴的中国梦提供了强大的思想引领和精神支撑。以下为摘录的部分内容。

人民对美好生活的向往，就是我们的奋斗目标。人世间的一切幸福都需要靠辛勤的劳动来创造。我们的责任，就是要团结带领全党全国各族人民，继续解放思想，坚持改革开放，不断解放和发展社会生产力，努力解决群众的生产生活困难，坚定不移走共同富裕的道路。(2012 年 11 月 15 日，习近平在十八届中央政治局常委同中外记者见面时讲话的主要部分①)

劳动是财富的源泉，也是幸福的源泉。人世间的美好梦想，只有通过诚实劳动才能实现；发展中的各种难题，只有通过诚实劳动才能破解；生命里的一切辉煌，只有通过诚实劳动才能铸就。劳动创造了中华民族，造就了中华民族的辉煌历史，也必将创造出中华民族的光明未来。(2013 年 4 月 28 日，习近平在同全国劳动模范代表座谈时的讲话②)

劳动是一切成功的必经之路。当前，全国各族人民正满怀信心为实现“两个一百年”奋斗目标而努力。实现我们确立的奋斗目标，归根到底要靠辛勤劳动、诚实劳动、科学劳动。(2014 年 4 月 30 日，习近平在乌鲁木齐接见劳动模范和先进工作者、先进人物代表时的讲话③)

在前进道路上，我们要始终弘扬劳模精神、劳动精神，为中国经济社会发展汇聚强大正能量。劳动是人类的本质活动，劳动光荣、创造伟大是对人类文明进步规律的重要诠释。“民生在勤，勤则不匮。”中华民族是勤于劳动、善于创造的民族。正是因为劳动创造，我们拥有了历史的辉煌；也正是因为劳动创造，我们拥有了今天的成就。(2015 年 4 月 28 日，习近平在庆祝“五一”国际劳动节暨表彰全国劳动模范和先进工作

① 习近平：《人民对美好生活的向往，就是我们的奋斗目标》，见中共中央文献研究室：《十八大以来重要文献选编(上)》，70 页，北京，中央文献出版社，2014。

② 习近平：《在同全国劳动模范代表座谈时的讲话》，http://www.gov.cn/ldhd/2013-04/28/content_2393150.htm，访问日期：2023-06-27。

③ 习近平：《在乌鲁木齐接见劳动模范和先进工作者、先进人物代表 向全国广大劳动者致以“五一”节问候》，http://www.xinhuanet.com/politics/2014-05/01/c_1110495130.htm，访问日期：2023-06-27。

者大会上的讲话[①])

人类是劳动创造的，社会是劳动创造的。劳动没有高低贵贱之分，任何一份职业都很光荣。广大劳动群众要立足本职岗位诚实劳动。无论从事什么劳动，都要干一行、爱一行、钻一行。在工厂车间，就要弘扬“工匠精神”，精心打磨每一个零部件，生产优质的产品。在田间地头，就要精心耕作，努力赢得丰收。在商场店铺，就要笑迎天下客，童叟无欺，提供优质的服务。只要踏实劳动、勤勉劳动，在平凡岗位上也能干出不平凡的业绩。(2016 年 4 月 26 日，习近平在知识分子、劳动模范、青年代表座谈会上的讲话[②])

我一直强调，劳动最光荣、劳动最崇高、劳动最伟大、劳动最美丽。全社会都应该尊敬劳动模范、弘扬劳模精神，让诚实劳动、勤勉工作蔚然成风。(2018 年 4 月 30 日，习近平给中国劳动关系学院劳模本科班学员的回信[③])

全党全军全国各族人民要在中国共产党坚强领导下，同心同德，开拓进取，用辛勤劳动创造中国人民的美好生活、创造中华民族的美好未来，继续同世界各国人民一道构建人类命运共同体。(2019 年 2 月 3 日，习近平在 2019 年春节团拜会上的讲话[④])

大力弘扬劳模精神、劳动精神、工匠精神。“不惰者，众善之师也。”在长期实践中，我们培育形成了爱岗敬业、争创一流、艰苦奋斗、勇于创新、淡泊名利、甘于奉献的劳模精神，崇尚劳动、热爱劳动、辛勤劳动、诚实劳动的劳动精神，执着专注、精益求精、一丝不苟、追求卓越的工匠精神。劳模精神、劳动精神、工匠精神是以爱国主义为核心的民族精神和以改革创新为核心的时代精神的生动体现，是鼓舞全党全国各族人民风雨无阻、勇敢前进的强大精神动力。(2020 年 11 月 24 日，习近平在全国劳动模范和先进工作者表彰大会上的讲话[⑤])

劳动创造幸福，实干成就伟业。希望广大劳动群众大力弘扬劳模精神、劳动精神、工匠精神，勤于创造、勇于奋斗，更好发挥主力军作用，满怀信心投身全面建设社会主义现代化国家、实现中华民族伟大复兴中国梦的伟大事业。(2021 年 4 月 30 日，习近平总书记致全

---

① 习近平：《在庆祝“五一”国际劳动节暨表彰全国劳动模范和先进工作者大会上的讲话》，http://www.xinhuanet.com/politics/2015-04/28/c_1115120734.htm，访问日期：2023-06-27。

② 习近平：《在知识分子、劳动模范、青年代表座谈会上的讲话》，http://cpc.people.com.cn/n1/2016/0430/c64094_28316364.html，访问日期：2023-06-27。

③ 习近平：《给中国劳动关系学院劳模本科班学员的回信》，http://www.gov.cn/xinwen/2018-04/30/content_5287130.htm，访问日期：2023-06-27。

④ 习近平：《在 2019 年春节团拜会上的讲话》，http://www.gov.cn/xinwen/2019-02/03/content_5363743.htm，访问日期：2023-06-27。

⑤ 习近平：《在全国劳动模范和先进工作者表彰大会上的讲话》，https://www.gov.cn/xinwen/2020-11/24/content_5563928.htm，访问日期：2023-06-27。

国广大劳动群众的节日祝贺①)

我国工人阶级和广大劳动群众要大力弘扬劳模精神、劳动精神、工匠精神，适应当今世界科技革命和产业变革的需要，勤学苦练、深入钻研，勇于创新、敢为人先，不断提高技术技能水平，为推动高质量发展、实施制造强国战略、全面建设社会主义现代化国家贡献智慧和力量。(2022 年 4 月 27 日，习近平总书记致首届大国工匠创新交流大会的贺信②)

第三节 新时代劳动教育的使命

劳动教育是中国特色社会主义教育制度的重要内容，直接影响社会主义建设者和接班人的劳动精神面貌、劳动价值取向和劳动技能水平。习近平总书记在 2018 年全国教育大会上明确指出，要“培养德智体美劳全面发展的社会主义建设者和接班人”，“要在学生中弘扬劳动精神，教育引导学生崇尚劳动、尊重劳动，懂得劳动最光荣、劳动最崇高、劳动最伟大、劳动最美丽的道理，长大后能够辛勤劳动、诚实劳动、创造性劳动”。这既是坚持与继承马克思主义关于人的全面发展理论，更是贯彻立德树人、培养新时代中国特色社会主义建设者和接班人的内在要求。《中共中央 国务院关于全面加强新时代大中小学劳动教育的意见》从根本上抓住了人才培养的薄弱环节。劳动教育是党的“五育并举”的教育方针之一，为高校教育赋予了新担当、提出了新要求、增强了新使命。

案例分析

小王是某高校的一名新生。开学的班会上，辅导员组织大家选举班干部，同学们都积极参选。小王比较热心服务，参选了劳动委员的岗位。在无记名投票统计时，大家发现在劳动委员这个岗位上只有小王一个人的名字，小王毫无疑问地当选为劳动委员。“劳动委员也是班委中的一员，能够为大家搞好卫生服务，创造一个好的学习环境，是很有意义的一件事情，我觉得很开心。”小王回家后对母亲说。

---

① 习近平：《全国广大劳动群众的节日祝贺》，http://www.81.cn/pl_208541/10031272.html，访问日期：2023-06-27。

② 习近平：《首届大国工匠创新交流大会的贺信》，https://www.ccps.gov.cn/xxsxk/zyls/202204/t20220427_153743.shtml? eqid=ae105 c670004001000000006648182fe，访问日期：2023-06-27。

【想一想】

1. 这次班干部选举只有小王一人愿意当劳动委员，你对此有何感想？

2. 你怎样理解新时代劳动教育的使命？

一、劳动教育在职业院校人才培养体系中的独特地位

职业院校肩负着人才培养、科学研究、社会服务、文化传承创新、国际交流合作的重要使命，在完成立德树人这一根本任务、培养中国特色社会主义合格建设者和可靠接班人的过程中，必须把强化学生劳动情怀培育作为一项重要任务。职业教育的本质就是要让学生通过学习和训练，来获得某种职业或生产劳动部门所需要的专业知识、专门技能和基本职业素养。它既是为学生未来的劳动就业做准备，同时也能让学生在“职业劳动”的实训过程中不断地成长，最终成才。“工学结合、顶岗实习”是高职劳动教育的基本形式，“校企合作”是高职劳动教育的实践载体，“现代学徒制”是高职劳动教育实践的有效途径，“做中学”是高职劳动教育习惯养成的过程化培育方式。高职教育的特性决定了劳动教育必须具有“高”要求——高素质和高技能。在职业教育中，劳动的性质不分等级，但技能有高低。高职劳动教育就是要培养大国工匠、能工巧匠，培养一大批技能型、服务型人才。

要培养德智体美劳全面发展的高素质人才，劳动教育不能孤立存在，要和德育、智育、体育、美育互相交织、有机联系，形成促进人的全面发展的现代人才培养体系。

二、劳动教育支撑职业院校立德树人的逻辑维度

职业院校只有加强劳动教育，发挥劳动教育在育人功能上的塑造健全人格、锤炼高尚品格、磨炼顽强意志的重要作用，才能培养德智体美劳全面发展的社会主义建设者和接班人。

（一）梦想实现维度

劳动教育发挥实现梦想的作用，有利于提高思想政治教育的实践性。2016 年，习近平总书记在知识分子、劳动模范、青年代表座谈会上的讲话中指出：“说到底，实现中华民族伟大复兴的中国梦，要靠各行各业人们的辛勤劳动。”①也就是说，只有通过劳动才能让中国逐步走近世界舞台的中心，实现中华民族伟大复兴的中国梦。对个人而言，通过自身劳动才能实现个人梦想，并为其他现实目标服务。可见，劳动教育是职业院校思想政治教育立德树人的基本要求。一方面，劳动教育是大学生实现梦想的必修课；另一方面，大学生的个人梦想是中国梦的精彩音符。当今世界正处于百年未有之大变局，经济、政治格局深刻演变，国家对科技的需求不断增强，实现中华民族

---

① 习近平：《在知识分子、劳动模范、青年代表座谈会上的讲话》，http://www.gov.cn/xinwen/2016-04/30/content_5069413.htm，访问日期：2023-06-27。

伟大复兴的中国梦，很大程度上取决于科技创新能力的提高，取决于科研人员的高素质水平。因此，大学生除了刻苦学习理论知识，还需要积极投入实践，为中华民族伟大复兴的中国梦的实现提供牢固的现实基础和可靠的支撑力量。

（二）价值引导维度

劳动教育能发挥价值引导的作用，有利于加强思想政治教育的针对性。培育正确的劳动价值观是职业院校思想政治教育亟须解决的核心问题。习近平总书记指出："青年的价值取向决定了未来整个社会的价值取向，而青年又处在价值观形成和确立的时期，抓好这一时期的价值观养成十分重要。"①他多次强调要加强对广大青少年的劳动教育，并在全国教育大会上发表重要讲话时，把"劳"字列入全面发展教育理念。大学生的劳动价值观不仅直接影响其在大学阶段的学习和生活，更关系到他们以后的就业倾向、价值取向、社会责任意识等方面。但是，在劳动教育中，正确的劳动价值观不是一朝一夕、通过短期努力就能培育出来的，只有持之以恒、日积月累，才能沉淀下来并形成价值观。针对大学生的劳动教育只有从培养劳动态度、劳动习惯、劳动技能和劳动品德做起，才能最终使其树立正确的劳动价值观，从而为其将来走上工作岗位奠定坚实的基础。

（三）实践育人维度

劳动教育能发挥实践育人的作用，有利于拓宽思想政治教育的实现路径。思想政治教育不能仅通过理论说服人和书本教导人两种方式，还必须以实践为基础，通过实践来提高思想政治教育的有效度，增加思想政治教育的深度。劳动是联系知识与实践的纽带。对于大学生来说，劳动生活和劳动实践不但可以印证其所学的课堂知识，把教科书的专业知识内化为个体认知，培育创新意识，而且还可以使其从具体的劳动过程中体会劳动的意义和快乐，发现和感悟关于生命、价值等层面的哲理，从而实现自由全面发展。

（四）以文化人维度

劳动教育发挥以文化人的作用方式具有间接性和潜在性，有利于增强思想政治教育的吸引力。大学生正确劳动观的形成是大学生自身与社会、自然环境共同作用的结果。大学生会不知不觉地受到身边社会环境和自然环境的感染和熏陶，因此职业院校重视劳动教育具有非常重要的价值。它不仅能够使劳动观的教育贴近学生实际，增强学生的劳动认同，而且一定程度上还可以使学生在校园活动过程中受到潜移默化的影响。

三、劳动教育在职业院校立德树人中的功能整合

2019 年 2 月，国务院发布《国务院关于印发国家职业教育改革实施方案的通知》，明确指出职业教育与普通教育是不同类型的教育，要参照普通教育办学模式向企业社

---

① 习近平：《青年要自觉践行社会主义核心价值观——在北京大学师生座谈会上的讲话》，载《光明日报》，2014-05-05。

会参与、专业特色鲜明的类型教育转变，着力培养高素质劳动者和技术技能人才。由此可见，劳动教育是职业院校教育中不可或缺的部分，然而劳动教育又不是一朝一夕的，而是要融入青少年成长成才的全过程。劳动教育具有鲜明的实践性特征，因此，劳动教育的有效开展既需要与人才培养体系有机匹配，又必须在现实行动中实施，从而实现对立德树人的支撑。根据 2020 年《中共中央　国务院关于全面加强新时代大中小学劳动教育的意见》的要求，高职院校要将劳动教育融入人才培养、社会服务等功能中，发挥职业教育的特长优势，主动开展劳动教育。

《国务院关于印发国家职业教育改革实施方案的通知》

（一）道德素养与日常实践结合

大学生正处于世界观、价值观和人生观形成的重要时期，相对而言生活阅历较为缺乏，基本生活技能较为欠缺，尚未完全形成对人生的深刻体验和感悟。劳动作为沟通主观世界与客观世界的中介，有助于大学生道德素养的全面成长。现在有些职业院校开展了一些学生管理工作，投入专项经费设置勤工助学岗位，让学生参与校园环境卫生清扫、到食堂帮厨、担任实验室助理和图书馆管理员助理等，让学生在参与美化学校的劳动过程中，切身体会一粥一饭之不易、半丝半缕之艰辛，从而懂得劳动的艰辛，尊重劳动的价值和别人的劳动付出，形成吃苦耐劳的品格，养成良好的劳动习惯，获得一定的劳动技能，增强集体责任感和荣誉感。

《中共中央　国务院关于全面加强新时代大中小学劳动教育的意见》

小贴士

STAR 法则

STAR 法则是一种面试工具，利用它可以帮助我们清晰、有条理地讲述一件事。STAR 是情境(situation)、任务(task)、行动(action)、结果(result)四项的首字母，具体含义是：

- **situation**　事情是在什么情况下发生的。
- **task**　明确你的任务是什么。
- **action**　针对这样的情况分析，你采用了什么行动方式。
- **result**　结果怎样，在这样的情况下你学习到了什么。

任务实施

根据 STAR 法则来讲述一个自己日常生活中发生的劳动故事，在班级进行分享。

（二）专业学习与社会实践结合

2019年5月，教育部办公厅发布《教育部办公厅关于全面推进现代学徒制工作的通知》，在职业教育人才培养模式的改革中明确指出，坚持德技并修、工学结合、知行合一，按照企业生产和学徒工作生活实际，实施弹性学习时间和学分制管理，育训结合、工学交替、在岗培养。这就要求职业院校在劳动教育的培育目标上要把握好专业学习和社会实践的结合，努力培养高层次的应用型人才。一方面，劳动教育要渗透到专业课程中。在职业院校的专业课上，到处都应有劳动教育的资源。在涉及劳动教育内容的相关文科课程中，老师要引导学生培育劳动情怀，树立正确的劳动价值取向。另一方面，劳动教育要渗透到社会实践中。实践出真知，劳动教育必须超脱黑板上的教育，转化为行动教育。在劳动教育中，职业院校要加大对劳动情怀的培育，可以通过建设教学与科研紧密结合的实践教学基地及学校与社会密切合作的校企办学等途径，增加实验实践教学课时。通过参加具体的劳动实践，大学生可以切身体会劳动的艰辛，增长社会阅历，增加社会体验，增强社会竞争力。

《教育部办公厅关于全面推进现代学徒制工作的通知》

任务实施

结合自己的专业实际开展一次专业技能的实践活动，如茶艺、家电维修、传统手工等。写一篇500字的心得体会，并录制成有声伴读上传至学习平台。

（三）创业就业与价值实现结合

大学生要顺应时代发展的要求，不仅要勤于学习、敏于求知，还要善于实践，勇于创新探索，在就业或创业的过程中实现人生价值。一方面，树立正确的择业观，提升就业满意率。择业观在很大程度上受劳动观影响，可以说有什么样的劳动观，就会有什么样的择业观。反过来，正确择业观的树立一定程度上也会促进正确劳动观的形成。另一方面，创业是一种创造性劳动，是一个从无到有、从理念到行动、从未知到已知的劳动过程，在这个过程中，不仅需要了解新情况、解决新问题，而且需要苦干实干、勇于创新的激情和魄力。大学生正处在最富活力、最富创造力的人生阶段，理应成为创新的主体。因此，学校要坚持创新创业教育，弘扬创造性劳动光荣的良好风气，培养并保护大学生的批判性思维，引导其敢于并善于打破常规，在实践中推陈出新，在就业创业上开创局面，在价值实现的过程中凝聚成促进社会发展、国家进步的强大动力。

任务实施

利用课余时间(可采取组队的方式)采访至少一位你身边的创业者，了解他们在创业过程中是如何通过自身劳动来实现人生价值的。把访谈的过程制作成图文并茂的文档分享至学习平台。

(四) 锤炼品格与艰苦锻炼结合

2019 年，在纪念五四运动 100 周年大会上，习近平总书记指出，新时代中国青年要锤炼品德修为，要用勤劳的双手和诚实的劳动创造美好生活。这就要求青年大学生在艰苦锻炼的实践过程中不断锤炼品格，通过切身感受和体验，加深对主观世界和客观世界的认知，提升对未来人生规划的主动性和创造性。一方面，劳动是锤炼品格、砥砺青春的“磨刀石”。劳动可以磨炼人的意志，增强人的自信，促进人的全面自由发展。人只有在劳动中能动地发挥聪明才智，才能真正认识自己。因为劳动，特别是集体劳动和一些富有创造性的劳动，有助于培养和激发人的集体意识、责任意识和担当意识。另一方面，艰苦锻炼铸就干事创业的历史担当。劳动生活能够磨炼人们顽强拼搏的奋斗精神、坚毅刚强的意志品质和勇于担当的品格风范。对于大学生而言，就业创业的初始阶段都是艰辛的，只有拥有吃苦耐劳、艰苦卓绝的拼搏精神，才有可能实现人生价值。而这些都需要大学生树立正确的劳动观，展现热爱劳动、勇于磨炼劳动意志的精神，拥有推陈出新的勇气和魄力，从而在实践中克服一道道难关，真正肩负起为中华民族伟大复兴而奋斗的历史使命。

任务实施

1. 利用课余时间至少参加一次志愿服务，可以用镜头将自己的志愿服务过程记录下来，制作成一段微视频，在主题讨论中展示自己的风采并分享感受。

2. 以小组为单位搜集相关资料，以“我们要德智体美劳全面发展”为题写一篇演讲稿(不少于 500 字)，以演讲为主、PPT 课件为辅，各组选派代表在班级进行 3—5 分钟的分享。

延伸阅读

《习近平的七年知青岁月》，北京，中共中央党校出版社，2017。

第三章　服务业与农业、工业的互动发展

【学习目标】

知识目标

1. 了解农耕文明和现代农业。
2. 掌握中国近代工业的发展状况以及现代工业发展取得的成就。
3. 知晓现代服务业的内涵、分类与发展趋势。

素质目标

1. 掌握农业生产与生态文明建设之间的关系，培养生态文明意识。
2. 继承和发扬老一辈建设者艰苦奋斗的优良作风。
3. 掌握新兴产业特点，培养适应现代产业发展需求的职业素养和择业眼光。

课程导入

随着技术的进步与社会的发展，农业、工业与服务业发生了翻天覆地的变化。“有机农业”“农业职业经理人”“农业互联网”等新兴词汇组成了我国新型农业的奇妙画卷；“蛟龙号”、北斗卫星导航系统、5G 等科技成果描绘出我国工业的宏伟蓝图；文旅融合发展、乡村振兴战略、生态文明建设等重要举措极大地提升了城乡居民的幸福感和获得感。这一切是如何发生的呢？让我们一起去感受服务业与农业、工业的互动发展历程吧。

第一节　农耕文明与现代农业

一、农业发展与农耕文明

（一）农业的起源

古代中国是农业大国，早在原始社会就有与农业相关的传说。北方最著名的氏族是炎帝族和黄帝族。炎帝神农氏，又名烈山氏。“烈山”反映了原始农业的刀耕火种。传说黄帝的妻子嫘祖是养蚕缫丝的创始者。这些传说依稀反映了原始农业生产的一些情况，而新石器时代遗址陆续出土的考古材料，则为了解我国各地的原始农业面貌提供了实物依据。

黄河流域的原始农业以粟为代表作物，重要的遗址有河南渑池仰韶文化遗址；长江流域的原始农业以水稻为代表作物，重要的遗址有浙江河姆渡文化遗址。

（二）社会变迁与农业发展

夏、商、西周时期，随着农业生产的种类增加，我国由原始公有制社会进入奴隶制社会。春秋战国时期，奴隶制走向崩溃，封建的生产关系开始出现。按亩征收赋税的制度开始被各诸侯国采用。在秦国商鞅、魏国李悝等人的倡导下，一些诸侯国的统治者纷纷实行变法，废井田、开阡陌，封建土地所有制逐渐形成。在封建土地所有制下，地主是土地的所有者，土地可以自由买卖，原来的奴隶则成为向地主租种小块土地的佃农。他们一般以家庭为单位，用自己的生产工具从事耕作，以实物或劳役的形式向地主缴纳地租。因可留下部分产品作为自己的生活资料，其生产积极性有了很大提高。

农业生产得到巨大发展的突出标志是铁制农具的出现。铁犁的出现把耕地的作业方式从间断式破土转变为连续式前进，使生产效率大大提高。铁犁所需的动力大，用畜力作动力的牛耕便应运而生。这样，整个农业生产面貌大为改观。

1840 年鸦片战争以后，帝国主义的侵略和日益苛重的封建剥削使农村经济江河日下。耕地很少增加，农具鲜有改进，许多地方水利失修。同时，帝国主义的坚船利炮又使海禁洞开，客观上促进了桑蚕、茶叶、棉花、烟草乃至花生、大豆等经济作物的商品性生产；农村中带资本主义因素的经济成分如经营地主和富农经济等也进一步增长。

延伸阅读

明、清时期的农学著作现存约 300 种，不仅数量超过此前历史上任何一个时期，其内容的广度和深度也胜过以往。例如，明末徐光启的《农政全书》已开始吸收、介绍西方科学。只是由于当时的社会条件的限制，农学研究仍不能突破传统经验的局限。中国从清末至民国初年开始陆续引入西方的近代农业科学技术成果，如农业机械、化学肥料和农药等。知识分子最初从日本，接着从欧美，将西方的农业科学、生物科学知识翻译介绍到国内。同时，政府大量派遣留学生赴日本及欧美学习农业科学技术。

抗日战争期间，南方各省设立农业改进所，从事农业科学技术的推广工作。这一时期，我国通过自己培养的农业科技人员，培育以及引进了一批稻、麦、棉、油料、果蔬和家畜的优良品种，在病虫害防治、土壤改良、科学施肥等方面，也推广了不少现代农业科学成果，对于改变传统农业的构成和提高农业生产效率起到了一定作用。

但是，由于帝国主义、封建主义和官僚资本主义的残酷压迫，农村阶级矛盾日益加剧，农业生产发展缓慢，农民生活更加贫困。这种状况直到 1949 年中华人民共和国成立以后，经过 20 世纪 50 年代的土地改革、农业社会主义改造和 70 年代末开始的农业体制改革，才发生了根本性的改变。

（三）农耕文明

农耕文明是人类史上的一种文明形态。原始农业和原始畜牧业、古人类的定居生活等的发展变化，使人类从采集食物变为生产食物，是生产力的一次飞跃，人类进入农耕文明时代。农耕文明地带主要集中在北纬 20 度到 40 度之间。

农耕文明一直延续到工业革命之前。在此期间，经济生产以农业为主，政治体制一般为君主制，社会结构呈现为金字塔形。农耕文明多发源于大河流域，是工业文明的摇篮。农耕文明需要顺应天时、守望田园、辛勤劳作，要求人们掌握丰富的农艺和园艺，企盼风调雨顺，营造人和的环境。

农耕文明对中华优秀传统文化有着重要意义。聚族而居、精耕细作孕育了内敛式自给自足的生活方式、文化传统、农政思想、乡村管理制度等，其中部分与今天提倡的和谐、环保、低碳等理念不谋而合。而农耕文明的地域多样性、民族多元性、历史传承性和乡土民间性，不仅对中华优秀传统文化的形成和发展具有重要意义，也是其绵延不断、长盛不衰的原因之一。

延伸阅读

以渔樵耕读为代表的农耕文明是千百年来中华民族生产生活的实践总结，其所蕴含的应时、取宜、守则、和谐的理念已深入人心，其中所体现的哲学精髓正是我国优秀传统文化核心价值观的重要精神资源。从思想观念方面来看，农耕文明所蕴含的思想精华和文化品格都是十分优秀的，其孕育和培养了爱国主义、团结统一、独立自主、爱好和平、自强不息、集体主义、尊老爱幼、勤劳勇敢、吃苦耐劳、艰苦奋斗、勤俭节约、邻里互助等文化传统和核心价值理念，值得充分肯定和借鉴。中国传统文化中理想的家庭模式是“耕读传家”，即既要有“耕”来维持家庭生活，又要有“读”来提高家庭成员的文化水平。这种培养式的农耕文明推崇自然和谐，与中国传统文化中的乐天知命原则相契合——乐天是知晓宇宙的法则和规律，知命则是懂得生命的价值和真谛，是人生的最高修养。崇尚耕读生活，提倡合作包容而不是掠夺式利用自然资源，这些都是符合今天的和谐发展理念的。

二、现代农业

（一）现代农业的内涵

现代农业是在现代工业和现代科学技术基础上发展起来的农业。它萌发于资本主义工业化时期，形成于第二次世界大战以后。现代农业广泛运用现代科学技术，由顺应自然变为自觉地利用自然和改造自然，由凭借传统经验变为依靠科学，建立在植物学、动物学、化学、物理学等学科高度发展的基础上，成为科学化的农业。其将工业部门生产的大量物质产品投入农业生产中，以换取大量农产品，成为工业化的农业。农业生产走上了区域化、专业化的道路，由自然经济变为高度发达的商品经济，成为商品化、社会化的农业。

（二）现代农业的特点

相对于传统农业，假日农业、休闲农业、观光农业、旅游农业等新型农业也迅速发展成为与产品生产农业并驾齐驱的重要产业。传统农业的主要功能是农产品的供给，而现代农业的主要功能除了农产品的供给外，还包括生活休闲、生态保护、旅游度假、文化传承、教育等，对满足人们的精神需求、构建人们的精神家园具有重要意义。现代农业具有以下特点。

1. 以市场为导向

市场导向是现代农民采用新的农业技术、发展农业新的功能的动力源泉之一。从发达国家的情况看，无论是分散的农户经济向合作化、产业化方向转化，还是新的农业技术的使用和推广，都是在市场的拉动或挤压下自发产生的，政府并无过多干预。

2. 重视生态环保

现代农业既突出现代高新技术的先导性、农工科贸的一体性、产业开发的多元性和综合性，又强调资源节约、环境零损害的绿色性。现代农业也是生态农业，是资源节约和可持续发展的绿色产业，它担负着维护与改善人类生活质量和生存环境的使命。当前，可持续发展已成为一种国际性的理念和行为，各国在土、水、气、生物多样性和食物安全等方面均有严格的环境标准。这些环境标准，既包括产品本身，又包括产品的生产和加工过程；既包括对某地的环境影响，又包括对其相邻国家和相邻地区以及全球环境的影响。

知识链接

生态农业以现代工业和科学技术为基础，充分利用中国传统农业的技术精华，在保持生产率持续增长、持续提高土壤肥力、持续协调农村生态环境以及持续利用保护农业自然资源的基础上，实现高产、优质、高效、低耗。生态农业指在发展社会主义市场经济和农业现代化过程中，调整结构，优化产业和产品结构，提高农业综合生产能力；依靠科技，合理利用与有效保护自然资源；防止污染，切实保持农业生态平衡；逐步建设起一个具有中国特色的资源节约型、经营集约化、生产商品化的现代农业模式。

3. 产业化组织

在现代农业中，农户要广泛参与专业化生产和社会化分工，要加入各种专业化合作组织；农业经营活动要实行产业化经营。这些合作组织包括专业协会、专业委员会、生产合作社、供销合作社等，它们活动在生产、流通、消费、信贷等各个领域。

知识链接

新兴职业——农业经理人

农业经理人是指在农民专业合作社等农业经济合作组织中，从事农业生产组织、设备作业、技术支持、产品加工与销售等管理工作的人员。

2020 年 3 月 3 日，人力资源和社会保障部、农业农村部共同发布了农业经理人的国家职业技能标准。该标准根据《中华人民共和国劳动法》有关规定制定，其中规定农业经理人的工作内容大致包括：搜集和分析农产品供求、客户需求数据等信息；编制生产、服务经营方案和作业计划；调度生产、服务人员，安排生产或服务项目；指导生产、服务人员执行作业标准；疏通营销渠道，维护客户关系；组织产品加工、运输、营销；评估生产、服务绩效，争取资金支持。

（三）现代农业的发展阶段

1. 准备阶段

本阶段是传统农业向现代农业发展的过渡阶段。在这个阶段，少量现代因素开始进入农业系统，农业生产投入量较高，土地产出水平也较高。但农业机械化水平、农业商品率还很低，资金投入、农民文化程度、农业科技和农业管理尚处于传统农业水平。

2. 起步阶段

本阶段是农业现代化的初级阶段。其特点表现为：现代物质投入快速增长，生产目标从物品需求转变为商品需求，现代因素（如技术等）对农业发展和农村进步有明显的推进作用。在这一阶段，农业现代化的特征已经开始显露出来。

3. 初步实现阶段

本阶段是现代农业发展较快的时期，农业现代化实现程度进一步提高，已经初步具备农业现代化特征。具体表现为现代物质投入水平较高，农业产出水平特别是农业劳动生产率水平得到快速发展。但这一时期的农业生产和农村经济发展与环境等非经济因素还存在不协调问题。

4. 基本实现阶段

本阶段的现代农业特征十分明显：现代物质投入已经拥有较大规模，资金对劳动和土地的替代率已达到较高水平，现代农业发展已经逐步适应工业化、商品化和信息化的要求，农业生产组织和农村整体水平与商品化程度、农村工业化和农村社会现代化已经处于较为协调的发展过程中。

5. 发达阶段

本阶段是现代农业和农业现代化实现程度较高的发展阶段。这一时期，现代农业、农村工业、农村城镇化和农民知识化建设水平较高，农业生产、农村经济与社会的关系进入了比较协调和可持续发展阶段，已经全面实现了农业现代化。

我国总体上已进入加快改造传统农业、走中国特色农业现代化道路的关键时期，推进农业结构调整、增加农民收入、改善生态环境、加速农业产业化与现代化进程，最终要依靠农业科技的进步与创新。现代农业园区作为农业技术组装集成、科技成果转化及现代农业生产的示范载体，是我国现阶段推进新的农业革命、实现传统农业向现代农业转变的必然选择。

延伸阅读

劳动是每位学生的“必修课”①

2020 年 3 月，《中共中央 国务院关于全面加强新时代大中小学劳动教育的意见》印发，强调劳动教育是中国特色社会主义教育制度的重要内容，引起了浙江农林大学广大师生的高度关注。

浙江农林大学从 1958 年建校起，就将劳动课设置为学生的必修课，学习使用锄头等工具更是当时农林学子必须掌握的技能。到如今，该校的劳动教育已经坚持了 60 多年。

从 2015 年开始，浙江农林大学在鼓励学生参加常规劳动的同时，进一步要求全校学生参加各种形式的劳动：不仅组织全体学生参与校园绿地管护、卫生清洁等劳动，还号召同学参与挖番薯、割水稻、收大豆、种土豆、种油菜等劳动。

为了更好地指导学生，该校还专门聘请附近农民指导学生参与施肥、翻整、起垄等农业劳动，同时选育了各种果蔬的小苗分配给学生种植。该校农作园技术指导教师说：“现在的大学生，大多没有从事过农业劳动。鼓励大学生参加劳动农活，自己动手种植果蔬，不仅能够让他们见证果蔬的种植和生长过程，增强必需的动手能力，还能让他们学习到很多课本上学习不到的知识，对于他们从事本专业的学习和研究也是很好的帮助。”

每到农作园不少蔬菜成熟的时候，浙江农林大学农学院的“种菜课”考试也开始了。学校大一和大二的学生，平时上课的地点在菜园里，期末考试地点也是在菜园里。考试的方式就是由全体学生对各个班级的菜园进行打分。菜园管得好不好、菜种得好不好、同学们参与度高不高，都是打分的依据。

在加强学生劳动教育的探索过程中，浙江农林大学还连续多年实施学生暑期驻村劳动项目。学校与金华市各县区、杭州市临安区等地开展合作，利用暑假选派有志于从事大学生村官工作的学生前往农村开展劳动。每年暑假一开始，学校就会选派一批学生“进驻”相关县市区的各个乡镇，开展“服务乡村振兴”等主题的大学生驻村劳动。

在浙江农林大学校园里，劳动教育的平台越来越多。除了到农作园里种菜、参与暑假驻村劳动等，学校还将拥有 3000 多种植物、总面积将近 3000 亩的校园全部

① 本部分内容选自《劳动是每位学生的“必修课”——浙江农林大学劳动教育已经坚持了 60 多年》，http://zj.people.com.cn/n2/2020/0329/c186327-33911673.html，访问日期：2023-06-27。选入时有改动。

“承包”给全校学生管护，鼓励学生在课余时间参与绿地管护、食堂清洁、交通维护等。此外，学生们还可以根据参与绿地管护等劳动的时长，申请相应的思政类实践学分。

“教育可以生活化，也可以学习化。一直以来，我们坚持鼓励广大学生积极参加劳动，加强学生的劳动教育，也是学校践行立德树人根本任务的重要举措。”浙江农林大学前校长应义斌十分支持学生参与各种劳动，他说：“教育不能是空心的，不能没有根基、没有生活，否则我们的教育就不会成功。我们一直鼓励学生参与各种劳动，就是想让学生们在劳动中学习到课堂上学不到的东西，在劳动中认识自身价值、找到生活态度。”

实践活动

农业生产劳动体验

实践目的

1. 让学生真正认识“稻粱菽，麦黍稷”，而不是只在书本里认识。

2. 让学生体会身体上的劳累和疲惫，从而更加珍惜学校宁静的学习环境，学会珍惜粮食，自觉实行“光盘行动”。

3. 让学生锻炼身体，增强体质。

实践方案

1. 教师宣布实践活动的主题，明确实践要求。

2. 将学生分成若干组，每组 4—6 人。将学生带到农村，让学生下到田间地里，认识各种农作物。

3. 各组推选一名学生归纳出本组找到的农作物名称，并介绍它们的用途或烹饪方式。

4. 教师总结，进一步引导学生热爱劳动、珍惜粮食、勤俭节约。

任务实施

1. 利用黄豆、豌豆、绿豆、黑豆、小麦、大麦等常见农作物的种子尝试进行无土栽培。

2. 收集农业谚语。

第二节　近现代工业

一、中国近代工业的兴起

知识链接

1840年鸦片战争以后，西方资本主义国家利用特权，疯狂掠夺原料并向中国倾销商品，逐渐把中国卷入世界市场，致使自给自足的中国封建经济逐步解体。第二次鸦片战争后，列强侵略势力扩张到中国沿海各省，并伸向内地，方便了它们倾销商品、掠夺廉价的原料和劳动力，使中国难以抵挡资本主义经济侵略的冲击。中日甲午战争后，随着帝国主义侵略的加剧，中国的自然经济进一步遭到破坏。伴随着西方侵略和中国自然经济的瓦解，中国工业开始艰难萌芽。

鸦片战争后，随着西方侵略的加剧，外商在中国先设船坞，方便维修来华商船；继而设加工厂，方便掠夺原材料和劳动力；再设各类厂矿企业，进一步扩大资本输出，控制中国的金融财政、交通运输和重工业。这些厂矿企业资金足、规模大、技术新、管理先进、产量高且成本低，在中国近代工业企业中居垄断地位，严重阻碍中国民族工业的起步和发展。

19世纪60年代起，封建地主阶级洋务派先后以“自强”“求富”为旗号，采用西方先进生产技术，创办了一批近代军事工业、民用企业，客观上推动了中国民族工业和民族资本主义的产生和发展。19世纪末，资产阶级维新派在戊戌变法中提出发展资本主义工商业。变法失败后，民族资本家继续倡导“实业救国”，一定程度上促进了民族工业的发展。资产阶级革命派领导辛亥革命并建立中华民国后，确认了资本主义关系的合法性，使民族工业的发展迎来了短暂的春天。

中华人民共和国成立后，接收了帝国主义在华企业，并对民族资本主义工商业进行了社会主义改造，中国工业进入社会主义发展阶段。

二、中国的现代工业①

中华人民共和国成立以来，在中国共产党的领导下，我国建立起门类齐全的现代工业体系，实现了由一个贫穷落后的农业国成长为世界第一工业制造大国的历史性转变。党的十八大以来，以习近平同志为核心的党中央高瞻远瞩，提出一系列治国理政新理念

① 本部分内容参考《中国工业经济跨越发展　制造大国屹立东方》，载《稀土信息》，2019(9)。

新思想新战略，工业制造加快向高质量发展推进。现代工业为我国经济繁荣、人民富裕、国防安全以及世界经济稳定发展作出了卓越贡献。我国现代工业具有以下特点。

（一）工业实现跨越发展，逐步成长为世界第一工业制造大国

由于列强入侵、长期战乱，中国工业基础十分薄弱，工业企业设备简陋、技术落后，只能生产少量粗加工产品。中华人民共和国成立以后，经过 70 多年的发展，我国工业成功实现了由小到大、由弱到强的历史大跨越，使一个贫穷落后的农业国成长为世界第一工业制造大国，为中华民族实现从站起来、富起来到强起来的历史飞跃作出了巨大贡献。

1. 工业产值突飞猛进

中华人民共和国成立 70 多年来，全国各族人民在党的团结带领下自力更生、艰苦奋斗，积极探索、大胆实践，成功走出一条中国特色的新型工业化发展道路。我国已建成门类齐全、独立完整的现代工业体系，工业经济规模跃居全球首位，工业增加值从 1952 年的 120 亿元增加到 2020 年的 40.1 万亿元，年均增长率超过 10%。我国工业国际影响力显著加强，2010 年跻身全球制造业第一大国并连续多年稳居世界第一。

2. 工业供给能力迅猛增长，主要产品产量居世界前列

中华人民共和国成立初期，我国只能生产纱、布、火柴、肥皂等少数生活日用品。经过 70 余年的发展，我国工业生产能力迅猛增长，原煤、钢铁等工业产品产量大幅增长(表 3-1)。

表 3-1　2022 年主要工业产品产量及其增长速度①

产品名称	单位	产量	比上年增长（%）
纱	万吨	2719.1	-5.4
布	亿米	467.5	-6.9
化学纤维	万吨	6697.8	-0.2
成品糖	万吨	1486.8	2.6
卷烟	亿支	24321.5	0.6
彩色电视机	万台	19578.3	5.8
家用电冰箱	万台	8664.4	-3.6
房间空气调节器	万台	22247.3	1.9
一次能源生产总量	亿吨标准煤	46.6	9.2
原煤	亿吨	45.6	10.5
原油	万吨	20472.2	2.9
天然气	亿立方米	2201.1	6.0
发电量	亿千瓦时	88487.1	3.7
其中：火电[21]	亿千瓦时	58887.9	1.4
水电	亿千瓦时	13522.0	1.0
核电	亿千瓦时	4177.8	2.5
风电	亿千瓦时	7626.7	16.2
太阳能发电	亿千瓦时	4272.7	31.2
粗钢	万吨	101795.9	-1.7
钢材[22]	万吨	134033.5	0.3
十种有色金属	万吨	6793.6	4.9
其中：精炼铜（电解铜）	万吨	1106.3	5.5
原铝（电解铝）	万吨	4021.4	4.4
水泥	亿吨	21.3	-10.5
硫酸（折100%）	万吨	9504.6	1.3
烧碱（折100%）	万吨	3980.5	2.3
乙烯	万吨	2897.5	2.5
化肥（折100%）	万吨	5573.3	0.5
发电机组（发电设备）	万千瓦	18376.1	15.0
汽车	万辆	2718.0	3.5
其中：新能源汽车	万辆	700.3	90.5
大中型拖拉机	万台	40.0	-2.8
集成电路	亿块	3241.9	-9.8
程控交换机	万线	883.8	26.3
移动通信手持机	万台	156080.0	-6.1
微型计算机设备	万台	43418.2	-7.0
工业机器人	万套	44.3	21.0
太阳能电池（光伏电池）	万千瓦	34364.2	46.8
充电桩	万个	191.5	80.3

① 该表格来源于国家统计局网站《中华人民共和国 2022 年国民经济和社会发展统计公报》。

3. 工业国际竞争力不断增强

中华人民共和国成立初期，受半封闭型工业发展模式和国内主要工业品供应短缺的影响，仅有少量对外贸易，出口商品以初级产品和资源性产品为主。改革开放以来，依托完备的产业基础和综合成本优势，我国对外贸易量质齐升，国际竞争力显著增强。自 2009 年起，我国已连续多年稳居全球货物贸易第一大出口国地位，出口产品结构不断优化，初级产品占比不断下降，工业制成品占比不断上升并超过 90%。高技术、高附加值产品成为出口主力，出口产品档次和质量不断提高。2022 年，我国货物出口总额 23.9 万亿元，进口总额 18.1 万亿元(表 3-2)。

表 3-2　2022 年各种货物的进出口额及增幅

指标		金额/亿元	比上年增长/%
出口	一般贸易	152468	15.4
	加工贸易	53952	1.1
	机电产品	136973	7.0
	高新技术产品	63391	0.3
进口	一般贸易	115624	6.7
	加工贸易	30574	−3.2
	机电产品	69661	−5.4
	高新技术产品	50864	−6.0

数据来源：中华人民共和国 2022 年国民经济和社会发展统计公报。

4. 自主创新能力显著增强，部分产品技术国际领先

中华人民共和国成立初期，我国工业技术能力比较落后，处于跟跑阶段。随着国家经济实力增强和创新驱动发展战略的实施，我国工业创新能力不断提升。根据国家统计局最新数据，2022 年我国全年研究与试验发展(R&D)经费支出 30870 亿元，比上年增长 10.4%(图 3-1)。世界知识产权组织发布的报告显示，随着知识产权服务、条约和收入基础的强劲增长，2019 年中国首次超越美国，成为提交国际专利申请最多的国家，提交量较 1999 年增长 200 倍。

2022 年我国全年成功完成 62 次宇航发射。问天实验舱、梦天实验舱发射成功；“神舟十四号”“神舟十五号”等任务相继实施；中国空间站全面建成；“嫦娥五号”发现月球新矿物“嫦娥石”；“句芒号”陆地生态系统碳监测卫星、大气环境监测卫星成功发射运行；“长征八号”运载火箭实现一箭 22 星发射；第三艘航空母舰福建舰下水；国产 C919 大型客机获得型号合格证并交付首架；投入商业运行的“华龙一号”自主三代核电机组保持安全稳定运行。

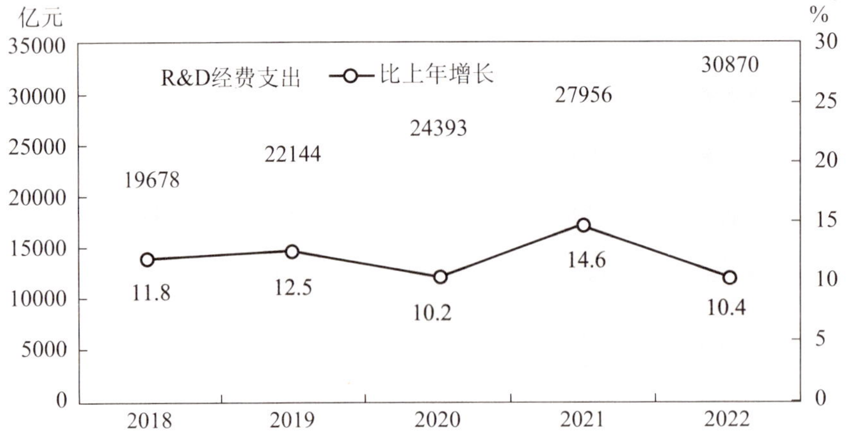

图 3-1　2018—2022 年研究与试验发展(R&D)经费支出及其增长速度

知识链接

北斗卫星导航系统(简称“北斗系统”)是我国着眼于国家安全和经济社会发展需要、自主研发和建设运行的全球卫星导航系统，是为全球用户提供全天候、全天时、高精度的定位、导航和授时服务的国家重要时空基础设施。自 2000 年年底开始提供服务以来，北斗系统已在交通运输、农林渔业、水文监测、气象测报、通信授时、电力调度、救灾减灾、公共安全等领域得到广泛应用，服务国家重要基础设施，产生了显著的经济效益和社会效益。基于北斗系统的导航服务已被电子商务、移动智能终端制造、位置服务等厂商采用，广泛进入大众消费、共享经济和民生领域，其应用的新模式、新业态、新经济不断涌现，深刻改变着人们的生产生活方式。

北斗系统秉承“中国的北斗、世界的北斗、一流的北斗”发展理念，于 2020 年 7 月 31 日正式开通“北斗三号”全球卫星导航系统，与世界各国共享北斗系统建设发展成果，促进全球卫星导航事业蓬勃发展，为服务全球、造福人类贡献中国智慧和力量。①

(二) 现代工业体系逐步形成，产业结构持续优化升级

中华人民共和国成立前，中国工业部门只有采矿业、纺织业和简单的加工业。中华人民共和国成立特别是改革开放以来，我国制定和实施了一系列重大产业政策，对工业经济内部结构进行了多次重大调整，现代工业体系逐步形成，产业结构不断优化升级。

① 本部分内容参考北斗卫星导航系统网站的介绍，选入时有改动。

1. 工业体系门类比较健全

中华人民共和国成立后，党和政府高度重视工业建设，在“一五”计划中将有限的资源重点投向工业部门，为国家工业化奠定了初步基础。经过 70 多年的发展，钢铁、有色金属、电力、煤炭、石油加工、化工、机械、建材、轻纺、食品、医药等工业行业不断由小到大，一些新兴的工业行业如航空航天工业、汽车工业、电子通信工业等也从无到有，迅速发展。目前，我国已形成了独立完整的现代工业体系，成为全世界唯一拥有联合国产业分类当中全部工业门类的国家。

2. 传统产业转型升级步伐加快

中华人民共和国成立后，我国传统工业产业规模迅速扩大，不断淘汰落后产能，加快技术改造，顺利实现产业升级。水泥行业 2012 年年底前基本淘汰了机立窑、干法中空窑、立波尔窑、湿法窑，实现新型干法水泥基本全覆盖。煤炭行业大力发展先进生产力，采煤机械化程度超过 96%。钢铁行业拥有世界上最大最先进的冶炼、轧制设备，钢材品种质量迅速提升，大多数钢材品种的自给率达到了 100%。有色金属工业实现了从主要技术装备依赖进口到出口高附加值产品、输出电解铝技术的转变，中厚板高端航空铝材已被应用于大飞机和军工等领域，高铁用铝材全部实现了国产化。

延伸阅读

2019 年 12 月，我国首条国产高端高精铝材热处理型材辊底炉生产线在广西南宁试产成功，并开始批量连续生产。该生产线由南南铝业股份有限公司与广西先进铝加工创新中心、东北大学联合开发，已被列入国家项目。

经验证，该辊底炉具有极佳的热效率、高精度的固溶温度控制和高效的淬火系统，填补了国内高端高精铝材热处理淬火装备的空白。该辊底炉的成功试产，攻克了铝材热处理型材辊底炉生产线成套装备开发中存在的关键装备技术难题，达到了国内领先、国际先进的水平，推动了该领域的技术进步，降低了高端高精铝合金产品的制造成本，实现了重大短板生产线的自主可控，将促进铝合金产品在汽车、高铁等制造领域的应用，产生巨大的经济及社会效益。①

3. 新兴产业加快孕育发展

中华人民共和国成立初期至 20 世纪 90 年代，我国工业以钢铁、建材、农副食品、纺织等传统行业为主。进入 21 世纪，特别是党的十八大以来，我国大力发展高技术产业和先进制造业，积极推动战略性新兴产业集群发展，加快培育经济增长新动能，工

① 韦静：《高端铝材装备国产化在南宁迎来新突破》，http://www.nanning.china.com.cn/2019-12/17/content_41001048.htm，访问日期：2023-06-27。

业经济不断向中高端迈进。高技术制造业、装备制造业、工业战略性新兴产业增加值逐年增长，主要代表性产品增势强劲：移动通信、语音识别、第三代核电“华龙一号”、掘进装备等跻身世界前列；集成电路制造、C919大型客机、高档数控机床、大型船舶制造装备等加快追赶国际先进水平；龙门五轴机床、8万吨模锻压力机等装备填补了多项国内空白。

4. 智能制造取得积极成效

党的十八大以来，我国工业化和信息化深度融合、进展加快，制造业数字化网络化智能化水平持续提升，“互联网＋制造业”新模式不断涌现，工业互联网发展已迈出实质性步伐。随着《中国制造2025》的进一步实施，机械、航空、船舶、汽车、轻工、纺织、食品、电子等行业生产设备的智能化改造明显加快，精准制造、敏捷制造能力显著提高；智能交通工具、智能工程机械、服务机器人、智能家电、可穿戴设备等产品研发和产业化有效推动；基于互联网的个性化定制、云制造等新型制造模式得以发展；基于消费需求动态感知的研发、制造和产业组织方式初步形成。

（三）多种经济成分携手共同发展，经济活力大幅跃升

1956—1978年，我国工业所有制结构的经济成分较为单一。1978年，在全部工业总产值中，国有企业占77.6%，集体企业占22.4%。党的十一届三中全会后，我国破除所有制问题上的传统观念束缚，为非公有制经济发展打开了大门，多种所有制经济携手共同发展。

1. 国有企业在优化调整中发展壮大

1952年，我国国有企业实现利润总额28.2亿元，固定资产原值149亿元。经过几十年的努力，特别是改革开放40余年来的艰难探索，国有企业活力、创造力和市场竞争力不断增强，战略布局不断优化，在关系国民经济命脉的重要行业和关键领域保持主导地位。2022年，国有控股工业企业实现利润总额23792亿元，为推进国家的工业化和现代化作出巨大贡献。

2. 民营经济和民营企业成为社会主义市场经济的重要组成部分

改革开放以来，民营经济一步步从无到有、由弱到强，逐步成长壮大。党的十八大提出“要毫不动摇地鼓励、支持、引导非公有制经济发展，保证各种所有制经济依法平等使用生产要素、公平参与市场竞争、同等受到法律保护”。党的十九大明确指出“要支持民营企业发展，激发各类市场主体活力，要努力实现更高质量、更有效率、更加公平、更可持续的发展”，进一步推动了民营经济和民营企业的发展。2018年，民营企业在规模以上工业企业中，数量已超过一半，资产总计、主营业务收入和利润总额占比均超过20%。

3. 港、澳、台商投资企业为内地/大陆工业经济持续发展注入活力

党的十一届三中全会后，港、澳、台同胞积极响应改革开放，率先投资内地/大陆。自第一位港商在广东投资办厂后，大批港、澳、台商到内地/大陆投资兴业。2018年年末，内地/大陆规模以上港、澳、台商投资工业企业已达2.3万家，吸纳就业人数

956 万人，主营业务收入 9.9 万亿元。港、澳、台资企业不仅带来了资金、技术、人才，更为内地/大陆输入了管理经验，成为内地/大陆工业的重要参与者和贡献者。

4. 外商投资企业已成为我国工业建设不可或缺的重要力量

1979 年，《中华人民共和国中外合资经营企业法》首次颁布并实施，为扩大国际经济合作和技术交流提供了法律保障。随着对外开放水平的不断扩大，该法数次修改完善，大大提振了外商投资信心。2017—2018 年，在全球跨国投资连续下滑的背景下，我国分别吸引外资 1363 亿美元、1383 亿美元，稳居世界第二位，实现了稳中有增、稳中提质。外商投资由最初的劳动密集型行业，逐步拓展到计算机、集成电路、智能制造等高新技术领域。2018 年规模以上外商投资工业企业已有 2.5 万家，吸纳就业人数 931 万人，主营业务收入 14 万亿元。不断开放的中国制造业吸引着国外资本、技术和人才的投入，持续发展壮大。

延伸阅读

2020 年 1 月 1 日，《中华人民共和国外商投资法》正式实施。《中华人民共和国外商投资法》及其实施条例在法律法规层面正式确立了准入前国民待遇加负面清单管理制度，积极促进外商投资，保护外商投资合法权益，规范外商投资管理，推动形成全面开放新格局，促进社会主义市场经济健康发展。

2020 年 6 月 23 日，《外商投资准入特别管理措施(负面清单)(2020 年版)》发布，将外商投资准入全国负面清单压减至 33 条，自贸试验区负面清单压减至 30 条，较 2019 年分别压减 17.5%、18.9%。积极缩减外商投资准入负面清单，突出展现了我国坚定不移扩大开放、提高投资自由化水平的决心，有利于推动跨国投资尽快回稳复苏、稳定全球产业链供应链，以高水平开放推动经济高质量发展。

实践活动

体验无人驾驶

实践目的

通过实际体验无人驾驶的地铁或汽车等，帮助学生进一步认识我国现代工业发展的成果。

实践方案

1. 教师宣布实践活动的主题，明确实践要求。

2. 以个人为单位体验无人驾驶的地铁或汽车等，并将过程和感受用图片、视频或文字的方式记录下来。

3. 教师和学生根据作品进行综合评定，择优选出作品在课堂上展示。

4. 教师总结。

任务实施

1. 就近参观与工业发展相关的博览馆，谈谈你的心得体会。

2. 谈谈自己将从哪些方面做好迎接“人工智能”大潮带来的岗位变迁挑战，以满足数字经济时代新型职业的技能要求。

推荐阅读

国家统计局：《中华人民共和国2022年国民经济和社会发展统计公报》

(https://www.gov.cn/xinwen/2023-02/28/content_5743623.htm)

国家统计局：《新中国70年迈向工业制造大国》

(http://news.cctv.com/2019/07/11/ARTI4ZvRmAWVsYL8Qk1F3cye190711.shtml)

《中华人民共和国外商投资法》

(https://www.gov.cn/xinwen/2019-03/20/content_5375360.htm)

中华人民共和国国家发展和改革委员会、中华人民共和国商务部：《外商投资准入特别管理措施(负面清单)(2021年版)》

(https://www.gov.cn/zhengce/2022-11/28/content_5713317.htm)

第三节　现代服务业

一、现代服务业的内涵

现代服务业是指以现代科学技术特别是信息网络技术为主要支撑，建立在新的商业模式、服务方式和管理方法基础上的服务产业。它既包括随着技术发展而产生的新兴服务业态，也包括运用现代技术对传统服务业的提升。

现代服务业大体相当于现代第三产业。第三产业包括交通运输、仓储和邮政业，信息传输、计算机服务和软件业，批发和零售业，住宿和餐饮业，金融业，房地产业，租赁和商务服务业，科学研究、技术服务和地质勘查业，水利、环境和公共设施管理业，居民服务和其他服务业，教育，卫生、社会保障和社会福利业，文化、体育和娱乐业，公共管理和社会组织，国际组织等行业。

二、现代服务业的分类

现代服务业是相对于传统服务业而言，适应现代人和现代城市发展的需求而产生和发展起来的具有高技术含量和高文化含量的服务业。主要包括以下四大类。

·基础服务，包括通信服务和信息服务。

·生产和市场服务，包括金融、物流、批发、电子商务、农业支撑服务，以及中介和咨询等专业服务。

·个人消费服务，包括教育、医疗保健、住宿、餐饮、文化娱乐、旅游、房地产、商品零售等。

·公共服务，包括政府的公共管理服务、基础教育、公共卫生、医疗以及公益性信息服务等。

三、现代服务业的特征

现代服务业具有“两新四高”的时代特征。

“两新”指新服务领域和新服务模式。前者是指现代服务业适应现代城市和现代产业的发展需求，突破了消费性服务业领域，形成了新的“生产性服务业”、智力(知识)型服务业和公共服务业的新领域；后者是指现代服务业是通过服务功能换代和服务模式创新而产生新的服务业态。

“四高”指高文化品位和高技术含量，高增值服务，高素质、高智力的人力资源结构，高感情体验、高精神享受的消费服务质量。

现代服务业具有资源消耗少、环境污染少的优点，其发展是地区综合竞争力和现代化水平的重要标志。现代服务业在发展过程中呈现集群性特点，主要表现在行业集群和空间上的集群。

小贴士

生产性服务业是指为保持工业生产过程的连续性，为促进工业技术进步、产业升级和提高生产效率提供保障服务的服务行业。它是与制造业直接相关的配套服务业，是从制造业内部生产服务部门独立发展起来的新兴产业，其本身并不向最终消费者提供服务产品和劳动。

四、现代服务业发展的一般规律

根据英国经济学家克拉克和美国经济学家库兹涅茨的研究成果，产业结构的演变大致可以分为三个阶段：第一阶段是初级产品生产阶段，生产活动以单一的农业为主，农业劳动力在就业总数中占绝对优势；第二阶段是工业化阶段，其主要标志是第二产业大规模发展，工业实现的收入在整个国民经济中的比重不断上升，劳动力逐步从第一产业向第二产业和第三产业转移；第三阶段是后工业化阶段，其标志是工业特别是制造业在国民经济中的地位由快速上升逐步转为下降，第三产业则经历上升、徘徊、再上升的发展过程，最终将成为国民经济中所占比重最大的产业。

对照产业结构演变阶段，服务业的发展和结构演变同样具有规律性。一般来讲，在初级产品生产阶段，以发展住宿、餐饮等个人和家庭服务的传统生活性服务业为主。在工业化阶段，与商品生产有关的生产性服务业迅速发展，其中在工业化初期，以发展商业、交通运输、通信业为主；在工业化中期，金融、保险和流通服务业得到发展；在工业化后期，服务业内部结构调整加快，新型业态开始出现，咨询等中介服务业、房地产、旅游、娱乐等服务业发展较快，生产和生活服务业互动发展。在后工业化阶段，金融、保险、商务等服务业进一步发展，科研、信息、教育等现代知识型服务业崛起成为主流业态，而且发展前景广阔、潜力巨大。

小贴士

后工业化阶段

进入后工业化阶段的社会，城市化进程加快，市区人口和企业大量向郊区迁移，产生郊区化和逆城市化现象，形成卫星城镇、城市群和大城市集群区。这是由于现代社会信息技术的发展带动第三产业发展，导致整个产业结构发生变化。发达国家一般从20世纪40年代开始进入后工业化阶段，其特点是城市的中枢管理职能更加强化，城市消费者的要求更加多样化，电脑技术和数据通信网络所构成的物质机制使城市的经济状态和生活方式不断发生变革。

五、现代服务业与先进制造业融合的三种形态

（一）结合型融合

结合型融合，是指在制造业产品生产过程中，中间投入品中服务投入所占的比例越来越大，如对产品市场调研、产品研发、员工培训、管理咨询和销售服务的投入日益增加。同时，在服务业最终产品的提供过程中，中间投入品中制造业产品投入所占比重也越来越大，如在移动通信、互联网、金融等服务提供过程中无不依赖大量的制造业“硬件”投入。这些作为中间投入的制造业或制造业产品，往往不出现在最终的服务或产品中，而是在服务或产品的生产过程中与之结合，成为一体。发展迅猛的生产性服务业，正是服务业与制造业结合型融合的产物。服务作为一种软性生产资料正越

来越多地进入生产领域，导致制造业生产过程的“软化”，并对提高经济效益和竞争力产生重要影响。

（二）绑定型融合

绑定型融合，是指越来越多的制造业实体产品必须与相应的服务产品绑定在一起使用，才能使消费者获得完整的功能体验。消费者对制造业的需求不仅是有形产品，而且是从产品购买、使用、维修到报废、回收全生命周期的服务保证，产品已经从单一的实体扩展到提供全面解决方案。很多制造业的产品就是为了提供某种服务而生产的，如通信产品与家电等。部分制造业企业还将技术服务等与产品一同出售，如电脑与操作系统软件等。在绑定型融合过程中，服务正在引导制造业部门的技术变革和产品创新，服务的需求与供给指引着制造业的技术进步和产品开发方向，如对拍照、发电子邮件、听音乐等服务的需求，推动了由功能单一的普通手机向功能更强的智能手机的升级。

（三）延伸型融合

延伸型融合，是指以体育文化产业、娱乐产业为代表的服务业引起周边衍生产品的生产需求，从而带动相关制造产业的共同发展。电影、动漫、体育赛事等能够带来大量的衍生品消费，包括服装、食品、玩具、音像制品、工艺纪念品等实体产品，这些产品在文化、体育和娱乐产业周围构成了一个庞大的产业链，这个产业链在为服务业带来丰厚利润的同时，也为相关制造产业带来巨大商机，从而把服务业同制造业紧密结合在一起，推动它们共同向前发展。例如，电影产业比较发达的国家，票房收入一般只占到电影收入的三分之一，其余则来自相关的电影衍生产品。又如在整个动漫、游戏的庞大产业链中，有70%—80%的利润是靠周边产品来实现的。

六、现代服务业的发展趋势

（一）现代服务业将成为经济发展的主要带动因素

以信息产业为主的高新技术产业是国民经济的先导产业，现代服务业的发展将极大地带动这一产业发展。首先，现代服务业将直接服务于高新技术产业的发展。高新技术产业的发展需要大量专业化、高效率服务的支撑，现代服务业是高新技术产业快速发展不可缺少的因素。其次，现代服务业将成为高新技术产业最重要的应用领域。服务业的发展离不开先进技术的应用，服务业的现代化就是服务业信息化的过程。因此，现代服务业的发展壮大将为高新技术产业的发展提供广阔的市场。最后，现代服务业将成为高新技术产业创新的主要动力。现代服务业的发展使其对信息、生物、新材料等高新技术及其产品的需求日益增长，这将促使高新技术产业不断进行创新和实现突破。

（二）现代服务业的分化与融合趋势将更加明显

伴随着技术进步、生产专业化程度加深和产业组织复杂化，制造企业内部的设计、研发、测试、会计审计、物流等非制造环节逐渐分离出来，形成独立的专业化服务部门，如商务服务业、信息服务业、物流业等。“微笑曲线”是对制造业企业服务环节分化的一种形象描述：其左端是研发、设计，右端是营销、售后服务，左右两端都属于分化出来的现代服务业行业，中间是生产和加工。服务业与制造业的融合，主要得益于信息技术的迅猛发展。信息技术孕育着未来重大技术的突破，也为现代服务业与制造业的融合发展提供了基础和条件。

以文旅融合为例，文旅融合是文化和旅游发展的客观需要和必然趋势。现阶段我国文旅全面融合刚起步，还存在文旅融合观念差异较大、体制机制不顺、融合程度不高、融合创新不强、政策保障滞后等问题。因此，相关部门应遵循新的发展理念和“宜融则融，能融尽融，以文促旅，以旅彰文”的工作思路，积极探索文旅融合发展新途径，建立文旅融合发展新格局。一是文化保护与旅游发展有机结合，坚持保护第一，做到有效保护、合理开发，确保文化旅游资源永续利用，实现文旅产业可持续发展。二是文旅产业和文旅事业有机结合，在发展文化事业的同时，着力补齐文化产业短板，推动文化旅游化；在发展旅游产业的同时，着力补齐旅游事业短板，促进旅游文化化。三是继承传统与创新发展有机结合，尊重历史和传统，坚持古为今用，结合现实文化旅游需求，融入现代价值观念与现代生产生活方式，不断推陈出新，促进文化创造性转型和创新性发展。四是抽象文化与具体产品有机结合，将抽象的文化开发成具象的文旅体验项目。五是本土文化与外来文化有机结合，在突出本土文化的同时不排斥外来文化，通过跨文化交流和跨区域文化融合，实现独具特色的地域文化与开放包容的异地文化的完美结合。

（三）创新将成为现代服务业发展的重要引擎

现代服务业研发投入不断增大，技术创新对服务业的推动作用日益明显。商业模式创新也成为现代服务业企业竞争力的重要体现。现代服务业的商业模式比较复杂，且随着时代的进步，新的现代服务业商业模式层出不穷，如迪士尼公司的主题公园模式、易贝(eBay)的电子商务模式等。

乡村振兴也是现代服务业的创新标志之一。应坚持农业农村优先发展，按照产业兴旺、生态宜居、乡风文明、治理有效、生活富裕的总要求，建立健全城乡融合发展体制机制和政策体系，统筹推进农村经济建设、政治建设、文化建设、社会建设、生态文明建设和党的建设，加快推进乡村治理体系和治理能力现代化，加快推进农业农村现代化，走中国特色社会主义乡村振兴道路，让农业成为有奔头的产业，让农民成为有吸引力的职业，让农村成为安居乐业的美丽家园。乡村是具有自然、社会、经济特征的地域综合体，兼具生产、生活、生态、文化等多重功能，与城镇互促互进、共生共存，共同构成人类活动的主要空间。乡村兴则国家兴，我国人民日益增长的美好生活需要和不平衡不充分的发展之间的矛盾在乡村最为突出，我国仍处于并将长期处于社会主义初级阶段的特征很大程度上表现在乡村。全面建设社会主义现代化国家，最艰巨、最繁重的任务在农村，最广泛、最深厚的基础在农村，最大的潜力和后劲也在农村。实施乡村振兴战略，是解决新时代我国社会主要矛盾、实现“两个一百年”奋斗目标和中华民族伟大复兴的中国梦的必然要求，具有重大现实意义和深远历史意义。

（四）服务外包将成为现代服务业国际化转移的重要途径

在新经济条件下，企业可以利用信息化和经济全球化所带来的好处，充分利用外部资源，把一些以前内部操作的业务（如后勤服务、咨询策划、财务会计、员工培训等）尽可能交给日益完善的现代服务企业，让专业性服务机构去完成，即实现企业活动外包。通过这种竞争战略，企业的内部资源就可以专注于最具优势的领域，集中力量培养和提高自身的核心竞争力，在提高效率、降低生产成本的同时实现“瘦身”，使企业更趋精干。

（五）品牌将成为现代服务业的核心价值之一

所谓服务品牌，是指在市场经济条件下，从市场竞争中脱颖而出，得到社会公众认可，受到法律保护，能够产生巨大效应的服务产品品牌、服务商标和服务商号。有关现代服务业的品牌有两个层面，即企业品牌和城市品牌。好的服务品牌在一定程度上可以带动一个国家经济的发展。

延伸阅读

服务贸易行业市场全景调研

随着服务业对外开放不断深化，我国服务贸易规模稳步扩大。2021 年，我国服务贸易总规模达到 8335 亿美元，较 2015 年增长接近 28%，保持在世界第二位；服务贸易逆差较 2015 年缩小将近 78%。服务贸易的持续快速增长离不开服务贸易创新发展试点的积极有序推进。全面深化服务贸易创新发展试点工作开展两年来，商务部会同有关部门指导各试点地区坚持创新引领，探索开展先行先试，取得积极成效，试点总体方案提出的具体举措落地率超过 90%。

随着服务贸易快速增长，服务贸易行业结构也不断优化，以数字化、智能化、绿色化为特征的知识密集型服务贸易成为发展的新动能，服务贸易附加值不断提升。比如，在建设国家文化和中医药特色服务出口基地、进一步设立服务业扩大开放综合试点、更新外商投资准入负面清单等政策扶持下，我国运输、工程建筑等传统优势服务贸易保持稳步增长，金融、文化娱乐、计算机和信息服务、知识产权使用费、其他商业服务等知识密集型服务贸易呈现快速增长趋势，从而形成“知识密集型服务贸易占比提升、传统领域服务贸易优势强化稳固”双赢的局面。

据《2023—2028年中国服务贸易行业发展前瞻与投资战略规划分析报告》分析显示，2021年，我国知识密集型服务进出口规模达到2.3万亿元，同比增长约14%。其中，知识密集型服务贸易出口规模接近1.3万亿元，约占服务出口总额的49%。知识密集型服务贸易进口规模接近1.1万亿元，约占服务进口总额的38%，金融服务和保险服务领域增速达到57.5%和21.5%。随着数字技术广泛渗透到生产、流通、消费各个环节，我国服务贸易数字化转型趋势愈加显著，大大提高了服务的可贸易性。近些年，互联网、大数据、人工智能、5G、虚拟现实等数字技术不断渗透融合到服务贸易全链条的不同环节，催生出服务贸易领域的新业态和新模式，推动传统国际服务贸易的数字化转型和数字化国际服务贸易的开展。

案例分析

有风景的地方怎样兴起新经济——黄山市现代服务业产业园的案例分析[①]

目前已有的主流经济理论认为，“有风景”既不是“新经济”的充分条件，也不是其必要条件，旅游城市并不必然引发新经济的聚集，相反，其还具有人才匮乏、市场狭小等阻碍创新发展的劣势。以黄山现代服务业产业园为例，研究发现，通过政府的合理引导，旅游城市既能够推动自身特色领域新经济的萌芽与发展，又促进了政府、市场和人三方面的和谐互动。

黄山市被确定为首批国家服务业综合改革试点城市，它也是安徽省唯一一个获得此项试点的城市。黄山现代服务业产业园规划提出“有风景的地方兴起新经济”，导入“轻资产、低密度、强创意、低排放”的产业发展思路，盘活存量资产“百师宫”，将其改造为黄山“向上创业”小镇，入驻众创空间等创业平台。为实现产业集群的联动效应，园区将招商方向集中于文化创意、电子科技、金融服务三个方面。截至2021年，园区已入驻现代服务业企业上百家，其中，黄山“向上创业”小镇已积聚形成了文化创意、电子信息、金融三类企业，产业集群雏形初现，成为安徽省创新、创业示范小镇。

现代服务业的快速发展，需要依赖与其他产业的融合发展，从而形成区域集群和规模效应。在现代服务业集聚区的形成和发展过程中，市场动力、政策动力、开放动

---

① 中机产城（北京）规划设计研究院：《黄山市现代服务业产业园的案例分析　有风景的地方怎样兴起新经济》，http://www.reportway.org/yuquanyaowen/2021062325994.html，访问日期：2023-06-27。选入时有改动。

力、城市化动力等主导因子，单独或科学地组合在一起，相互联系、相互作用、相互影响，从而产生强大的驱动力，吸引产业、企业、项目、基础设施、服务平台等集中布局，并形成一定的对外辐射带动效应。而在产业集群形成过程中，政府可创造良好的发展环境，主要是通过投入公共产品和服务、创新相关制度和措施、优化市场环境和网络等举措，来消除阻碍产业集聚发展的诸多不利因素，从而为群内企业降低交易成本，并构建良好的发展空间和应用平台。

黄山市现代服务业产业园的发展，主要依赖于政策、市场和人这三种要素的驱动。一是政府推动打造现代服务业产业集群，黄山现代服务业产业园是在政府推动下打造的现代服务业产业集群。由黄山市政府投资成立徽文化产业投资公司，并给予公司在园区范围内土地开发和招商的权力，开发收益归公司所有，采取滚动式开发模式。对于这种政府给土地、给政策，国资平台公司进行市场化运作的模式，政策要素是园区现阶段发展的基本动力。二是市场扩大和品牌提升。高科技公司在安徽省政府和黄山市政府的支持下，与黄山旅游局强强联手，整合双方优势资源共同投资成立以“互联网＋旅游＋信用”为主业的旅游电子商务平台。依托黄山旅游消费市场，不仅能够对旅游行程进行全流程设计，还能围绕旅游企业的服务能力、信用资质、产品质量等建立诚信评价体系等。三是人力资本与社会网络。产业集聚是一个经济社会现象，与经济、社会和人文环境紧密相关。产业集聚生成与区域文化、传统区域的技能背景、地方组织及制度、社会信任氛围以及社会网络资源等密切相关。旅游城市长期发展旅游业，同时促进了人力资源与社会网络的提升。而人力资本与社会资本既影响着企业在区域的根植性和经济主体可供利用资源的效能，也是旅游城市拓展服务业的可持续动力。

实践活动

一日家政服务

实践目的

通过做一日家政服务，让学生体验服务业的内涵与实质，帮助学生树立劳动最光荣、尊重他人劳动成果的劳动价值观。

实践方案

1. 教师宣布实践活动主题，明确实践要求。

2. 学生利用在家的时间当一天家政服务员，完成清洁卫生、准备餐食等家务活。

3. 完成一日家政服务后，邀请家人为自己的服务打分，并指出优点和缺点。

4. 学生将整个过程、家人意见和感受用文字、视频和图片的方式记录下来，并提交至平台。

5. 教师对学生的作品进行点评和总结，并择优进行分享，进一步引导学生正确认识服务业。

任务实施

1. 现代服务业比重不断提高，对于经济发展意味着什么？

2. 结合你的专业，思考如何推动现代服务业的发展。

推荐阅读

《国务院关于加快科技服务业发展的若干意见》

(http://www.gov.cn/zhengce/content/2014-10/28/content_9173.htm)

《教育部等六部门关于实施职业院校制造业和现代服务业技能型紧缺人才培养培训工程的通知》

(http://www.moe.gov.cn/srcsite/A07/moe_953/200312/t20031203_79125.html)

《国务院关于加快发展生产性服务业促进产业结构调整升级的指导意见》

(http://www.gov.cn/zhengce/content/2014-08/06/content_8955.htm)

第四章　树立新时代大学生的劳动价值观

【学习目标】

知识目标

1. 理解正确的劳动幸福观。
2. 了解劳动实践的组织主体和责任。
3. 了解“五育”的关系，明确劳动要与德育、智育、体育、美育相融合。
4. 理解工匠精神的内涵、价值，弘扬工匠精神。

素质目标

1. 认同并践行崇尚劳动的幸福观。
2. 明确劳动教育的重要性，积极投身劳动实践。
3. 认同并弘扬工匠精神。

课程导入

2020年2月12日，一名大连小伙本想去长沙与人洽谈合作事宜，在经过武汉的那列高铁上，误入了外地回武汉人员的专门车厢，最终不得已在武汉下了车，结果滞留武汉。为了解决食宿问题，他在医院隔离病区做起了志愿者，成了武汉抗疫一线的一员。

甲说：“我深深被这名大连小伙的经历感动。在误入武汉后他不仅没有怨天尤人，反而通过自己的劳动为武汉战‘疫’贡献了自己的力量，我要向他学习。”

乙说：“我没有这样的勇气。如果是我的话，我就去寻求当地政府的帮助。”

【想一想】

你赞成甲、乙二人谁的观点？为什么？

第一节　树立正确的劳动价值观和人生幸福观

2018 年 9 月 10 日，习近平总书记在全国教育大会上的讲话中强调："培养德智体美劳全面发展的社会主义建设者和接班人……要在学生中弘扬劳动精神，教育引导学生崇尚劳动、尊重劳动，懂得劳动最光荣、劳动最崇高、劳动最伟大、劳动最美丽的道理，长大后能够辛勤劳动、诚实劳动、创造性劳动。"①

一、正确的劳动价值观

劳动价值观是指人们对劳动的根本看法和价值判断，它直接决定着劳动者的情感取向与行为选择，是劳动素养的核心之一。青年大学生是中国特色社会主义事业的建设者和接班人，其劳动价值观正确与否不仅关系到自己未来的职业道路和生活幸福，还对中华民族的伟大复兴有着举足轻重的作用。

（一）崇尚劳动

劳动直接创造了物质财富。在生活中，小到一针一线、一粥一饭，大到北斗卫星导航系统星座部署全面完成，都是通过劳动实现的。

劳动还创造了精神财富。知识来源于实践中的经验积累，而实践也是检验真理的唯一标准。中华民族历史上的一诗一赋、一家一学等文化瑰宝也正是来源于劳动实践这一"源头活水"。

劳动能托起中国梦。"功崇惟志，业广惟勤"，面对今天复杂多变的发展环境，要想实现祖国的富强、民族的复兴、人民的幸福，唯有靠一代代中国人勤勉、踏实劳动，一步一个脚印地朝前走。

（二）尊重劳动

人类是劳动创造的，社会也是劳动创造的。劳动没有高低贵贱之分，无论是脑力劳动者还是体力劳动者都很光荣，都对社会的发展和进步起到了积极的推动作用。我们应该常怀感恩之心，尊重身边的每一位劳动者，尊重每一份劳动成果。

（三）诚实劳动

习近平总书记指出："人世间的美好梦想，只有通过诚实劳动才能实现；发展中的各种难题，只有通过诚实劳动才能破解；生命里的一切辉煌，只有通过诚实劳动才能铸就。"②广大劳动者要立足本职岗位诚实劳动。无论从事什么工作，都要干一行、爱一

---

① 《习近平出席全国教育大会并发表重要讲话》，https://www.gov.cn/xinwen/2018-09/10/content_5320835.htm?tdsourcetag=s_pctim_aiomsg，访问日期：2023-06-27。

② 习近平：《在同全国劳动模范代表座谈时的讲话》，载《中国青年报》，2013-04-29。

行、钻一行。在三尺讲台，就要乐于奉献，教书育人，平等对待每一名学生；在工厂车间，就要弘扬工匠精神，精心打磨每一个零部件，生产优质的产品；在医院诊所，就要敬畏生命，救死扶伤，关爱每一名病人。只要诚实劳动、勤勉劳动，就能在平凡岗位上干出不平凡的业绩。

二、正确的人生幸福观

幸福观是人们对幸福的根本看法和价值判断，是人生观的重要组成部分。什么是人生的真正幸福，应当追求什么样的幸福，通过什么样的方式实现幸福，都是青年大学生面临的人生课题。

首先，幸福是一个总体性范畴，它意味着人总体上生活得美好。家庭和睦、职业成功、行为正当、人格完善等都是幸福的重要因素。不同的人对幸福有不同的认识，但无论是谁，追求幸福的过程就是自我完善、不断奋斗和创造更美好未来的过程。其次，实现幸福离不开一定的物质和精神条件。富足的物质生活是幸福的重要方面，但幸福不能仅仅局限于物质方面，与之相匹配的精神生活也是幸福的重要方面。所以，在提高自己物质生活水平的同时，还要注重追求健康向上的精神生活。最后，不能将自己的幸福建立在损害社会整体和他人利益的基础上，只有在为社会、为他人作出贡献的过程中，才能真正实现个人幸福。

三、树立劳动幸福观

随着经济全球化程度的加深，我国当今面临复杂多变的国内外发展环境，而青年大学生在这个大环境中获取信息的渠道越来越广泛、多元，不免受到各种错误思潮和腐朽观念影响，如拜金主义、享乐主义、极端个人主义等。这些错误的人生观容易侵蚀大学生的心灵，误导大学生将对幸福的认识和追求局限于享乐，而非劳动创造。部分大学生持有“劳心者治人，劳力者治于人”的偏见，在求职时对国家“铁饭碗”趋之若鹜，在生活中也对金钱、权力盲目追求。在这种情况下，帮助青年大学生认清幸福不是免费午餐，不会从天而降，而要靠劳动创造，进而树立劳动幸福观显得尤为重要。

“民生在勤，勤则不匮。”最高层次的幸福是为他人、社会乃至全人类作出贡献，只有将个人的幸福与对人类社会的贡献结合起来，才是最终的幸福。要衡量个人对他人、社会和全人类的贡献，即看个人通过劳动实践活动创造出物质和精神财富的多少。所以，劳动不仅是财富的源泉，也是幸福的源泉。

幸福不会从天而降，梦想不会自动成真。要实现我们的奋斗目标，开创我们的幸福未来，只有通过劳动这一根本力量。因此，每一名青年大学生都应该牢固树立正确的劳动价值观和幸福观，自觉认识到劳动才是实现幸福的唯一途径，进一步激发其劳动热情，释放其创造潜能，通过劳动创造更加幸福的未来。

延伸阅读

劳动教育实现大学生自我管理①

“马上就能回归热爱的岗位了，有点儿迫不及待。在这个特殊时期，更应该全方位呵护我们的‘家’，首先需要合理有序分工……”西北师范大学大四学生小萍这个“楼长”人未到心先到，提前为整栋楼的同学们考虑着。

公寓不养“懒人”，楼管学生自己聘用，西北师大的学子自己成了自己的“管家”。他们全面参与公寓楼宇的管理，当起了楼长、层长、楼管员。

“把校园打造成思想政治教育的大课堂，让学生自己服务自己的公寓、教室、餐厅、校园，引导学生实现‘自我管理、自我服务、自我教育、自我监督’，让教育回归初心使命，培养学生成长成才。”西北师大党委学生工作部部长李勇说。

人人都是劳动者，个个都是“自律咖”。这是该校在构建“五育”并举全面发展培养格局方面下的“真功夫”。

在西北师大，7000多名学生走上了学校设置的22类劳动育人岗位，在实践中践行“自我管理、自我服务、自我教育、自我监督”的“四自”理念，帮助他人，也为自己的人生打好底色，在参与校园公共事务的过程中积累经验、提升能力，养成独立自主的好品格。

从自我做起，从点滴做起，带动周围的人共同行动起来，这是西北师大“自律咖”们的“宣言”。在这一宣言的感召下，全校学生参与其中。西北师大以此全面推进劳动教育常态化，带动每个学生都成为学校的主人，为以劳树德、以劳增智、以劳强体、以劳育美的劳动教育机制开辟了新途径。

实践活动

“劳动育人，让青春在劳动中闪光”系列主题实践活动

实践目的

以习近平新时代中国特色社会主义思想为指导，把劳动教育作为开展思想政治教

---

① 本部分内容选自《在西北师范大学，人人都是劳动者，个个都是“自律咖”——劳动教育实现大学生自我管理》，http://www.jyb.cn/rmtzgjyb/202005/t20200504_322943.html，访问日期：2023-06-27。选入时有改动。

育工作的重要内容，从身边做起，从家务做起，引导学生树立正确的劳动观，尊重劳动、崇尚劳动、热爱劳动，在劳动中塑造品行、培育情怀、增长本领，使学生真正成为劳动教育的受教者和受益者，成为劳动精神的实践者和引领者。

实践方案

1. 劳动筑心。开展“时代新青年，劳动新风尚”“劳动者最美丽”等主题班会和团日活动，交流劳动感受，分享劳动经验，感受劳动育人的精神内涵。

2. 劳动立身。开展“家务劳动我最美”主题活动，在日常坚持中锤炼勤劳的生活作风，从身边做起，提升自我生活能力。

3. 劳动健体。开展“生命在于运动，幸福源于健康”主题活动，鼓励学生每天坚持运动，增强身体素质。提倡积极健康的生活方式，不通宵熬夜，保持规律作息，坚持定时锻炼。

4. 劳动强智。开展“线上课堂认真学习，线下课堂主动延伸”主题活动，不断加强主动学习和创新创造的意识。

5. 劳动拓能。开展“融入社会实践，体验基层生活”主题活动，鼓励学生主动融入社会，加强学生对社会特别是对普通劳动人民生活的体验。

6. 劳动育美。开展“以艺育美、以艺养德”活动，让学生在艺术作品创作实践中理解美和欣赏美。学生可根据活动主题创作艺术作品，形式不限，书法、绘画、微视频、海报、剪纸、摄影等均可，以培养学生的创造力。

任务实施

1. 你的理想职业是什么？你打算如何实现理想的职业状态？
2. 你觉得自己幸福吗？为什么？请举例说明。
3. 谈谈你对“奋斗的人生最幸福”的理解。

第二节　劳动实践与劳动责任

2020 年 3 月 20 日，《中共中央 国务院关于全面加强新时代大中小学劳动教育的意见》印发，明确指出“劳动教育是中国特色社会主义教育制度的重要内容，直接决定社会主义建设者和接班人的劳动精神面貌、劳动价值取向和劳动技能水平”，要求全面构建体现时代特征的劳动教育体系，广泛开展劳动教育实践活动。

劳动教育课程由劳动理论教育和劳动实践教育组成，要有序有效开展劳动实践教育，必须统筹协调好学校、家庭、社会和青年大学生个人这四个方面，做到“四位一体”、各司其职，积极引导青年大学生树立正确的劳动价值观并践行之。

一、学校发挥主导作用

《意见》规定，高等学校应设置劳动教育课程，并将课程纳入人才培养方案，形成具有综合性、实践性、开放性、针对性的劳动教育课程体系。高等学校是青年大学生劳动教育的主阵地，要达到劳动教育的目的，就要全校一盘棋，加强组织领导，做好新时代高等学校劳动教育顶层设计，构建劳动教育课相关组织机构并给予相应的支持和保障，以便劳动实践教育有序有效开展，否则，劳动实践教育就会有名无实。

（一）学校做好顶层设计

各高校应在学校党委的统一领导下，建立由教务处、学生工作处、团委、后勤服务处、财务资产处等部门组成的劳动教育课程教学委员会，并制定议事协调规则，以保证高校劳动理论教育和实践教育的顺利开展。

（二）劳动教育课程教学委员会做好统筹管理

劳动教育课程教学委员会应设立相应的组织机构，根据上级文件精神进一步明确开设劳动教育课程的目的，并结合学校实际研讨建立并完善劳动教育课程的各项政策规定；不断探索、改革、创新劳动教育课程的管理模式，做好校内外的协调；及时解决师生在教育教学中反映的重大问题，并对教育教学过程和结果进行广泛督导；加强对校内外劳动模范及先进事迹的宣传报道，弘扬劳动最光荣、劳动最崇高、劳动最伟大、劳动最美丽的主旋律，旗帜鲜明地反对一切不劳而获、贪图享乐、崇尚暴富的错误观念，为有效的劳动教育营造良好的校园氛围。

（三）劳动教育课程教研室做好课程教学

高校开设劳动教育课程，应按照教务教学要求成立劳动教育课程教研室，建立一支劳动教育复合型师资队伍并配备相应的办公保障条件。劳动教育课程教研室主要负责制订全校所有专业的劳动教育课程教学计划，组织课程实施，开展课程建设、教研活动以及其他日常管理工作。应注意以下几个方面。

1. 安全教育，警钟长鸣

劳动千万种，安全第一种。安全是劳动实践教学的重中之重，教师在组织实践教学时的第一件事就是为学生讲清实践中需要注意的劳动保护和紧急情况处置，以确保实践过程中学生的人身安全和财产安全。

2. 分工明确，知人善任

在具体劳动分工时，应充分遵循“每生有活干、每活能配人”的原则。要根据参加实践的学生数量将整体劳动分解，按人头分配具体劳动任务，确保每名学生都有活干，最后根据劳动成果评定成绩。还应根据学生实际情况分配具体劳动任务，避免出现“小马拉大车”的现象，挫伤学生的劳动积极性。

3. 巡回检查，示范纠错

在实践教学过程中，教师应深入学生劳动实践的全过程，巡回检查，对不会的及时示范指导，对有错的及时示范纠错，对不达标的责令返工，以端正学生劳动态度，教会学生劳动技能，帮助学生完成既定劳动任务。

4. 公平公正，奖罚分明

在劳动实践及成绩评定的全过程中，教师都应本着公平公正的标准进行指导和评价，并针对大学生能思考、爱竞争的特质适时开展劳动竞赛或给予适当奖励和惩罚，这些措施都能对其起到较大激励作用。

二、家庭发挥基础作用

家庭教育是大学生树立正确劳动观、掌握劳动技能和形成劳动习惯的根基，家长的一言一行、一举一动都会潜移默化地影响孩子。因此，家庭应与学校劳动教育同向同行，弥补、巩固、提升大学生在学校所学到的劳动知识和劳动技能。

家长要认识到劳动教育的重要性并身体力行，言传身教，为孩子做好劳动示范和行为榜样。家长应为孩子提供衣食住行等日常生活中的劳动实践机会，鼓励孩子自觉参与、自己动手，而不是坐享其成；最好能让孩子掌握洗衣、做饭等必要的生活技能，并坚持不懈地进行劳动，使之养成热爱劳动的好习惯。

三、社会发挥支持作用

社会大家庭应充分利用各方面资源，为劳动教育提供必要的保障。企事业单位、工厂农场、城乡社区、福利院等组织应积极履行社会责任，在允许的情况下与高校建立合作伙伴关系，开放实践场所，以支持高校组织学生参加力所能及的生产和服务，让青年大学生在真实劳动场所中与普通劳动者共同劳动、创新创造，为其步入社会成为名副其实的劳动者奠定基础。新闻媒体应注重挖掘并积极宣传劳模、大国工匠和在抗疫救灾等重大事件中涌现出的典型人物和事迹，营造劳动最光荣、劳动最崇高、劳动最伟大、劳动最美丽的社会氛围。

四、学生起到决定作用

外因是事物变化的条件，内因则是事物变化的根据，外因只有通过内因才能起作用。高校劳动教育也不例外，学校的主导作用、家庭的基础作用和社会的支持作用只有通过大学生自身的认同和努力才能产生实效。所以青年大学生必须提高自己的思想觉悟，充分认清自身在劳动教育中的主体地位和决定作用，不断自我教育、学习提升，树立正确的劳动价值观；抓住一切机会积极参加各类劳动实践活动，增强劳动自觉性，掌握劳动技能，养成劳动习惯，实现知行合一。

实践活动

新闻评论——武汉生物工程学院设置勤劳奖学金

2018年9月，武汉生物工程学院发布通知，评选2018年度“勤劳奖学金”。该奖项专门针对“非家庭经济困难认定库内学生”设置，评选条件中，除要求学生思想品德优良、热爱学校、遵纪守法、诚实守信外，还要求在校期间热爱劳动、自强自立，在勤工助学活动中表现突出，自2018年3月至通知发布时，利用课余时间参加学校组织的勤工助学活动满3个月。

实践目的

对武汉生物工程学院新设立“勤劳奖学金”一事进行模拟新闻评论活动，帮助青年大学生树立正确的劳动观念，增强其劳动意识，激发其劳动热情，引导大学生牢固树立“热爱劳动、崇尚劳动，劳动美丽、劳动光荣”的劳动价值观。同时，模拟新闻评论活动，提高青年大学生分析问题的能力和语言表达的能力。

实践方案

1. 教师宣布实践活动主题，明确实践要求。

2. 学生分成若干小组，每组4—6人，组内进行明确分工，并指定1人为小组组长，负责小组工作。

3. 各组推荐1名学生担任新闻评论员代表本组进行新闻播报和新闻评论。评论须结合课堂上所学理论知识，要求语言流畅，观点有一定的深度，时间控制在5—8分钟。

4. 教师对学生的评论进行点评和总结，进一步引导学生树立正确的劳动价值观。

任务实施

1. 你所就读的学校举行过哪些劳动实践？请以你印象最深的一次劳动实践为例，说说你做了什么，有什么感受。

2. 在劳动实践中为什么要做到“安全教育、警钟长鸣”？

第三节　劳动教育与德育、智育、体育、美育相融合

对培养学生而言，德智体美劳就像一朵花的五片花瓣，它们本身就是一体的，哪一片花瓣都不能缺少。

一、德智体美劳"五育"教育理念的发展

1986 年 10 月，时任国家教委副主任彭珮云在中学德育大纲研讨会上的讲话中明确提出："把德育作为德、智、体、美、劳五育全面发展的一个有机组成部分，使五育互相配合、互相渗透。""五育"全面发展的理念被正式提出，其后曾有过"三育""四育"等改变。2018 年 9 月，习近平总书记在全国教育大会上强调："要培养德智体美劳全面发展的社会主义建设者和接班人，努力构建德智体美劳全面培养的教育体系，形成更高水平的人才培养体系。""五育并举"的理念被重新正式提出，赋予人才全面发展以新的内涵。

2020 年 3 月 20 日，《中共中央　国务院关于全面加强新时代大中小学劳动教育的意见》印发，强调"把劳动教育纳入人才培养全过程，贯通大中小学各学段，贯穿家庭、学校、社会各方面，与德育、智育、体育、美育相融合"，进一步厘清了"五育"之间的关系，即"五育"既各自独立，又内在统一；既是手段，又是目的。"五育"并不是简单意义上的德智体美劳并列发展或补齐拉平，而是通过德育、智育、体育、美育、劳育的相互渗透、相互支撑、相互促进，形成育人合力，生成新"五育并举"的全面发展有机整体。

2022 年 10 月，党的二十大报告提出要"培养德智体美劳全面发展的社会主义建设者和接班人"，第一次把劳动教育写入了党的报告中。从党的十九大报告的"德智体美全面发展"到党的二十大报告的"德智体美劳全面发展"，彰显了新时代党和国家对培育青少年劳动精神与劳动能力的重视程度。2023 年 3 月，全国两会政府工作报告中，在工作回顾的教育部分增加了一句"提升青少年健康水平"，放在"持续实施营养改善计划"前边。这句话正是贯彻党的教育方针的体现，它强调"五育"并举，要重视德智体美劳全方位教育，促进青少年全面健康发展。

二、将劳动教育与德育、智育、体育、美育融合

劳动教育是构建全面发展教育体系不可或缺的一环，劳动可以树德，体现"善"；劳动可以增智，体现"真"；劳动可以强体，体现"健"；劳动可以育美，体现"美"。

（一）以劳树德

实践教学是高校劳动教育的重要组成部分，它不仅有利于帮助青年大学生掌握一定的劳动技能，还能够让青年大学生通过身体力行而明理知耻，切实感受"谁知盘中餐，粒粒皆辛苦"的艰辛、感受"做一件好事不难，难的是一辈子做好事"的不易、感受"一屋不扫，何以扫天下"的真切……培养学生的劳动精神，引导学生树立正确的劳动价值观，做有益劳动以满足自我、他人、社会和国家的合理需求，为其步入社会参加具体劳动奠定坚实的精神基础。

（二）以劳增智

实践是检验真理的唯一标准，劳动实践与智育是相辅相成的关系，适当的劳动实

践对青年大学生专业知识的掌握、巩固和提升有着极其重要的支持作用，可激发学生的学习积极性。摄影专业课如果只教会学生摄影摄像设备的具体操作方法，但从未让学生实际使用过相关器材，那他们只能是门外汉；烹饪专业课如果只教会学生讲究营养搭配、掌握火候，但从不让其付诸实践，他们就永远不能成为真正的厨师……各行各业的劳动者都需要掌握专门的知识技能，绝不可不求甚解，而这“甚解”就来源于劳动实践。

（三）以劳强体

无论是脑力劳动还是体力劳动，都需要以强健的体魄为基础，这样劳动实践才能有效地进行，才能达到既定目标。同时，参加劳动实践也能强健青年大学生的体魄，有助其身心的健康发展，二者是互相支持、互相促进的关系。无论从事怎样的劳动，都需要同时付出脑力和体力，只有这样，才能真正起到锻炼学生劳动能力的作用。

（四）以劳育美

“劳动创造美”，美育目的的实现离不开劳动实践，劳动实践的过程也正是青年大学生发现美、感知美、享受美的过程。例如，寝室美化实践活动中，在让自己的寝室变得干净、整洁、美观的同时，学生获得了快乐的情感体验和审美感的提升，从而达到劳育与美育同频共振的效果。

将劳动教育与德育、智育、体育、美育融合，既是对劳动教育本身的有效加强，也是对德育、智育、体育和美育的有力支撑，同时还有利于我国素质教育的发展、满足新时代培养社会主义现代化建设者和接班人的要求、应对新时代国际社会激烈竞争与严峻挑战。

延伸阅读

致敬疫情中的劳动者

在抗击新冠疫情这场没有硝烟的战斗中，无数劳动者默默坚守岗位，留下了英勇的逆行背影。这些劳动者的故事，令我们肃然起敬。

医者：为众人抱薪者，必为人民所铭记

面对疫情，广大医护工作者写下请战书，按下鲜红的手印，主动请缨，毅然奔向这场没有硝烟的战场。他们义无反顾，奋战在防疫抗灾战场的第一线。他们手挽手、肩并肩，冲锋陷阵，为抗击疫情、稳定局面默默奉献。

志愿者：最愿意接触温暖的人

有一种精神叫志愿服务精神，有一群人叫志愿者。他们是最愿意接触温暖、最热爱生活的一群人。即使对素不相识的陌生人，他们也愿意伸出援助之手。感谢你们，始终愿意在这个温暖而残酷的世界中保持初心。

交警：孤独而坚定的身影

无论风吹日晒，总有那么一个身影出现在我们的眼前。重复着不变的手势，站在小小的岗台上，坚守人民公仆的一份责任和对国家与人民的信念。自新冠防疫战打响以来，一线交警同志们克服艰难，始终坚持奋战，用实际行动践行对党和人民的无限忠诚和使命担当。

环卫工人：默默坚守的眼前人

在每一个城市，总会有那么一群身着黄色工作服的人。他们是一个城市不可或缺的角色，也是一群最可爱、最纯粹的人。一把扫帚、一个簸箕为伴。他们的岗位，没有火神山医院施工现场那么轰轰烈烈，没有“白衣天使”“人民子弟兵”那么令人瞩目，但他们同样默默坚守在第一线。没有他们，城市就无法重现洁净与美丽。

公交司机：一个城市的窗口

他们或许只是一个个普通的劳动者，但是他们无论寒暑风雨，都准点准时，坚守在自己不过一平方米的工作岗位上。疫情让整个城市放慢了脚步，街头车辆不多，而正是偶尔驶过的公交车，吐纳着稀少的乘车人，成为城市中为数不多的穿越者。“哪怕只有一名乘客，我们也会守好这驾驶台。”一位公交司机如是说。

外卖员：维系着普通人的生活

始终有那么一个个匆忙的身影，一直在努力维系着这座城市的公共服务系统。他们是普普通通、默默无闻的，但正是他们，在这座城市里维系着普通人的生活。

任何平凡的岗位，都有着不平凡的坚守，因为有你们，我们的生活才变得不同。

致敬！所有平凡而伟大的劳动者们！

实践活动

劳动教育从“整理”开始

你的课桌看上去是有点凌乱，还是看上去非常标准整齐、井井有条呢？吃饭前你是否会整齐地摆放好碗筷呢？你是否经常打扫和整理自己的房间呢？你有没有整理自己笔记的习惯呢？你会不会经过一段时间就对自己的人生进行思考和整理，从而明确下一阶段的目标呢？

实践目的

通过实践活动“劳动教育从‘整理’开始”，让“整理”变成学生生活的需要、成长的需要，从而引导学生践行社会主义核心价值观，达到“以劳树德，以劳增智，以劳强体，以劳育美”的目的。

实践方案

1. 教师宣布实践活动的主题，明确实践要求。

2. 学生利用暑假进行实践，在微信朋友圈“打卡”自己的劳动过程，晒晒自己的暑期别样的劳动整理生活(发心得、图片、视频等)。

3. 点赞同学的劳动朋友圈，让劳动和整理成为“宅家”的新时尚。

4. 学生返校后，教师选取部分视频、图片等，让学生介绍这些作品的由来并讲解自己的体会。

5. 教师对学生作品进行点评，对实践活动进行总结。

任务实施

1. 德育、智育、体育、美育和劳育五者是什么关系?

2. 请以你参加过的一次劳动实践为例，谈谈在劳动实践中是如何体现德育、智育、体育、美育四个方面的。

第四节　传承新时代工匠精神

2016 年 3 月 5 日，政府工作报告强调：“鼓励企业开展个性化定制、柔性化生产，培育精益求精的工匠精神，增品种、提品质、创品牌。”这是“工匠精神”首次出现在政府工作报告中。同年 12 月 14 日，《咬文嚼字》杂志发布了“2016 年十大流行语”，“工匠精神”入选。2017 年 10 月 18 日，党的十九大报告强调：“建设知识型、技能型、创新型劳动者大军，弘扬劳模精神和工匠精神，营造劳动光荣的社会风尚和精益求精的敬业风气。”2018 年 5 月 28 日，习近平总书记在中国科学院第十九次院士大会、中国工程院第十四次院士大会上的讲话中指出：“广大工程科技工作者既要有工匠精神，又要有团结精神，围绕国家重大战略需求，瞄准经济建设和事关国家安全的重大工程科技问题，紧贴新时代社会民生现实需求和军民融合需求，加快自主创新成果转化应用，在前瞻性、战略性领域打好主动仗。”2019 年 4 月 3 日，杭州市第十三届人大常委会第十八次会议作出决定，自 2019 年起，杭州把每年 9 月 26 日设立为“工匠日”，作为尊重工匠、关爱工匠、学习工匠、弘扬工匠精神的重要载体。同年 9 月 28 日，上海市工人文化宫“上海工匠馆”开馆，掀起了社会各界学习和传承工匠精神的热潮，再次推动了全社会技能成才的热情，有利于全体劳动者弘扬工匠精神，投身质量强国行动。

党的二十大报告指出，要加快建设国家战略人才力量，努力培养造就更多大国工匠、高技能人才。技能人才是支撑中国制造、中国创造的重要力量。在全面建设社会主义现代化国家新征程上，我们要构建新型的技能人才培养体系，就是要更加深入地理解工匠精神的内涵和时代价值，在技能人才中大力弘扬工匠精神，努力培养造就更多高素质技术技能人才和大国工匠，为实现第二个百年奋斗目标、实现中华民族伟大复兴的中国梦提供有力的人才和技能支撑。

一、新时代工匠精神的内涵

在我国，“工匠”一词最早出现在春秋战国时期，即在社会分工中开始独立存在专门从事手工业的群体后才出现的，此时工匠主要代指从事木匠工作的群体。东汉时期，“工匠”一词已经基本覆盖全体手工业者。正是以古代工匠为代表的劳动者们造就了中华历史长河中的部分文化瑰宝，如美丽的丝绸、精美的陶瓷等。这群工匠身上体现着以下精神特质：第一，创新精神。古代数不清的发明创造，无不体现着工匠们超群的智慧和创造力。第二，精益求精的态度。庖丁解牛、运斤成风、百炼成钢……这些我们耳熟能详的成语，不仅是中国古代工匠出神入化技艺的真实写照，也是对他们精益求精、追求卓越职业态度的由衷赞美。第三，敬业精神。我国优秀传统文化十分强调“敬”这一观念。对于古代工匠群体而言，他们十分崇敬自己从事的职业劳动，因此形成了内涵十分丰富的“敬业”观念。

古往今来，时代在变，生活在变，中国工匠的精神也在变。立足中国特色社会主义新时代，面对纷繁复杂的环境，工匠精神的内涵也在历史基础上有了长足的发展。

（一）工匠精神是一种爱国敬业、真情投入的情怀

爱国敬业是工匠们从事制造事业最根本、最深层、最强劲的动力。无论是让中国繁星映亮苍穹的技能专家高凤林这样的大国重器打造者，还是在“刀锋”上起舞的电力工人王进这样普通岗位的劳作者，都满怀赤诚的爱国情怀，并将这份情怀投入爱岗敬业的乐土。他们对自己的事业怀有崇高的责任感和使命感，为了更好地满足人民群众的生产生活需要，在自己的工作岗位上兢兢业业、不辞辛苦、勇挑重担，创造出无与伦比的精美产品，为国家制造业的发展作出了不可磨灭的贡献。

（二）工匠精神是一种执着专注、锲而不舍的品质

如有机会仔细观察正在劳作着的工匠们，便会发现他们往往不为事业以外的琐事打扰，无一例外都表现出一种共同的神态——执着专注。那是因为他们非常热爱自己的工作，也十分清楚自己肩上责任的重量。所以，每当工作的时候，他们便能自动排除外力影响，始终保持注意力的高度集中，心无旁骛。

“冰冻三尺，非一日之寒”“只要功夫深，铁杵磨成针。”工匠们高超的技艺不是一蹴而就的，而是需要“咬定青山不放松”式的反复磨炼，需要经年累月的埋头刻苦钻研，需要直面所有困难并不断挑战。只有这样，才能练就所谓的“手感”，才能攻克技术难关、突破技术瓶颈。

（三）工匠精神是一种一丝不苟、精益求精的态度

一方面，工匠们在从事一些很精密的作业时，往往差之毫厘就会失之千里，有的作业甚至带有极大的危险性，稍有差池就可能酿成恶果，这在客观上对他们提出了很高的操作要求；另一方面，在主观上，要成为工匠，则必须对完美有极致的追求，时刻苛求自己，因此，他们在工作过程中一丝不苟、认真细致、小心谨慎。在他们看来，达到要求、完成任务只是基本底线，做到极致、臻于化境才是最终目标。工匠们对品质的追求只有进行时，没有完成时，他们不惜花费大量的时间和精力，反复改进产品，努力提升产品的品质，永远不会满足于现状。

（四）工匠精神是一种道技合一、传承创新的精神

道技合一、传承创新是工匠精神能够永不过时、历久弥新的重要原因。其中，“技”为技能手艺，而“道”则为高于技的一种对人生哲学的领悟与参透，正如庖丁解牛故事中所说的，“臣之所好者，道也，进乎技矣”，工匠们在练技修心的同时实现道技合一。另外，要跟上时代前进的步伐，满足社会发展和人民日益增长的对美好生活的需要，就必须推动产品的升级换代，所以工匠们在道技合一的基础上，更强调永不止步、与时俱进、改革创新。他们不拘泥于传统、不固守于惯例，而是敢于打破陈规甚至是常规，解放思想，积极开展技术革命，大胆运用新的工艺措施，将创新由可能变为现实。

当前，我国正处在从工业大国向工业强国迈进的关键时期，培育和弘扬爱国敬业、真情投入、执着专注、锲而不舍、一丝不苟、精益求精、道技合一、传承创新的工匠精神具有重要意义。而只有深刻认识新时代工匠精神的内涵，才能树匠心、铸匠魂、炼匠艺、育匠人、造匠品，为赢得中国制造乃至中国创造的品质革命提供源源不断的动力。

二、新时代工匠精神的时代价值

在中国特色社会主义新时代，工匠精神之所以能引起全社会学习和传承的热潮，是因为它契合新时代的发展需要，对涵养热爱劳动、敬业奉献的社会风气，推动中国创造、铸就民族品牌，丰富民族精神和时代精神的内涵以及助力大学生成长成才等方面都有举足轻重的意义。

（一）工匠精神有助于涵养热爱劳动、敬业奉献的社会风气

当前社会中不乏一些轻视劳动、敷衍塞责、急功近利的风气，工匠精神正是一剂良药。大国工匠的身影频频现身各大主流媒体，获得一次又一次的嘉奖，工匠精神被党和国家领导人一次又一次点赞，这就告诉大家，劳动虽然有职业之分，但没有贵贱之别，只要热爱劳动、勤于劳动、敬业奉献，任何劳动都是光荣的、崇高的，所有劳动者都是值得尊重的，一切岗位都是可以取得杰出成就的，全社会应自觉学习和传承工匠精神，涵养热爱劳动、敬业奉献的社会风气。

（二）工匠精神有助于强大中国制造，推动中国创造，铸就民族品牌

经过改革开放40多年的发展，中国已经建成了门类齐全、独立完整的产业体系，但是与世界先进水平相比，中国制造业仍然大而不强，在自主创新能力、资源利用效率、产业结构水平、信息化程度、质量效益等方面差距明显。在这种境况下，要实现《中国制造2025》中所提出的"建设制造强国，实现中国制造向中国创造的转变，中国速度向中国质量的转变，中国产品向中国品牌的转变，完成中国制造由大变强的战略任务"，亟须工匠精神这一强大精神的支撑和引导，帮助企业和员工转变制造理念、优化制造流程、创新制造技术，在做强中国制造的同时推动中国创造，铸就过硬且响亮的民族品牌。

（三）工匠精神有助于丰富民族精神和时代精神的内涵

中华民族在伟大的社会实践中形成了伟大的中国精神，即以爱国主义为核心的民族精神和以改革创新为核心的时代精神。而工匠精神则以其丰富内涵和独特品质，既丰富了民族精神的内容，又丰富了时代精神的内容。"大国工匠"王进曾说："我不会觉得我是英雄，因为我只是个工人，一个带电作业工人，就是能够保障可靠用电，让所有老百姓每时每刻都可以用到电，这就是我们最终的一个责任吧。"在高空中"与电共舞"，保障居民可靠用电，背后依靠的不仅仅是爱国奋斗的民族精神，还有对现有技术不断升级创新的时代精神。

（四）工匠精神有助于青年大学生成长成才

高校是青年学子迈入社会前的一个特殊阶段，在这一阶段学生除了学习专业知识外，还必须树立正确的世界观、人生观和价值观，而其中对劳动的认知、对工匠精神的认同等方面对他们今后的职业道路发展有着举足轻重的作用，对孕育大国工匠精神有着决定性意义，对我国成为制造强国、提升自主创新能力、铸就民族品牌更是影响深远。

三、传承新时代工匠精神

工匠精神对新时代的发展进步具有重要价值，这也对在新形势下传承和弘扬工匠精神，特别是在青年大学生中传承和弘扬工匠精神提出了迫切要求。2019年国庆节前夕，习近平总书记对我国选手在第45届世界技能大赛取得佳绩作出重要指示，强调"要在全社会弘扬精益求精的工匠精神，激励广大青年走技能成才、技能报国之路"①。

高校作为培养中国特色社会主义事业建设者和接班人的关键一环，在大学生工匠精神的培养中发挥着重要作用。

① 《习近平对我国选手在世界技能大赛取得佳绩作出重要指示》，http://www.gov.cn/xinwen/2019-09/23/content_5432429.htm，访问日期：2023-06-27。

（一）学校应开展专业技能和专业素养一起抓的工匠教育

职业技能的提高能在一定程度上促进学生关注与重视职业素养，优良的职业素养也会对提高职业技能发挥出一种无形的精神力量，正所谓“己成，则物成”“先成人，后成事”。所以，学校应将职业技能与职业素养一起抓，实现二者的有机结合，在传授职业技能的同时，也要利用好显性教育和隐性教育以提升大学生的职业道德素养，为培养德才兼备的优秀工匠准备条件。例如，实施现代学徒制，推进深层次的产教融合，从而促使学生在具体实践中锤炼工匠精神，从一开始就养成严格遵循规范、认真处理细节的良好职业习惯。

（二）学校应开展形式多样的劳动教育

高校要精准定位劳动教育、细化教育的内容、完善制度机制，将劳动教育贯穿立德树人的全过程，帮助大学生正确认识劳动、增强劳动认同。学校可通过相关课程、社团活动或劳动比赛项目等引导大学生参与劳动实践，提高大学生的劳动认同感，让大学生在劳动实践中感受劳动的伟大意义，引导大学生在劳动实践的过程中形成正确的劳动价值观，培养大学生的工匠精神，让大学生在社会主义现代化建设中发挥应有的作用。

（三）大学生个人要全面理性地认识劳动

通过学校教育，大学生要以马克思主义劳动观为指导，对劳动有理性认知，树立“劳动最光荣、劳动最崇高、劳动最伟大、劳动最美丽”的思想认识，对劳动取向功利化、极端个体价值论、藐视体力劳动等错误的劳动观念进行理性批判。大学生要锤炼自己的劳动素养，在正确认识劳动、树立正确的劳动价值观的基础上，让自己成为符合时代要求的社会主义事业的建设者。

（四）营造良好的社会氛围

工匠并非独善其身的“绝缘体”，他们时刻受到所处环境的影响和熏陶，弘扬工匠精神也一样。所以各级各类媒体应该履行社会责任，利用各类平台加大对工匠精神的宣传力度，让人民群众全面见证工匠们所创造的奇迹，正确认识到工匠们的可爱可敬和工匠精神的难能可贵，自觉摒弃类似于“万般皆下品，唯有读书高”的陈旧或错误观念，倡导树立平等职业观，为弘扬工匠精神奠定社会认同的基础。例如，2015 年中央电视台播出的《大国工匠》系列纪录片，就生动地讲述了一群技艺高超、默默无闻的工匠们执着坚守的感人故事，在全社会起到了良好的榜样激励作用。

无论时代如何变化，劳动始终是推动人类社会发展进步的根本力量。在新时代，我们要实现国家富强、民族复兴、人民幸福，就必须站在新的历史起点上，大力弘扬工匠精神，用劳动托起中国梦。

延伸阅读

工匠精神[①]

很多人认为工匠就是机械重复的工作者，其实工匠有着更深远的意思。其代表着一个时代的气质——坚定、踏实、精益求精。

《庄子》中有"庖丁解牛"的故事：庖丁给梁惠王宰牛。他的手所接触的地方，肩膀所依靠的地方，脚所踩的地方，膝盖所顶的地方，哗哗作响，进刀时豁豁作声，没有不符合音律的。梁惠王问："你宰牛的技术怎么竟会高超到这种程度啊?"庖丁回答说，他凭借的是精神活动，而不是用眼睛去看，这样就能依照牛体本来的构建，用很薄的刀刃插入骨节的空隙。十九年了，他的刀刃还像刚从磨刀石上磨出来一样锋利。庖丁还说，每当碰到筋骨交错很难下刀的地方，他就小心翼翼地集中注意力，目光集中到一点，动作缓慢下来，动起刀来非常轻，哗啦一声，牛的骨和肉一下子就分离了。庖丁解牛的故事告诉我们一个道理，任何事只有做到心到、神到，才能达到登峰造极、出神入化的境界。

工匠用工作获得金钱，但工匠不仅仅为金钱工作。一个人所做的工作是他人生态度的表现，一生的职业就是他志向的表示、理想的所在。可见，工匠精神的核心是：不仅仅是把工作当成赚钱的工具，而是树立一种对工作执着、对所做的事情和生产的产品精益求精、精雕细琢的精神。

培养企业的工匠精神也很重要。工匠不断雕琢自己的产品，不断改善自己的工艺，他们享受产品在手里升华的过程。一些企业热衷于"圈钱—做死某款产品—出新品—圈钱"，而打造工匠精神的企业却从另一方面满足自己的精神需求，看着自己的产品在不断改进、不断完善，最终以一种符合自己严格要求的形式存在。

工匠精神不是口号，它存在于每个人身上、心中。只有对精品的坚持、追求和积累，才能让我们不断成长、发展，让企业保持活力。因此，重提工匠精神、重塑工匠精神，是生存、发展的必经之路。

① 本部分选自张健、王寿斌、刘伟丽等：《专家谈现代职业教育"工匠精神"》，载《黑龙江民族职业学员信息(双月刊)》，2017(3)。选入时有改动。

实践活动

观看纪录片《大国工匠》并撰写观后感

实践目的

《大国工匠》讲述了高凤林等八位不同岗位的劳动者的故事。他们拥有高超的技艺、精湛的技术、敬业的品德和灵巧的双手。这些工匠从事的行业很平凡，但他们在平凡的岗位上做出了不平凡的业绩。通过观看纪录片《大国工匠》，引导学生爱岗敬业，认识到只有热爱本职、脚踏实地、勤勤恳恳、兢兢业业、尽职尽责、精益求精的人，才可能成就一番事业，实现人生价值。

实践方案

1. 教师宣布实践活动主题，明确实践要求。

2. 教师组织学生观看纪录片《大国工匠》。

3. 采用学生自主或教师指定的方式让学生发言，谈谈自己的观后感。

4. 教师对学生的发言进行点评和总结，进一步引导学生树立正确的人生观、价值观。

5. 教师布置课后作业，让学生自选角度撰写观后感或心得体会。

任务实施

1. 工匠精神是一种什么样的精神？

2. 作为新时代的大学生，应该怎样弘扬工匠精神？

3. 举例说说你知道的大国工匠，他们有哪些动人的事迹？你从他们身上学到了什么？

第五章　强化劳动安全意识

【学习目标】

知识目标

1. 了解劳动安全的内涵。
2. 熟悉劳动安全的注意事项。
3. 掌握劳动防护品的基本使用方法。

素质目标

1. 培养学生良好的沟通能力和团队协作精神。
2. 培养学生的责任意识以及诚实守信、爱岗敬业的工作态度。
3. 培养学生良好的劳动安全意识。

课程导入

2015年7月3日17时43分，某地地铁2号线某车站B端设备区疏散通道楼梯间2个烟感报警器报警，造成大系统停运、小系统A端停运、小系统B端火灾模式、三级负荷联跳。17时44分，值班站长确认B端设备区疏散通道内地漏有烟雾飘出，立即通过车站自备的瓶装消防水进行扑救。车站公安拨打119后，消防队到达现场。经调查，该事件因工班值班人员违规在车站B端设备区疏散通道楼梯间内吸烟，将烟灰弹入楼梯间地漏，引起排水管内杂物燃烧冒烟，造成该处烟感报警器报警。同时，烟气通过排水管窜入了车站上行头端Ⅱ道存车线。该事件虽未对地铁运营造成重大影响，但冒烟触发消防报警联动，消防队出警，在社会上造成了较大负面影响。

【想一想】

结合自己的专业，思考在以后的工作中有哪些劳动安全注意事项。

第一节　劳动安全的内容要求

随着各类劳动生产安全事故频繁发生，劳动生产安全的形势也越发严峻。国家统计局公布的《中华人民共和国2022年国民经济和社会发展统计公报》的数据显示，全年各类生产安全事故共死亡20963人。工矿商贸企业就业人员10万人生产安全事故死亡人数1.097人，比上年下降20.2%；煤矿百万吨死亡人数0.054人，上升22.7%；道路交通事故万车死亡人数1.46人，下降7.0%。马斯洛需求层次理论表明，在生理需求满足之后，安全需求成为人类生存与发展的最基本要求，它是生命与健康的基本保障。社会发展、社会建设离不开劳动者的生产，安全生产是保障劳动者安全健康、保证国民经济持续发展的基本条件。

一、劳动安全及开展劳动安全教育的意义

（一）劳动安全

劳动通常是指能够对外输出劳动量或劳动价值的人类运动，劳动是人维持自我生存和自我发展的唯一手段。按照传统的劳动分类理论，劳动可分为脑力劳动和体力劳动两大类。

安全是人类最重要、最基本的要求，是人的生命与健康的基本保障。国家、企业、社会应为每一名公民提供安全的生活和工作环境，保障公民的生命安全和身体健康。

劳动安全是指在生产劳动过程中，防止中毒、车祸、触电、塌陷、爆炸、火灾、坠落、机械外伤等危及劳动者人身安全的事故发生。广义的劳动安全包括人身安全和健康两部分内容。狭义的劳动安全是指人身安全或上述某一类的劳动安全。

在日常职业教育中，劳动安全，又称职业安全，是劳动者享有的在职业劳动中人身安全获得保障、免受职业伤害的权利。对企业而言，为了提高职工的安全生产意识，增强搞好安全生产的责任感和遵章守纪的自觉，使职工掌握安全生产知识，不断提高安全操作技能，必须经常进行安全教育。

（二）开展劳动安全教育的意义

安全需要伴随着人类历史发展的全部过程，安全是我们整个社会平稳健康发展的前提之一，是人类生存的重要保障之一，是我们可持续发展的基础。在近年来劳动安全事故频发的背景下，高校不能不重视劳动安全教育。学习和掌握一些安全知识，也将使学生终身受益。

开展劳动安全教育的意义主要有以下几个方面。

1. 开展劳动安全教育是一种意识的培养。劳动安全教育是贯穿于人们整个劳动生活的重要内容，是对自己生命财产安全的一份重要保障。

2. 开展劳动安全教育有利于提高个人安全技术水平。掌握了解生产过程中影响安全的因素及其作用规律，有利于提高安全生产的技术操作水平；掌握预防的有关知识，了解预防的基本要求，增强自我保护意识，有利于安全生产的开展、劳动生产率的提高和劳动条件的改善。

3. 开展劳动安全教育是企业发展的需要。贯彻执行党和国家制定的有关劳动安全的方针、政策、法律法规，认真遵守劳动安全生产的规章制度，既能够保障企业的基本利益，也能维护劳动者的基本人身权益。掌握各种安全知识，既是避免职业危害的主要途径，也是搞好安全管理的基础性工作。

二、劳动安全构成要素

（一）人的安全素质

人的安全素质包括人的安全意识、职业安全素质、安全心理。

1. 安全意识

意识是人的大脑对于客观物质世界的反应、感觉、思维等心理活动过程的总和。安全意识就是在安全生产过程中，从业人员对安全的反映、感觉、思维等心理活动过程的总和，即重视安全、尊重安全规律和敬畏生命的自觉意识。

安全意识强的人，在任何时候、任何情况下都能把安全工作放在第一位，自觉辨识和规避风险，排除隐患，杜绝危险行为，做到安全生产。安全意识薄弱的人，往往忽视安全工作，在生产过程中容易思想麻痹，简化程序，盲目作业，心存侥幸，养成违章作业的不良习惯。

2. 职业安全素质

职业是人们维持个人生活所从事的专业工作。职业安全素质就是在人们所从事的专业工作里，应具备的安全知识、安全技能、安全态度。安全知识可以通过教育培训获得，安全技能可以在生产实践中逐步积累，安全态度取决于个人对法制、国家法律法规、企业规章制度、生命第一的认知和建立在认知基础上的行为。

3. 安全心理

人们的行为都受到其心理活动的支配。在企业里，从业人员的安全行为与其心理状态息息相关。个性特征表现为对待劳动安全的态度，包括认真、细心、踏实，马虎、粗心、敷衍等。在紧急情况下或困难条件下，有人沉着镇定，行动果断；有人惊慌失措，犹豫不决。而侥幸、麻痹、粗心、逞能等不良心理状态是酿成事故和伤害的直接原因之一。

（二）设备安全

为保证设备安全，生产经营单位应采取以下措施。

1. 保证设备的投入。

2. 加大设备整治力度，消除设备本身缺陷。

3. 提高设备制造质量。

4. 依靠科技进步，提高安全技术装备水平。

5. 开展重点攻关，解决设备重大隐患，不断完善设备的安全技术防护装置。

（三）作业环境

作业环境常常影响着人们的生理、心理特性和机器的状态，而人和机器的状态又会影响环境。优良的作业环境可以使人机系统发挥出最大的效能。作业环境根据对人的影响可分为四类。

1. 最舒适的作业环境。其各项环境指标最佳，完全符合人的生理心理要求。

2. 舒适的作业环境。其各项环境指标基本符合要求，人机环境基本协调，环境对人无害，维持较长工作时间不感到疲劳。

3. 不舒适的作业环境。其有一项指标与舒适指标差距很大，长期工作会损害操作者的健康。

4. 不能忍受的作业环境。在这种环境中生命很难长久维持。

对从业人员身体健康有影响的作业环境可能存在以下问题：异常气压，异常气候，放射性物质，辐射，异常噪声和震动，有毒物质，生产粉尘，窒息性气体，照明不足，加速过快，超重、失重，危险品。

（四）安全管理体系

规范的安全管理体系主要有法律法规、标准化作业、组织安全管理、安全管理考核机制、激励约束机制、安全监督检查等方面。

1. 法律法规

《中华人民共和国安全生产法》(以下简称《安全生产法》)和《中华人民共和国劳动法》(以下简称《劳动法》)是安全生产的“根本大法”。国家机关、社会团体、企事业单位等应在《安全生产法》和《劳动法》的基础上制定有关行政管理生产操作、安全生产等方面的各种法规、章程、规范、细则和制度。

2. 标准化作业

标准化作业是指和直接生产活动有关的作业项目或程序，在内容、顺序、时限、工具、动作、态度等方面所作的统一规定。其主要特点有严肃性、约束性、强制性、权威性。

要使标准化作业真正落到实处，从业人员在工作中必须坚持做好三点：①牢固树立标准化作业意识。②认真开展技术业务学习，学好作业标准，熟练掌握作业标准。③搞好作业标准的全过程控制。

3. 组织安全管理

抓安全，必须抓落实。部门或小组是生产的最基本单位，任何工作都需要人员之间相互配合进行，做好组织落实、制度落实、任务落实。而这三项工作的落实程度，很大程度上在于部门或小组负责人管理水平的高低。所以说，抓部门或小组的安全管理工作，就是抓部门或小组安全管理的落实工作。

4. 安全管理考核机制

安全管理主要实行“领导负责、分工负责、逐级负责、岗位负责”制度。

(1)领导负责，指企业、基层部门党政正职领导是安全生产第一责任人，对本单位安全生产工作负总责。

(2)分工负责，指企业、基层部门副职领导须协助正职领导抓好本单位的安全生产，按其分工抓好分管部门的安全生产工作。

(3)逐级负责，指集团公司是管理的主体，部门是管理的实体和重心。

(4)岗位负责，指干部、职工在工作(生产)岗位上应负的安全责任。

5. 激励约束机制

其目的在于调动人的积极性和增强人的责任心，变外力驱动为内力驱动。

6. 安全监督检查

主要包括常规安全监督检查、现场安全监察和加强关键岗位的监督管理。

三、劳动安全法律体系

我国劳动安全法律体系已经形成了以《中华人民共和国宪法》为根本，以《中华人民共和国劳动法》(以下简称《劳动法》)为根基，以《中华人民共和国安全生产法》为主干，以《中华人民共和国刑法》《中华人民共和国工会法》《中华人民共和国矿产资源法》等相关条款和大量行政法规、部门规章和地方立法为枝叶的较为完整的法律体系。

劳动者为用人单位劳动，用人单位有支付其报酬并保障劳动者劳动安全的义务。如果劳动者在工作中受伤，用人单位需要负责。《劳动法》是我国调整劳动关系的一部综合性法律，其中涉及对劳动安全的法律规定主要体现在以下几个方面。

（一）总则

劳动者享有获得劳动安全卫生保护的权利，劳动者应当执行劳动安全卫生规程。

（二）劳动合同和集体合同

1. 劳动合同应当具备劳动保护和劳动条件的相关条款。

2. 劳动者患职业病或者因工负伤并被确认丧失或者部分丧失劳动能力，以及女职工在孕期、产期、哺乳期内的情形下，用人单位依据该法第二十六、第二十七条的规定不得解除劳动合同。

（三）劳动安全卫生

1. 用人单位必须建立、健全劳动安全卫生制度，严格执行国家劳动安全卫生规程和标准，对劳动者进行劳动安全卫生教育，防止劳动过程中的事故，减少职业危害。

2. 劳动安全卫生设施必须符合国家规定的标准。新建、改建、扩建工程的劳动安全卫生设施必须与主体工程同时设计、同时施工、同时投入生产和使用。

3. 用人单位必须为劳动者提供符合国家规定的劳动安全卫生条件和必要的劳动防护用品，对从事有职业危害作业的劳动者应当定期进行健康检查。

4. 从事特种作业的劳动者必须经过专门培训并取得特种作业资格。

5. 劳动者在劳动过程中必须严格遵守安全操作规程。劳动者对用人单位管理人员违章指挥、强令冒险作业，有权拒绝执行；对危害生命安全和身体健康的行为，有权提出批评、检举和控告。

6. 国家建立伤亡事故和职业病统计报告和处理制度。县级以上各级人民政府劳动行政部门、有关部门和用人单位应当依法对劳动者在劳动过程中发生的伤亡事故和劳动者的职业病状况，进行统计、报告和处理。

（四）女职工、未成年工特殊保护

1. 国家对女职工和未成年工实行特殊劳动保护。未成年工是指年满十六周岁未满十八周岁的劳动者。

2. 禁止安排女职工从事矿山井下、国家规定的第四级体力劳动强度的劳动和其他禁忌从事的劳动。

3. 不得安排女职工在经期从事高处、低温、冷水作业和国家规定的第三级体力劳动强度的劳动。

4. 不得安排女职工在怀孕期间从事国家规定的第三级体力劳动强度的劳动和孕期禁忌从事的劳动。对怀孕 7 个月以上的女职工，不得安排其延长工作时间和夜班劳动。

5. 女职工生育享受不少于九十天的产假。

6. 不得安排女职工在哺乳未满一周岁的婴儿期间从事国家规定的第三级体力劳动强度的劳动和哺乳期禁忌从事的其他劳动，不得安排其延长工作时间和夜班劳动。

7. 不得安排未成年工从事矿山井下、有毒有害、国家规定的第四级体力劳动强度的劳动和其他禁忌从事的劳动。用人单位应当对未成年工定期进行健康检查。

（五）法律责任

1. 用人单位的劳动安全设施和劳动卫生条件不符合国家规定或者未向劳动者提供必要的劳动防护用品和劳动保护设施的，由劳动行政部门或者有关部门责令改正，可以处以罚款；情节严重的，提请县级以上人民政府决定责令停产整顿；对事故隐患不采取措施，致使发生重大事故，造成劳动者生命和财产损失的，对责任人员依照刑法的有关规定追究刑事责任。

2. 用人单位强令劳动者违章冒险作业，发生重大伤亡事故，造成严重后果的，对责任人员依法追究刑事责任。

3. 用人单位非法招用未满十六周岁的未成年人的，由劳动行政部门责令改正，处以罚款；情节严重的，由工商行政管理部门吊销营业执照。

4. 用人单位违反本法对女职工和未成年工的保护规定，侵害其合法权益的，由劳动行政部门责令改正，处以罚款；对女职工或者未成年工造成损害的，应当承担赔偿责任。

（六）工作时间和休息休假

1. 国家实行劳动者每日工作时间不超过八小时、平均每周工作时间不超过四十四小时的工时制度。

2. 用人单位应当保证劳动者每周至少休息一日。

3. 用人单位在下列节日期间应当依法安排劳动者休假：元旦、春节、国际劳动节、国庆节及法律、法规规定的其他休假节日。

4. 用人单位由于生产经营需要，经与工会和劳动者协商后可以延长工作时间，一般每日不得超过一小时；因特殊原因需要延长工作时间的，在保障劳动者身体健康的条件下延长工作时间每日不得超过三小时，但是每月不得超过三十六小时。

（七）其他

1. 有下列情形之一的，延长工作时间不受《劳动法》第四十一条规定的限制。

(1)发生自然灾害、事故或者因其他原因，威胁劳动者生命健康和财产安全，需要紧急处理的。

(2)生产设备、交通运输线路、公共设施发生故障，影响生产和公众利益，必须及时抢修的。

(3)法律、行政法规规定的其他情形。

2. 用人单位不得违反本法规定延长劳动者的工作时间。

3. 有下列情形之一的，用人单位应当按照下列标准支付高于劳动者正常工作时间工资的工资报酬：

(1)安排劳动者延长工作时间的，支付不低于工资的百分之一百五十的工资报酬。

(2)休息日安排劳动者工作又不能安排补休的，支付不低于工资的百分之二百的工资报酬。

(3)法定休假日安排劳动者工作的，支付不低于工资的百分之三百的工资报酬。

4. 国家实行带薪年休假制度。劳动者连续工作一年以上的，享受带薪年休假。具体办法由国务院规定。

案例分析

2020 年，小王拿着其所在高校出具的“毕业生双向选择就业推荐表”前去一家公司应聘并被录用，其后公司就与小王签订了劳动合同。上班两个月后，小王在出差途中发生了交通事故，遂治疗和休息，并向公司申请了享受工伤待遇。公司辩称，小王在签订劳动合同时仍然是在校大学生，其应受学校的管理，不具有劳动关系的主体资格，不能同时拥有职工和学生两种身份，所以双方签订的劳动合同是无效的，自然不能算工伤。而小王认为自己已22周岁，具备了就业的权利能力和行为能力，并且法律也没有禁止在校大学生就业的规定，因此自己具备劳动主体资格，签订的劳动合同应当有效。

【想一想】

小王作为在校生签订的劳动合同是否具有法律效力？小王的交通事故是否符合工伤标准？

延伸阅读

劳动安全常用术语解释

1. 常见颜色的安全意义：

· 红色——危险、禁止。

· 黄色——注意、警觉。

· 绿色——安全、允许。

2. 个人防护用品、用具：指作业人员在生产活动中，为保证安全和健康，防止外界伤害或职业性毒害而佩戴使用的各种用品、用具的总称。如工作服、安全帽、安全带、绝缘皮鞋、绝缘手套、护目镜等。

3. 劳动安全“三控、两互”：“三控”是自控、互控、他控。“两互”是互包、互保。

4. 三不伤害：我不伤害自己，我不伤害别人，我不被别人伤害。

5. 反对“三违”：反对违章作业，反对违章指挥，反对违反劳动纪律。

6.“五同时”：在计划、布置、检查、总结、评比生产的时候，同时计划、布置、检查、总结、评比安全工作。

7. 安全知识：满足专业岗位必须具备的技术作业安全知识、相关安全规章制度和作业纪律。

8. 安全技能：掌握某项技术作业的安全知识及运用安全知识的能力。

9. 安全态度：对于生产作业环境里，个人对作业行为的看法和执行安全规章的行动。安全态度决定个人是否遵章守纪或违章作业。

第二节　劳动安全常识

随着社会的发展，国家对于学生的劳动技能也提出了新的要求。要培养德、智、体、美、劳全面发展的新时代大学生，对于高职院校而言，对学生的技能教学可以归入劳动技能教育。在这样的背景和趋势下，高职院校面临着管理方式社会化、办学形式多样化、学生结构复杂化等情况，学校由原来单一的教学封闭型环境转变为了全方位、多功能、开放型的“小社会”，增加了实训、实习等提高锻炼学生劳动技能的校企合作式教学内容。学生由在校就读转变为工学交替，其活动范围除了教学区、生活区外，还包括企业区及其他区域。学生面临的劳动安全问题也随之暴露出来。故本节主要从校园劳动安全、实习劳动安全两方面讲解。

一、校园劳动安全

案例分析

某大学机械工程系同学在基础工业训练中心做实验，电阻坩埚熔化炉内的金属液体意外飞溅，引燃旁边垃圾桶内的可燃物，导致一名教师和三名学生不同程度烫伤，所幸均为轻伤，现场过火面积 0.5 平方米，有明火但很快被扑灭，未造成重大损失。事发后，校内马上停止了相关实验，彻底排查和消除安全隐患，杜绝类似事故再次发生，并派相关人员到医院配合院方安排伤员。

学生虽然生活在校园里，但可以参与的劳动很多，如寝室卫生、教室卫生、公共区域卫生、校内实训课程、校内公益活动等，学生能选择和参与的面也很广。那么，在参与校园劳动过程中有哪些应注意的事项呢？

（一）卫生劳动注意事项

1. 参与室内劳动应注意的事项

(1)扫地时不要打闹，更不能用清洁工具嬉笑打闹，以免伤及自己或同学。另外要注意尖锐物品，以免碰伤。

(2)擦玻璃时一定要小心，在窗台擦拭时，脚底要站牢，手要把住窗框；下窗台时要观察脚下情况，务必找好落脚点再下，不能从窗台上直接跳下来。

(3)拖地时，注意地面不要有积水，尽量穿着防滑鞋靴，避免摔倒。

(4)擦拭电气设备时，务必在擦拭前先关闭电源；不能用湿布去擦开关，以免触电。

(5)扫屋顶蜘蛛网时，要斜着扫，以免东西掉进眼睛。

2. 参与室外劳动应注意的事项

(1)在参与除草、捡拾垃圾等劳动时，最好佩戴手套，避免杂物伤手。

(2)进行室外公共卫生打扫的时候，注意有车辆路段的交通安全。

(3)劳动时不要赤脚，以免被刺伤。

（二）实训课程注意事项

实训是职业技能实际训练的简称，是指在学校控制状态下，按照人才培养规律与目标，对学生进行职业技术应用能力训练的教学过程。实训课程是高职院校学生学业的重要组成部分。高职学生的实训课程目标不仅限于对某项技能的了解，而且要求学生对主要技能达到独立操作和熟练的水平。实训课程应注意的事项如下。

1. 凡进入实训室进行任何实训操作前，都须仔细阅读《实训室安全手册》，签订“实训室安全承诺书”。

2. 实训室必须按规定配备消防器材，落实各方面的防护措施，按规执行实训室管理，安全防范设施设备要定期检查，发现问题及时解决。

3. 实训过程中，学生必须遵守实训室安全管理规定，听从实训室管理人员的安排，严格按照规程操作仪器设备。

4. 严禁在实训室内吸烟、饮食、私拉乱接电线、随意拆卸或改装仪器设备，不得在实训室内使用明火。

5. 仪器设备及实训室内其他物品不得带出实训室，造成仪器设备损坏、丢失的，相关责任人员应负责赔偿。

6. 仪器设备不得开机过夜，如确有需要，必须采取必要的防范措施。

7. 实训结束后，应及时清理和打扫，保持实训室的干净和整洁。最后离开实训室的人，必须关闭电源、水源，关好门窗及电气设备等。

8. 发现实训室存在安全隐患，应及时报备、及时处理，维护好实训室的安全。

二、实习劳动安全

实习劳动是学生参加社会实践劳动的重要组成部分，主要分为学校教学要求的教学实习劳动及学生自己参与的社会兼职实习劳动。

（一）教学实习劳动安全

实习是必修环节，通过实习，学生能够了解真实的生产环境与生产过程，掌握操作技能。企业的真实生产环境、生产过程比校内实习、实训场地更为复杂，相对而言不可预测性及安全隐患更多，管理上更为困难。例如，某校实习生进入公司实习，随指导师傅进行拌料操作。拌料过程结束后，带班师傅进入隔壁车间休息，留下实习生一人清洁该混合机中的剩余底料。实习生由于不熟悉机器相关操作的注意事项，误启动了混合机，左手被卷入而导致残疾。

教学实习劳动对于高职院校的学生来说是必须要进行的教学环节。学生离校参加实习，就涉及劳动安全的问题。为保证实习工作的顺利进行，确保自身安全，应严格按照相关规定进行社会实践劳动，并在实习劳动前参加学校组织的相关实习劳动安全教育，参加劳动安全实习考试，合格后方能离校参加实习。

1. 实习安全事故成因

(1)心理准备不充分。实习前，学生往往对企业环境、实习工作过程和生产环境的认识不够充分。进入实习现场后，对可能遇到的种种困难、问题与突发事件缺乏应有的心理准备。因此，一旦遇到突发事件，就会手足无措，容易因操作失误导致事故发生。

(2)安全意识淡薄。部分实习生对于学校与企业的安全教育应付了事，觉得教师的实践操作比较简单，认为自己已掌握且能独立完成，对于实习伤害事故危害性的认识不够深刻。

(3)操作技能水平较低。学生在校内除了教师的督促，大部分要靠自己的学习累积，部分同学自我约束能力不足，职业技能水平不够，对操作规程的了解程度不深。面对突发事件时，对事故的判断、操作行为的决策和事故控制处理能力不足。

(4)实习单位安全管理松懈，缺乏安全实习意识。一般来讲，大中型企业都建立了安全管理机构，有明确的实习管理制度。而有些小型企业自身安全管理机构不完备，管理松懈，职能及安全生产制度没有得到有效发挥，这也会对学生的实习劳动安全造成影响。

2. 实习期间应注意的问题

(1)在实习期间，学生必须提高安全防范意识，提高自我保护能力。注意自身的人身和财物安全，防止各种事故的发生；对毕业生实习中有关安全问题的复杂性要有充分的认识和思想准备。

(2)凡参加实习的学生应严格遵守实习纪律及实习单位的安全操作规程。如发现故障或异常现象，立即报告。未经允许不得随意拆卸或启动设备，确保人身、设备的安全，杜绝事故的发生。

(3)注意宿舍安全(如燃气、用水、用电等)，保管好个人的财物，不得擅自外宿，不得在宿舍留宿他人。

(4)严格遵守交通法规，外出注意交通安全。上下班要结伴同行，沿途不得逗留、游玩，晚上不随意外出。不乘坐无证无照等无安全保障的交通工具，不无证驾驶机动车辆。

3. 实习期间的组织纪律要求

学生在实习单位必须严格要求自己，遵守实习单位的各项规章制度，按有关要求做好各项实习工作，有事应主动向单位领导和学校报告。

(1)学校从安全角度规定必须租住楼房，要求学生至少2—3人合租。学生可在家长协助下租房，租房务必找正规的中介机构，提高警惕，谨防上当受骗。从安全的角度出发，学生确定住房后要及时告知学校详细地址、合租人姓名以及房东电话，实习期间更换住所的一定要及时告知学校更新信息。

(2)学生实习期间服从学校和实习单位的双重管理。实习期间要严格遵守学校的校纪校规及单位的各项规章制度，严格按学校实习管理规定和实习单位工作制度及要求做好各项工作，有事应主动向单位领导和学校报告。

(3)严格遵守实习作息时间，不允许私自组织其他活动。非工作原因，不得擅自离开实习单位外出活动，有事需要及时向单位请假，请假须获得单位批准并应及时向学校汇报。学校要对外出实习的学生进行抽查，若在检查中发现有学生无故不在岗的情况，可给予该生相应的纪律处分。

（二）社会兼职劳动安全

很多大学生会利用寒暑假的时间在校外寻找兼职，开展社会劳动实践活动，提升自己的工作能力、社会适应及自主管理的能力。然而大学生的社会阅历不够丰富，在找兼职或参加兼职劳动的时候往往容易出现一些问题。

案例分析

徐州市某大学的一名学生想暑期做兼职，于是通过网络搜到一个刷单广告。这个刷单广告的主要任务就是通过购买商品赚取积分，最后返现和赚取佣金。按照要求，这名大学生在指定网站购买了800余元的商品，购买成功后，对方很快就将购物的本金和刷单100余元佣金原路进行返还。随后，对方又要求按照指令进行多单任务。尝到甜头的这名大学生没多想，又在指定网站上购买了30000余元的商品用来赚取积分。可这一次，对方以程序、系统出现故障等情况为由，不予返还本金。在多次讨要无果后，这名大学生报了警。

1. 社会劳动实践中存在的问题

(1)不法中介骗取中介费。一些不法中介利用在校大学生缺少社会经验同时挣钱心切的心理，收取高额中介费，却不履行合同。其不仅不会及时为大学生找到合适的工作，甚至通过网络收取中介费后，直接将学生拉黑并消失。

(2)收取各种押金、保证金。一些不法单位会要求大学生支付押金，承诺交了押金后就可以上班，但之后又以人员已满等各种借口要求大学生等消息，而且拒绝返还押金，最后就没有音讯了。有的单位收取保证金，称以此“保证”学生按要求上班，并答应在兼职结束后归还。可是到结算工资的时候，保证金却不见踪影。

(3)误入传销。传销公司一般先安排学生以销售人员的名义上岗工作，然后让学生缴纳一定的“提货款”，再让学生去哄骗他人。有的学生在高回扣的诱惑下，甚至去欺骗自己的同学、朋友，上当之后往往又骑虎难下，最终只得自己白搭上一笔钱，甚至人身安全受到威胁。

(4)拒绝签订书面协议。有些单位以种种借口拒绝与学生签订书面协议，结果学生兼职结束后，因没有书面协议而无处讨要劳务费。有的单位在协议里为自己规定的权利很多，而给大学生的权利很少。这样的协议要谨慎对待，签订协议时应要求权责明确。

(5)娱乐场所兼职问题多。这类场所多以高薪来吸引求职者，工种有代客泊车、导游、陪练等。大学生到这种场所兼职往往容易上当受骗。

(6)兼职家教存在风险。一些不法分子以高薪聘请家教、秘书等名义，把目光瞄向涉世不深、找工作心切的大学生。学生一不小心落入陷阱后，其人身安全容易受到威胁。

(7)收取高额“培训费”。一些不法分子在“面试”学生后，通常要求学生参加公司的“上岗培训”，并要求缴纳高额“培训费”，有的进行一些培训，发放培训资料、光盘等。但实际上这些资料与工作内容无任何关系，有的甚至只收费不培训。

2. 防范方法

(1)防范骗取个人信息。求职者看到公司的招聘信息，在投递简历之前，一定要查询该公司的相关信息，判断公司的真实性。可以先看该职介中心是否有职业介绍许可证和工商部门颁发的营业执照。正规中介机构除具有中介许可证之外，一般会将营业执照悬挂在大厅等较显著位置。同时，简历上的个人信息部分不用写得过于具体，如通信地址等，应该把重点放在工作经历部分。

(2)谨防利用网络求职骗取钱财。求职者要学会分辨，一是分辨网站的安全性，二是分辨招聘信息和招聘公司的真实性。在网上求职，一定要选择一些正规的大型网站，这种网站的可信度要高很多。最好能找到招聘企业的网站核实。

(3)拒绝扣留证件。不管是身份证，还是学位证、毕业证，单位都无权扣留。去面试的时候，特别是初次面试，只带上证件的复印件即可，如果招聘企业要求带原件，给其展示之后，求职者一定要将证件拿回。不管以什么样的理由，证件原件都不要给任何企业保管。证件只是招聘企业用来核实求职者身份和学历的，正规企业没有必要拿原件。

(4)谨防骗取免费劳动力。不管做什么兼职都要签订协议，因为协议才有法律效力。任何单位和企业的实习试用员工，公司都必须支付其薪资。

课堂讨论

青年兴则国家兴，青年强则国家强，青年有希望，民族就有希望。青年人肩上担负着国家未来的希望，青年人的健康安全发展也是国家关注的重点。当代大学生应了解掌握基本的劳动安全常识，在发展自我、建设祖国的过程中，保证自己的人身和财产安全，完善人格，遵纪守法，使自己成为合格的社会主义事业的建设者和接班人。

结合自己所学专业，围绕大学生在社会劳动实践中可能存在的安全问题开展讨论交流并尝试提出解决方案。

第三节　劳动安全保障与防护

海因里希法则又称海因里希安全法则或海因里希事故法则。美国安全工程师海因里希调查分析多起事故之后指出，当一个企业有 300 起隐患或违章时，其非常可能要发生 29 起轻伤或故障，另外还有一起重伤、死亡事故。该法则是海因里希通过分析工伤事故的发生概率，为保险公司的经营提出的。这一法则完全可以用于企业的安全管理，即在一件重大的事故背后必有 29 件轻度的事故，还有 300 件潜在的隐患。

对于不同的生产过程和不同类型的事故，上述比例关系不一定完全一致，但这个统计规律说明了在进行同一项活动中，安全隐患的出现必然导致重大伤亡事故的发生。要防止重大事故的发生必须减少和消除无伤害事故，要重视事故的苗头和未遂事故，否则终会酿成大祸。

案例分析

某机械师企图用手把皮带挂到正在旋转的皮带轮上，因其未使用拨皮带的杆，且站在摇晃的梯板上，又穿了一件长袖的宽大工作服，结果被皮带轮绞入碾死。事故调查结果表明，他使用这种上皮带的方法已有数年。查阅四年病志(急救上药记录)，发现他有 33 次手臂擦伤后治疗处理记录。这一事例说明，重伤和死亡事故虽有偶然性，但是不安全因素或动作在事故发生之前已暴露过许多次，如果在事故发生之前及时消除不安全因素，许多重大伤亡事故是完全可以避免的。

一、生产安全事故概述

生产安全事故，是指生产经营单位在生产经营活动(包括与生产经营有关的活动)中突然发生的，伤害人身安全和健康，或者损坏设备设施，或者造成经济损失的，导致原生产经营活动(包括与生产经营活动有关的活动)暂时中止或永远终止的意外事件。对于高职院校的学生来讲，其工作和学习中面对的生产多为技术技能性生产，那么安全生产就成为保证其生命财产安全的前提条件。

（一）事故的定义和级别

事故一般是指当事人违反法律法规或由疏忽失误造成的意外死亡、疾病、伤害、损坏或者其他严重损失的情况，如交通事故、生产事故、医疗事故、自伤事故。事故是一种动态事件，它开始于危险的激化，并以一系列原因事件按一定的逻辑顺序流经系统而造成损失。事故往往造成人员伤害、死亡、职业病或设备设施等财产损失和其他损失。

生产安全事故是指在生产场所内从事生产经营活动中发生的造成单位员工和非单位人员人身伤亡、急性中毒或者直接经济损失的事故，不包括火灾事故和道路交通事故。

生产安全事故(以下简称事故)按照其造成的伤亡人数或直接经济损失，分为一般事故、较大事故、重大事故和特别重大事故四个级别(见表5-1)。

表 5-1 事故级别判定标准

类别	死亡	重伤	直接经济损失
一般事故	3 人以下	10 人以下	1000 万元以下
较大事故	3 人以上 10 人以下	10 人以上 50 人以下	1000 万元以上 5000 万元以下
重大事故	10 人以上 30 人以下	50 人以上 100 人以下	5000 万元以上 1 亿元以下
特别重大事故	30 人以上	100 人以上	1 亿元以上

资料来源：《生产安全事故报告和调查处理条例》。

注：表中“以上”包括本数，“以下”不包括本数。

（二）事故伤害

1. 事故伤害等级

在劳动生产中，一般通过发生事故后人员受到伤害的严重程度和恢复情况，将事故对人的伤害程度分为 4 个等级。

(1)暂时性失能伤害。受到伤害的人员暂时不能从事原岗位的工作，经过一段时间的治疗或休息可以恢复劳动能力的伤害。

(2)永久性部分失能伤害。导致受到伤害的人员身体的某些部位或者器官功能发生永久性不可逆转的伤害，丧失部分劳动能力或者生活能力的伤害。

(3)永久性全失能伤害。除死亡外，一次事故中导致受到伤害的人员完全失去劳动能力或者生活能力的伤害。

(4)死亡。发生劳动安全事故直接或间接导致人员死亡的。

2. 工伤认定

根据《工伤保险条例》第十四条，企业员工有下列情形之一的，应当认定为工伤。

(1)在工作时间和工作场所内，因工作原因受到事故伤害的。

(2)工作时间前后在工作场所内，从事与工作有关的预备性或者收尾性工作受到事故伤害的。

(3)在工作时间和工作场所内，因履行工作职责受到暴力等意外伤害的。

(4)患职业病的。

(5)因工外出期间，由于工作原因受到伤害或发生事故下落不明的。

(6)在上下班途中，受到非本人主要责任的交通事故或者城市轨道交通、客运轮渡、火车事故伤害的。

(7)法律、行政法规规定应当认定为工伤的其他情形。

根据《工伤保险条例》第十五条，职工有下列情形之一的，视同工伤。

(1)在工作时间和工作岗位，突发疾病死亡或者在48小时之内抢救无效死亡的。

(2)在抢险救灾等维护国家利益、公共利益活动中受到伤害的。

(3)职工原在军队服役，因战、因公负伤致残，已取得革命伤残军人证，到用人单位后旧伤复发的。

案例分析

王某在甲公司工作，职业是冲压工。2018年5月，王某在工作时因机器冲压，小手指和无名指受伤。经医院诊断，王某无名指、小手指骨折。出院后，王某要求甲公司进行工伤赔偿。但是甲公司声称，王某受伤是因为自己违章操作，因此不构成工伤，即使构成也应当自己承担责任。王某无奈，只好聘请律师通过法律途径解决。

【想一想】

王某的情况是否构成工伤？

二、劳动防护用品的配备与管理

通过前文讲到的海因里希法则可以发现，在日常劳动生产中，事故的发生具有必然性和可规避性。必然性是指有些安全事故的发生是不可避免的。可规避性是指在必然发生的某些事故中，有不少可以通过人为的安全防护来进行规避，从而减少劳动生产中安全事故的发生。这就需要生产机构按照国家法律法规配备必要的劳动防护用品。

（一）劳动防护用品的作用

劳动防护用品是为了保护劳动者在生产劳动过程中的安全和健康而发给劳动者个人使用的防护用品和用具。劳动防护用品的作用主要有外部防护和内部防护。

1. 外部防护主要用于有灼伤、烫伤或者容易发生机械外伤等危险的操作、存在大量粉尘的操作以及经常使衣服腐蚀、潮湿或者特别肮脏的操作等。

2. 内部防护主要用于强烈辐射或者低温条件下的操作，以及散发毒性、刺激性、感染性物质或者会对人体造成免疫系统等不可见的伤害的操作。

（二）用人单位劳动防护用品管理要求

1. 法律法规要求

依据《用人单位劳动防护用品管理规范》和其他法律、法规的规定，用人单位应当依法为劳动者提供劳动防护用品，保障劳动者安全与健康的辅助性、预防性措施，不得以劳动防护用品替代工程防护设施和其他技术、管理措施。

2. 具体管理要求

(1)用人单位应当健全管理制度，加强劳动防护用品配备、发放、使用等管理工作。

(2)用人单位应当安排专项经费用于配备劳动防护用品，不得以货币或者其他物品替代。该项经费计入生产成本，据实列支。

(3)用人单位应当为劳动者提供符合国家标准或者行业标准的劳动防护用品。使用进口的劳动防护用品，其防护性能不得低于我国相关标准。

(4)劳动者在作业过程中，应当按照规章制度和劳动防护用品使用规则，正确佩戴和使用劳动防护用品。

(5)用人单位使用的劳务派遣工、接纳的实习学生应当纳入本单位人员统一管理，并配备相应的劳动防护用品。对处于作业地点的其他外来人员，必须按照与进行作业的劳动者相同的标准，正确佩戴和使用劳动防护用品。

（三）劳动防护用品的分类

劳动防护用品按照防护部位分为九类。

1. 头部护具。是用于保护头部，防撞击、挤压伤害，防物料喷溅，防粉尘等的护具。主要有玻璃钢、塑料、橡胶、玻璃、纸胶和竹藤安全帽以及防冲击面罩等。

2. 呼吸护具。是预防尘肺病和职业病的重要护具。

3. 眼护具。用以保护作业人员的眼睛、面部，防止外来伤害。分为焊接用眼护具、炉窑用眼护具、防冲击眼护具、微波防护具、激光防护镜以及防 X 射线、防化学、防尘等眼护具。

4. 听力护具。长期在 90dB(A)以上或短时在 115dB(A)以上环境中工作时应使用听力护具。听力护具有耳塞、耳罩和帽盔三种。

5. 防护鞋。防止足部伤害，有防滑鞋、防滑鞋套、防静电安全鞋、钢头防砸鞋等。

6. 防护手套。用于手部保护，主要有耐酸碱手套、电工绝缘手套、电焊手套、防 X 射线手套、石棉手套、丁腈手套等。

7. 防护服。用于保护职工免受劳动环境中的物理、化学因素的伤害。防护服分为特殊防护服和一般作业服两类。

8. 防坠落护具。用于防止坠落事故发生。主要有安全带、安全绳和安全网。

9. 护肤用品。用于外露皮肤的保护。分为护肤膏和洗涤剂。

三、常见个体劳动防护用品

（一）安全帽

安全帽由帽壳、帽衬、下颏带、附件组成。佩戴安全帽应做到一看、二戴、三检查，并注意以下事项。

1. 头顶与帽体内顶保持一定距离。

2. 下颏带必须扣在颏下并系牢。

3. 不应擅自在安全帽上打孔。

4. 受过强烈冲击的安全帽均应报废，即使没有明显损坏。

5. 严禁使用只有下颏带与帽壳连接的安全帽，也就是帽内无缓冲层的安全帽。

6. 注重清洁与保护。

7. 平时使用安全帽时应保持整洁，不能接触火源，不要任意涂刷油漆等，不应坐压。如果丢失或损坏，必须立即申请补发或更换。

（二）眼面部防护用品

对眼面部造成伤害的危险因素主要有机械性、化学性和光学性的。

机械性的伤害主要是指在工作过程中的一些机械运转时的粉尘或固体颗粒物质由于某种原因黏附在眼球表面，造成眼角膜损伤、感染甚至眼球破裂等的伤害。

化学性的伤害主要是指在生产过程中某些化学物质比如强碱、强酸等对眼面部造成刺激或者腐蚀的伤害。

光学性的伤害主要是指高剂量的可见光和不可见光对眼面部造成的伤害，电气焊接、玻璃加工等易产生光学性伤害。

对于这三种伤害，可以选择以下眼面部防护用品。

(1)有机玻璃眼镜、钢化玻璃眼镜等防护眼镜。这类眼镜透明度好、质地坚硬、抗击力强，适合于金属切割加工、金属抛光、石块粉碎等粉尘和固体颗粒物较多的工作场所。

(2)防化学溶液的防护眼镜。这类眼镜主要用于防御有刺激或腐蚀性的溶液对眼睛的化学损伤。可选用普通平光镜片，镜框应有遮盖，以防溶液溅入。通常用于实验室、医院等场所，一般医用眼镜可通用。

(3)焊接防护面罩。为抵抗光学性的伤害，一般必须佩戴焊接防护面罩。焊接防护面罩主要分为手持式焊接面罩、头盔型焊接面罩和焊接头盔(帽)等，能有效防止各种有害光线在劳动施工过程中对眼面部的伤害。

（三）呼吸防护用品

在一些劳动生产环境中，会出现空气中存在可吸入有毒有害物质的情况。呼吸防护用品主要就是防御缺氧空气和尘毒等有害物质吸入呼吸道的，为此环境下进行劳动生产的人员提供安全保护。呼吸防护用品主要有防尘口罩、过滤式防毒面具、自给式空气呼吸器等。

1. 防尘口罩

防尘口罩是从事和接触粉尘的作业人员必不可少的防护用品，主要用于含有低浓度有害气体和蒸气的作业环境以及会产生粉尘的作业环境。

2. 过滤式防毒面具

过滤式防毒面具是最为常见的一种防毒面具，主要由面罩和过滤元件两部分组成。面罩起到密封并隔绝外部空气和保护口鼻面部的作用，能有效保护佩戴人员的眼面部和呼吸道，使之免受有毒气体、蒸气或放射性颗粒物的伤害，可供工业、农业、医疗等不同领域人员使用。

3. 自给式空气呼吸器

自给式空气呼吸器是用于在特殊环境中提供正常所需空气的设备，主要应用于火灾、毒气泄漏、挥发性液体泄漏、密闭空间等产生有害气体或氧气含量低的环境。其背带及腰带的全部织材均采用防火阻燃材料，金属连接件均为不锈钢材质，使操作者与安全隐患隔绝。主要供消防员或抢险救护人员在浓烟、毒气、蒸气或缺氧等各种环境下安全有效地进行灭火、抢险救灾或救护工作。

（四）听力防护用品

听力防护用品主要用于劳动者在作业过程中所受到的噪声伤害的个体劳动防护。在劳动生产过程中，很多生产环境都存在着噪声伤害，长期接触噪声，容易导致听力下降，甚至造成耳部某些器官不可逆的伤害。常见的听力防护用品主要分为耳塞和耳罩两类。

1. 耳塞

耳塞的佩戴部位为外耳道，通过塞入的方式插入外耳道以降低噪声。耳塞可以置于外耳道口处，也可完全插入外耳道。耳塞多使用柔软并且有形状记忆功能的材料，如聚乙烯、硅胶、棉、泡沫塑料或经过处理的玻璃纤维，通过隔绝耳道内外空气，实现降低入耳噪声的目的。

2. 耳罩

耳罩一般由环箍和罩杯组成，在罩杯上固定有杯垫和其他降噪结构。佩戴时，应用罩杯将耳郭包围，以实现隔绝内外环境、降低噪声的目的。同耳塞相比，耳罩的异物感较低，但耳罩的质量和体积较大，且成本较高。由于耳罩的体积较大，可以在耳罩上附加多种结构，如降噪电路、通信模块等，以更好地实现降噪及通信目的。戴有环箍的耳罩，按照环箍的大小，可以分为大、中、小号，使用者应根据自身的实际情况选择佩戴。

（五）手部防护用品

手部防护用品指的是具有保护手和手臂的功能，供作业者劳动时戴用的手套，通常称作劳动防护手套。常见的手部劳动伤害主要有撞击、切割、高温、电击、化学、生物性感染等。

《劳动防护用品分类与代码》按照防护功能将手部防护用品分为普通防护手套、防水手套、防寒手套、防毒手套、防静电手套、防高温手套、防射线手套、防酸碱手套、防油手套、防震手套、防切割手套、绝缘手套及其他手套。劳动者应根据不同的工作场合需要进行选择。

（六）足部防护用品

足部防护用品主要是为了防护在劳动生产过程中对足部的损伤。常见的一些足部伤害主要有：在重工业行业（如一些采矿业、建筑业等），足部踏在尖锐物体上造成的伤害；在高温或低温的环境下（如一些铸造、热加工、冷库等作业场所），一些物质的飞溅或温度的极端情况对足部造成的伤害；在化工厂或辐射性的电池生产等场所，作业人员接触化学物质时可能发生的足部伤害。

常见的足部防护用品有防尘鞋、防穿刺鞋、防酸碱鞋、防静电鞋等。

（七）常见坠落防护用品

在我们日常劳动生产中，存在一些高空作业的情况，建筑、电力、移动通信等行业都存在着很多高空作业的工种。按照我国的法律法规的相关要求，在高空作业时必须要为工作人员配备相应的安全防护措施，常见的坠落防护用品有安全帽、安全带和安全网，统称安全防护“三宝”。安全帽在前面介绍过，这里不再赘述。

1. 安全带一般采用全身式，由带体、安全配绳、缓冲包和金属配件组成，总称坠落悬挂安全带。使用方式为：一穿戴背带，二系紧胸带，三系紧腿带，四系紧腰带，五系连接带体与安全绳。

2. 安全网是用来防止人、物坠落，或用来避免、减轻坠落物击伤的防护用具。主要用于高处作业，如一些高层建筑工地、高架作业或是高处玻璃墙体清洁等。安全网由网体、边绳、系绳和筋绳构成。常见的“密目式建筑安全立网”就是我们一般见到的施工期间包围整个建筑物的有色立式网，绝大部分为绿色，可有效防止建筑周围各种物体的坠落，起到良好的缓冲作用。

四、劳动安全隐患预防措施

（一）预防车辆伤害

1. 横越线路必须做到“一站、二看、三通过”。

2. 在线路作业必须按规定设置安全防护，穿好反光黄色、橙红色防护服（背心或衬衣），注意瞭望，听从下道命令，及时下道避车。

3. 严禁扒乘车辆。

4. 严禁从车底下通过。

5. 严禁在钢轨上、车底下、枕木头、道心内、车顶上坐卧、站立或行走。

（二）预防高处坠落

1. 在高处作业时，必须戴好安全帽，按规定使用安全带（绳、网），禁止上下重叠作业。

2. 必须按规定搭设脚手架，作业时确认机具、设施、用品完好。

3. 禁止在6级及以上大风时登高作业。

4. 严禁安排患有高血压、心脏病等职业禁忌症的人员进行登高作业。

5. 登高作业时，作业面下必须设置安全防护，不得抛、扔任何物品及工具。

（三）预防触电伤害

1. 作业人员必须按照国家规定持相关资格证书方可上岗作业。

2. 禁止使用未安装漏电保护器的手持电动工具和移动设备，保持电气设备、线路完好。

3. 在高压线作业时必须严格按规定执行。

4. 电力设备作业必须严格执行工作票和工作监护制度，挂“禁止合闸，有人作业”牌。

（四）预防起重伤害

1. 起重人员必须持证操作，必须穿戴规定的工作服和有关的防护用品，严格遵守“十不吊”规定。

2. 严禁多人或无人指挥。

3. 严禁在吊物下方站立、行走。

4. 严禁上下抛掷物品、工具，不得将工具、物品放在起重机械上。

5. 作业完毕，应整理工具、清理现场，确认一切安全后方可离去。

（五）预防物体打击

1. 进入作业区域必须按规定使用安全帽等劳动防护用品。

2. 在高处和双层作业时，料具摆放牢固，不得向下抛掷料具，无隔离设施时，严禁双层同时垂直作业。

3. 列车通过时，必须面向列车避车，防止被落物、篷布、飞绳击伤。

4. 搬运重、长、大物件时，必须有专人指挥、防护，确保安全。

（六）预防机具伤害

1. 各种机具操作必须符合安全操作规程。

2. 严禁机具、设备带病或超负荷运转，安全防护装置必须齐全、性能良好。

（七）预防爆炸伤害

1. 必须严格执行易爆物品运输、装卸、贮存规定。

2. 锅炉、压力容器作业人员必须持证操作。

3. 无压设备、设施严禁有压运行。

（八）预防中毒、中暑

1. 必须严格按照《道路危险货物运输管理规定》运输、装卸、贮存有毒物品。

2. 在有毒有害场所作业，必须正确使用劳动防护用品，必须在通风、吸尘、净化、隔离等措施处于良好状态下作业。

3. 露天作业应合理调整作息时间，尽量避开高温时段作业。

4. 室内加强通风，安装通风机械，隔离热源。

5. 个人携带防暑药品。

6. 具备必要的应急抢救知识。

（九）预防人为失误

人为失误是指人的安全意识降低或行为上的差错与疏忽而使正常运转的系统发生故障、发生安全不良事件或导致事故发生。其主要表现为盲目蛮干，臆测行事；心存侥幸，明知故犯；轻视麻痹，缺少责任意识；忽视程序，违章指挥(操作)。预防人为失误可从以下几方面着手。

1. 完善安全规章制度

完善的安全规章制度是实现安全生产的重要保障。安全规章制度要对生产或作业过程中容易发生差错或影响作业效率的作业程序、薄弱环节、作业时间、作业时机进行细化、明确，达到规范化、程序化，从而有效地控制现场作业，使关键岗位、关键工序、关键环节协调一致，保证生产作业在制度的规定下有序进行。

2. 使用安全监控设备

先进的安全监控设备能减少人为因素对安全生产的不利影响，是实现安全生产的十分重要的保障手段。它的主要功能有二：一是预警，及时告知设备异常状态；二是记录，再现设备的原始数据与人的不安全行为。安全监控设备能为查清事故的真实原因、对事故的定性定责提供科学依据，同时也对违规行为起到震慑作用，减少人为失误的发生。

3. 加强重点时间、时段的安全管理

对从业人员容易处于注意力不集中、疲劳、易疏忽时间，如交接班时段、凌晨、黎明、临下班时段等，须采取针对性的预防控制措施。

4. 重视特殊季节的安全管理

对于冰雪凝冻、暴风、强降水、酷暑高温等天气，须采取针对性的预防控制措施。

5. 做好现场作业预防控制工作

认真做好安全卡控的“自控、互控、他控”：一是改进操作方法，提供方便、实用、功能完善的工具、机具；二是避免危险操作，切忌冒险蛮干；三是采用声光报警装置，遇到不安全因素及时进行警示；四是优化作业程序，从源头上保证安全生产正常进行。

6. 开展安全警示教育

定期结合事故案例开展安全警示教育，促使从业人员不断建立牢固的安全意识，控制作业风险，自觉抵制违章违纪，防止伤害事故的发生。

课堂讨论

结合自己所学的专业，想一想今后的工作生产中可能用到的劳动安全防护用具有哪些。

第六章　家务劳动

【学习目标】

知识目标

1. 掌握衣物的基本洗涤常识、熨烫技巧、缝补针法，学会自己整理衣物。
2. 了解我国的饮食文化，掌握烹饪的相关知识和技能。
3. 明白居有序的好处，掌握保持居所整洁、物品有序的方法。

素质目标

1. 掌握家务劳动的基本常识。
2. 培养从身边事、从小事做起的好习惯。
3. 懂得为父母分担家务，争做家务劳动主力军。
4. 认识劳动带来的好处，做好家务劳动的践行者。

课程导入

一室之不治，何以天下家国为?

清代文学家刘蓉在散文《习惯说》中记述了他年轻时的一件事："蓉少时，读书养晦堂之西偏一室。俯而读，仰而思；思有弗得，辄起绕室以旋。室有洼，经尺，浸淫日广。每履之，足苦踬焉。既久而遂安之。一日，父来室中，顾而笑曰：'一室之不治，何以天下家国为?'命童子取土平之。"

"天下之本在国，国之本在家。"《朱子家训》开篇即写道："黎明即起，洒扫庭除，要内外整洁。"把家务劳动当成了"修身治国平天下"的必修功课。可见，在人们眼中，一个连基本的劳动观念和生活自理能力都没有的人，将来要做成大事也是很难的。

【想一想】

你赞同刘蓉父亲的做法吗？为什么？

第一节　衣有形

《说文解字》载："衣，依也。上曰衣，下曰裳。象覆二人之形。凡衣之属皆从衣。"在衣、食、住、行四大要素中，衣是第一位的。扣好"衣"这第一颗扣子，需要在日常生活中从衣服的清洗、整理、搭配等方面做起，养成好的劳动习惯，做到"衣有形"。

一、衣物清理常识

（一）清洗时要正确分类

清洗衣物时，面对各种各样需要"特殊照顾"的衣物，首先应正确分类。按颜色可分为 4 类清洗：纯白色、浅色（包括带白色条纹的衣物）、深色（黑、蓝、褐等）、艳色（红、黄、橙等）。材质方面，要将毛绒多的衣物（毛衣、灯芯绒衣物等）和容易起球的衣物分开洗，化纤衣物（由涤纶、锦纶、氨纶、丙纶、维纶、腈纶、粘胶、尼龙、醋酸纤维、天丝等材料中的一种或几种合成的织品制成的衣物）不可用高温洗。为了使衣物更加洁净，过脏的要增加洗涤次数。牛仔类衣物要先浸泡大约 15 分钟，可用专用洗涤剂清洗。新买的衣物要单独洗，最好不要加洗涤剂，这样可以减少褪色。贴身衣物，如内裤、秋衣裤等，要单独洗涤。

（二）洗衣顺序要正确

正确的洗涤方法会让衣物亮丽如新，而不当的洗涤方法严重的会损坏衣物。洗衣时，应该先放水和洗衣液，进行搅动，使其充分溶解后再放入衣物。这样可以使洗衣液充分溶解，同时还能避免漂洗不干净，在衣物上留下印记。

（三）洗涤剂要适量

洗衣前应充分阅读洗涤剂的使用说明，洗涤剂用量过小，则达不到清洁效果；如果用量太大，不但浪费资源，还极易产生残留。一般来说，洗涤剂的用量比说明书的推荐值稍少些即可。

（四）洗衣水温要适宜

一般来说，水温越高，去污越快，消毒效果也越好，但是，很多衣物不适合用热水洗涤，因此洗前应注意查看衣物的洗涤标签。例如，内衣、床单等用 60℃ 以上的热水洗涤较好，而丝质、羊毛织物应该用冷水洗。

（五）洗衣机不要塞太满

衣物体积最多只占洗衣机滚筒体积的三分之二。有人喜欢凑一堆脏衣服，把洗衣机填满再洗，以为可以省水省电，殊不知，这样不但容易洗不干净，还会缩短洗衣机的寿命。

（六）衣物脏了要马上处理

如果衣物不小心沾上果汁、油点、墨迹等污渍，则需要立即处理，否则可能留下永久的印迹。处理时，应在水中加入适量洗涤剂，然后将污处放入水中浸泡，让衣物及时接触到洗涤剂，才能轻松洗净。如果在外不方便脱衣服或没有洗涤剂，应迅速用干布或纸巾吸干污渍，然后将布蘸湿，轻轻擦拭污处，回到家后再彻底清洗。

（七）洗后要清洗洗衣机

洗衣时，污渍会积累在洗衣机的滚筒缝隙中，因此用完洗衣机后应该用清水冲洗一下滚筒、过滤网，还可以在水中加适量白醋，帮助去除残留的洗涤剂。除此之外，每个月最好再用专业清洗剂彻底消毒一次。

小贴士

内衣清洗小贴士

穿过的衣物都会沾上多种细菌。暴露在灰尘中的外衣会附着空气中的无数细菌，包括一些强力致病菌。而贴身内衣上会有从皮肤表面脱落下来的和从肠道、尿道排出的各种细菌。即使用洗涤剂清洗，也只能去除部分细菌。如果外衣和内衣混洗，“漏网”的细菌就容易造成交叉感染。因此，在浸泡和洗涤衣物时，一定要将内衣、外衣分开洗涤。

知识链接

衣——文字溯源

象形字。甲骨文的“衣”(图 6-1)就像衣服之形，上部的“人”字形部分像衣领，两侧的开口处像衣袖，下端像衣服的下摆。“衣”字的金文形体与甲骨文相近，小篆没有多大变化，只是下部变为向右拐。西汉末，字体在隶变过程中，某些笔画被平直、连接等替代，遂失去了象形性。汉代俗体(图 6-1 中的 6 和 7)下半部分像两个人字，许慎分析衣“象覆二人之形”，可能就是受了汉代俗体的影响。楷书形体则与衣服的样子区别较大。

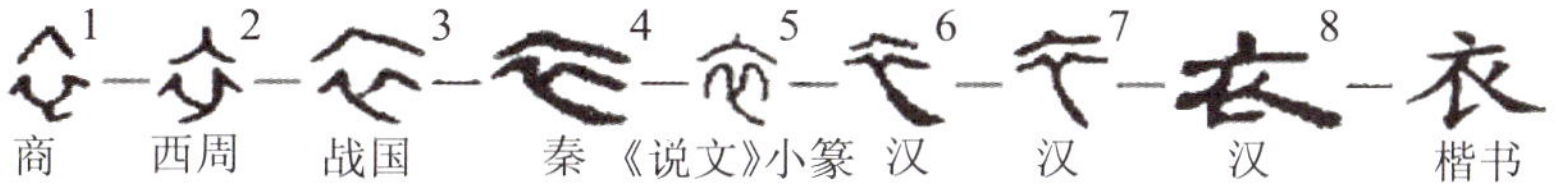

图 6-1 “衣”的字形演变图

（八）常用衣物洗涤标识及含义

常用衣物洗涤标识及含义如下(图 6-2)。

图 6-2　常用衣物洗涤标识及含义

二、衣物收纳攻略

衣物收纳是一项复杂的工作。各式各样的衣物不是简单买一个大衣柜就能搞定的，需要花费心思设计。只有这样，才能将衣物收纳做到整齐有序又好用。

首先，需要根据家中衣物实际的情况分类，可以先按春秋、冬夏来区分，然后再按照内衣、袜子、外套、裤子等分类。

其次，对分好类的衣物进行折叠(图 6-3)。

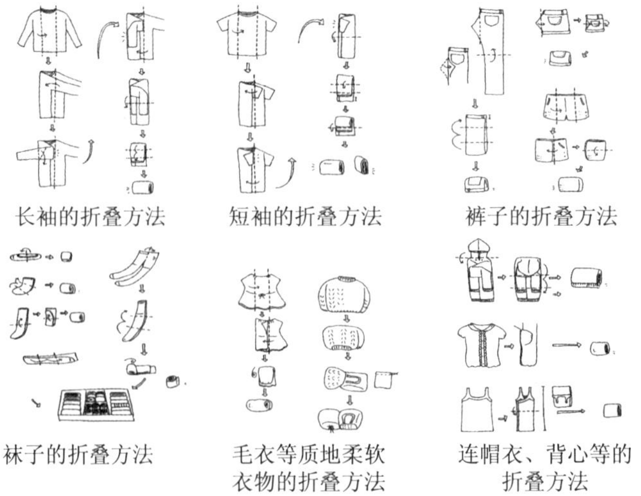

图 6-3　各类衣物的折叠方法

最后，在衣柜里为它们规划出各自的“家”(图 6-4)。

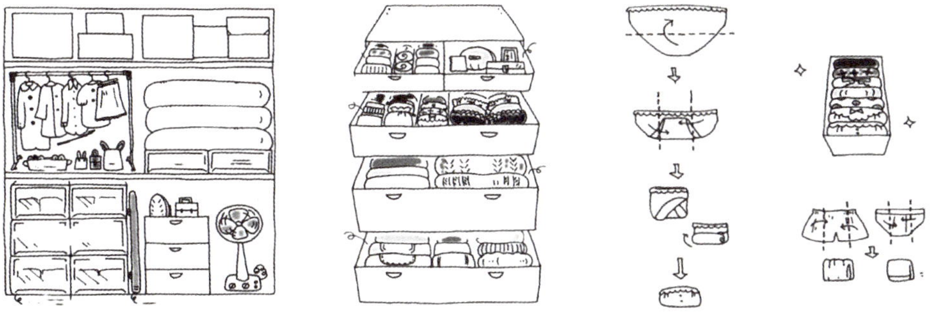

衣橱的收纳方法　　内衣及随身物品的收纳方法　　短裤的折叠及收纳方法

图 6-4　衣橱和内衣裤的收纳方法

三、服装熨烫技巧

（一）服装熨烫的工序

1. 确认面料

(1)熨烫服装时，首先要解决的问题是确认服装的面料：其在棉、麻、丝、毛、化纤或混纺纤维中属于哪一类，以及能承受的温度是多少。

(2)掌握服装形态要求。服装整烫必须按照其基本形态要求进行操作。服装款式不同，其形态不同，如男式和女式西服、各种衬衫或大衣等。只有掌握不同款式服装的整形要求，才能使整烫出的服装更为美观。

2. 提供热量

在服装的熨烫过程中，热量的掌握相当重要，一般有电加热和蒸汽加热两种，前者已逐渐被淘汰。蒸汽作为在熨烫中传导热量的媒介，可以把热量有效地输送到服装面料内，使面料获得热量并被加湿，促使服装面料达到变形的基本条件。供给蒸汽时，需要因物品的不同而供给不同的蒸汽量，以达到熨烫预定的目的。

3. 服装成型

服装面料受到热量和湿度的作用，自身已具备变形的条件。此时，依据服装的形态要求，可对需要熨烫整形的部位利用人工或机械设备施加一定的压力或拉力，熨烫出符合设计的形态。

4. 干燥定型(抽湿)

服装经过熨烫成型，已初步呈现了所需要的形态。但是，要使服装形态固定，还需要快速抽湿降温，使服装面料冷却干燥，自然成型。

5. 保形存放

成型后的服装在存放时要采用相应的保形手段，如悬挂等，以免破坏服装的成型效果。

（二）测定熨斗表面温度的方法

1. 感觉法

对电加热熨斗一般采取一看、二靠、三触的方式，接触时应小心，避免烫伤。

2. 滴水法

把加热的熨斗底部朝上，在上面滴上水珠，观察水珠受热的变化来判断熨斗的温度。

3. 熨烫法

用已加温的熨斗在棉布上熨烫，在某处停留 1—2 秒，然后拿走熨斗，迅速用手触摸被烫棉布的位置，进而判断熨斗的温度。

4. 试烫法

用经过测定温度的熨斗先在衣物不明显的地方进行试烫，观察衣物，证明熨斗的温度是否是衣物所需的温度。

（三）常见熨烫标识及含义

常见熨烫标识及含义如下(图 6-5)。

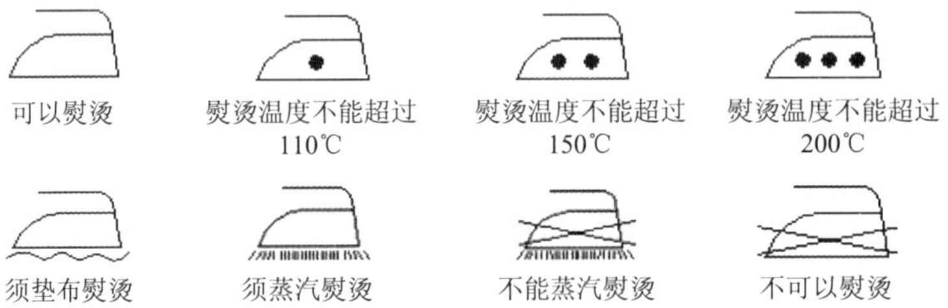

图 6-5　常见熨烫标识及含义

（四）常见衣物的熨烫

1. 衬衫(图 6-6)的熨烫方法

熨烫顺序：衣领—左右袖子及袖口—肩部—左前身—后身—右前身—左右门襟。

熨烫质量标准：

(1)衣领平整、挺括，靠领处盖着拼缝，整个衣领围成圆形，后领烫平。

(2)两肩平服、袖口成圆形，不起皱褶，袖口纽扣部位不留印痕，衣袖沿腋下部位接缝处烫平整。

(3)门襟整齐挺直，纽扣部位不留痕迹，前后身挺括平整无折。

图 6-6　衬衫

2. 西服(图 6-7)的熨烫方法

熨烫顺序：领子正反面—左肩前部—左肩后部—右肩前部—右肩后部—左前身—左侧身—右前身—右侧身—后身衬里—后身—前襟衬里—翻领—左右袖。

熨烫质量标准：

(1)衣领内外平整，领部翻转后要盖着接缝或自然定型，领子两边不能压死，自然分边。

(2)左右肩部自然定型，垫肩熨平，与袖子的拼缝处没有曲折感。

(3)前胸部与背部自然平整，不留纽扣印。

(4)口袋面不留盖子印。

(5)袖子烫成圆形，袖口贴边平复，纽扣边平直整齐，袖后缝自袖口起 10 厘米起缝烫直。

(6)衣服衬里保持平整，不留褶皱。整件衣服外表自然平整，不留皱褶，衣物表面无极光。

图 6-7　西服(含衬衣、领带)

3. 西裤(图 6-8)的熨烫方法

熨烫顺序：衬里—劈缝—口袋—左前腰—右前腰—裤子的正面四条裤线对齐烫直—前烫迹中线自然与大襟相连—裤脚烫平。

熨烫质量标准：

(1)全裤表面平整，烫迹分明，无袋印。

(2)裤子前面的一条大襟要与裤脚烫迹中线自然相连垂直。

(3)前后四条烫迹中线自然垂直挺括。

(4)裤脚平整无曲折。

(5)后袋不留印痕。

4. 西服裙(图 6-9)的熨烫方法

熨烫顺序：衬裙烫平—裙内反面接缝烫开压死—裙全腰—下裙身—裙襟开衩口。

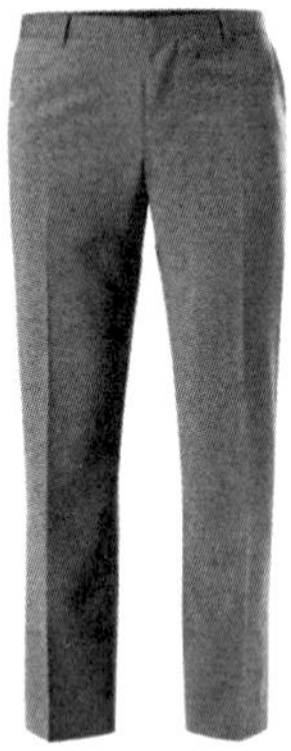

图 6-8　西裤

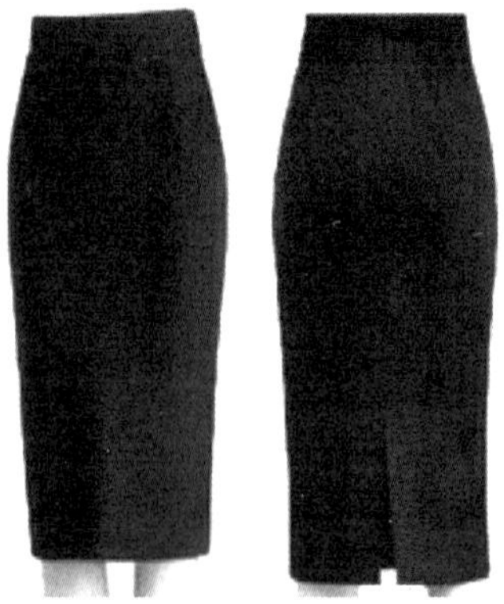

图 6-9　西服裙

熨烫质量标准：

(1)全裙烫成圆形。

(2)裙腰自然平复。

(3)下裙身平整。

(4)裙襟熨烫自然不留印痕。

(5)裙后开衩处不留印痕，不留极光。

5. 旗袍(图 6-10)的熨烫方法

熨烫顺序：里襟—领子—袖子—背面上半部—前面上半部—背面下半部—前面下半部—左腰缝—右腰缝。

熨烫质量标准：

(1)衣领坚挺，领口圆括。

(2)衣袖成圆筒形。

(3)衣面贴边整齐。

(4)正背平整，自然下垂(装饰)边无扭曲。

图 6-10　旗袍

小贴士

不同衣物的熨烫技巧

1. 羊绒织品：晾干后用中温(140 ℃左右)电蒸汽熨斗整烫，熨斗与羊绒衫离开 0.5～1 厘米的距离，切忌直接压在上面。

2. 变形裤：裤子穿的时间长了，膝盖部位常会被顶起一个大鼓包来，对于这种已经变形的裤子，最好使用电蒸汽熨斗。要先熨裤子的后半部至恢复自然状态，然后再熨裤子的前半部。熨烫时，因前半部的膝盖部分已鼓包，如果将裤子拉直，前半部就会起皱褶，这时应先从裤子的上部和下部熨起，熨斗要先轻轻放在裤子上，按动蒸汽开关，使已起皱的部位在熨斗的热力下自然回缩。以同样方法作用于膝盖部位，当大鼓包变成小鼓包后，继续采用以上办法，如此反复，即可全部恢复原状。最后再把整个裤子熨烫一遍。

3. 合成纤维织品：化纤衣物由于吸湿程度差，耐热程度不同，熨烫的温度是关键(表 6-1)，熨烫方法基本同其他棉丝毛织品。尼龙织品耐磨且弹性好，但熨烫温度不宜高，所以应该用一块干布做垫再熨烫。涤纶织品既耐磨又不爱起皱，所以洗后晾干即可，不用熨烫。由于化纤服装的品种很多，温度很难把握，初次熨烫前可先找衣物里面不明显部位试熨一下，以免熨坏。

表 6-1 一些合成纤维织品的熨烫温度

织品材料	适宜熨烫温度/℃	
	纯纺	混纺
涤纶	140～150	160～170
腈纶	140～150	150～160
维纶	110～120	130～140
棉纶	190～100	110～120
丙纶	90～100	100～110
氯纶	30～40	30～40

4. 棉麻织品：可把蒸汽量开大。一般采用熨烫里面的方法，若正面烫应垫干净白布。带色的衣物熨烫，温度不能过高，以免熨后反光发亮或造成泛色现象，使衣物脆损。麻织品和棉麻混纺织品需熨烫时，熨斗温度要低，要先熨衣里，并要垫布熨烫，防止起毛损伤衣物。

5. 丝绸织品：丝绸服装由于洗涤后抗皱性能较差，常常发生抽缩现象，不经熨烫会影响美观，所以洗涤后的丝绸服装必须熨烫。熨烫时，熨斗温度一般掌握在 110℃—

120℃，温度过高容易使衣物泛色、收缩、软化、变形，严重时还会损坏衣物。颜色娇艳、浅淡的衣物和混纺丝绸衣物温度还应再低一些。熨烫时不要用力过猛，熨斗要不断移动位置，不要在一个地方停留时间过久。熨斗不要直接烫绸面，要垫布熨烫，或熨烫衣物反面，防止产生极光或烙印水渍，影响美观。例如，领带的面料多是丝绸，衬里一般是用细布衬或细麻衬。要用中低温度，熨烫速度要快，熨烫时要垫上一块干布，切勿让蒸汽直接沾到领带上。

6. 百褶裙：先熨烫裙头，把所有褶痕的位置固定好，然后逐一熨烫褶痕。将每条褶痕熨烫平直以后，揭起褶位熨烫其底部，进一步固定褶皱位。

7. 唐装：应该选择电蒸汽熨斗熨烫。温度要适中，一般在30℃—40℃就可以了。

8. 皮革服装：温度应掌握在80℃以内，熨时要不停反复移动，用力要轻。同时，要用清洁的薄棉布做衬熨布，防止熨斗直接接触皮革，否则容易烫损皮革。

四、针线缝纫技巧

常用手工缝纫针法有平针缝、疏缝、假缝、回针、倒针缝、锁边缝、包边缝、扣眼缝、藏针缝等。

1. 平针缝(图6-11)是最常用最简单的一种手工缝纫方法，通常用来做一些不需要很牢固的缝合，以及做褶裥、缩口等。可以一次多挑几针然后一起拉紧线头。平针的针脚距离一般保持在0.5厘米左右。

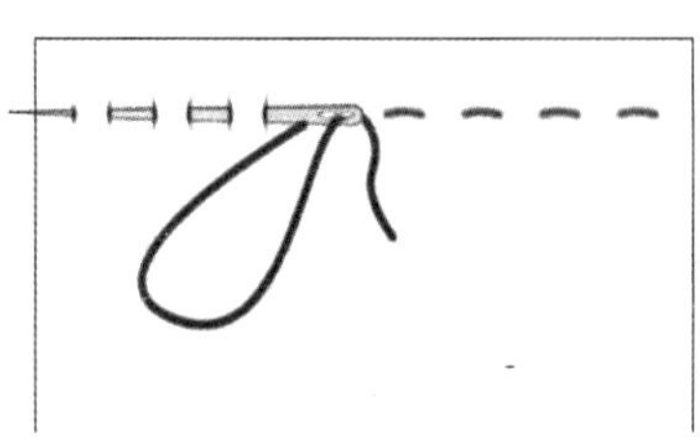

图 6-11　平针缝

2. 疏缝、假缝和平针的针法一样，但针距较大，这种手缝方法通常用来做正式缝合前的粗略固定，为的是方便下一步的缝合，作用类似于珠针。

3. 回针、倒针缝(图6-12)为针尖后退式的缝法，这是类似于机缝而且最牢固的一种手缝方法，可有效防止开线，常用来缝合拉链、裤裆等牢固度要求较高的地方。有返回到一个针眼的全回缝，还有返回到前一个针距一半的半回缝。

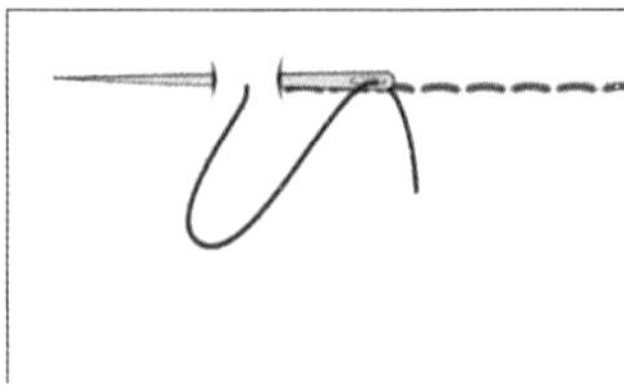

图 6-12　回针、倒针缝

4. 锁边缝(图 6-13)一般用于缝制织物的毛边，以防织物的毛边散开。

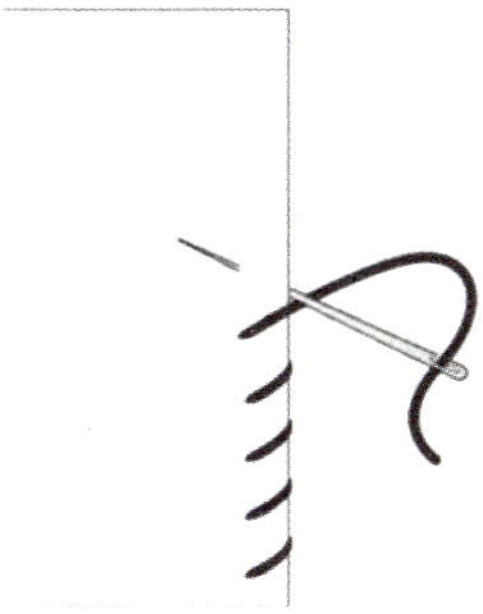

图 6-13　锁边缝

5. 包边缝(图 6-14)和扣眼缝(图 6-15)较为相似，其用途和锁边缝一样，但后两者的装饰性和实用性都要更强一些。

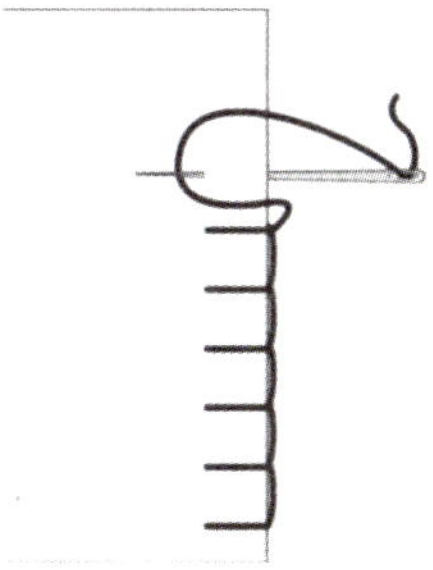

图 6-14　包边缝

图 6-15　扣眼缝

6. 藏针缝(图 6-16)能够将线迹隐藏起来，常用于不易在反面缝合的区域。

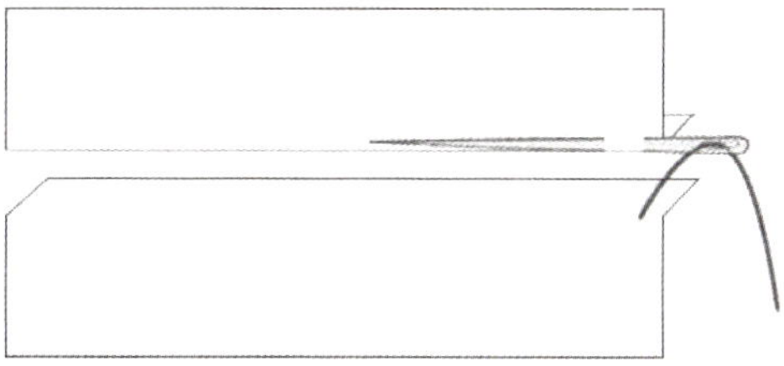

图 6-16　藏针缝

延伸阅读

废旧衣物，可别一扔了之

“新三年，旧三年，缝缝补补又三年。”在物资极为匮乏的年代，一件衣服可以穿很多年。随着生活水平的提高，很多人渐渐从衣服“不够穿”变成了衣服“穿不完”。每到换季时，都能整理出一批废旧衣物。它们成为“鸡肋”，甚至被一扔了之。

如果把衣服扔了，带来的问题也不少。一般说来，废旧衣物中化纤的比例高达60%—70%，它们混在生活垃圾里，被填埋后仍难以降解，会污染土地。烧掉也不是个好办法。一些小工厂低价买来废旧衣物当燃料使用，会产生有害气体，污染空气。更何况，有些废旧衣物没有运往垃圾场，而是直接流入二手市场。这些未经严格处理的衣物可能携带细菌、病毒或寄生虫等，直接或间接使用都会危害人体健康。

我国每年大约有2600万吨旧衣物被扔进垃圾桶，而它们的再利用率却非常低。如何合理回收利用废旧衣物是一个迫切需要解决的问题。

通常回收废旧衣物的做法比较单一，只是在居民小区里放置回收箱。固定的回收箱的确便民，但其管理上存在着许多漏洞。回收箱中的废旧衣物需要安排专人收集、运输，增加了成本，其数量增加了，服务质量不一定跟得上，有时回收箱已经“超载”却无人来收。回收箱还可能成为拾荒者的“淘宝地”，导致废旧衣物以违规方式流向二手市场。在回收废旧衣物这件事情上，上海的做法是由政府主导，回收公司统一回收。除设置回收箱外，还通过市民电话预约上门收集、市民自付运费寄送、企事业单位组织募集活动等多种途径进行回收。英国则有着慈善商店、衣物回收银行、社区衣物回收箱、上门回收、再利用中心等多条废旧衣物回收渠道。这些做法都取得了不错的效果。

对回收的废旧衣物，如何规范处置，做到物尽其用呢？首先，废旧衣物要经历一次严格的“面试”。那些成色较新、没有破损的衣物应先送往水洗区清洗，然后接受高温高压消毒，最后进行烘干、包装。焕然一新后，可以送给慈善机构或直接捐赠给贫困地区。而“面试”后“落选”的那些衣物，会根据棉、毛、化纤等面料再次分类，然后送到有资质的加工企业进行处理，制成可再利用的工业原料。比如白色棉织物和有色织物，纤维化处理后可以变为棉纱、无纺布；涤纶织物进行化学处理分解，则可变为涤纶原料。经过这样的处理，废旧衣物就可以实现循环再利用了。

任务实施

联系文章内容，对李大妈和沈阿姨处理废旧衣物的做法进行评价。

李大妈：我把旧衣服剪成小块，用来擦油烟机，用完扔掉，还省得洗抹布了。

沈阿姨：我把家里的旧衣物直接打包，寄往贫困山区，也算献了份爱心。

案例分析

孩子学做家务，就像小鸟要学习飞翔一样

近日，某地一位女士在朋友圈招聘保姆照顾自己大学一年级的女儿一事引发网友热议。该女士称自己平时很忙，没有时间照顾女儿。女儿虽然上大学了，但是从小没有做过家务，所以想找一个保姆照顾她。

其实就一般钟点工的小时工资而言，算不上奢侈。假设该女士是给自己家里请保姆，绝不会有人说三道四。那么，她的做法为何会惹来争议呢？其实，比较容易引发反感的关键词是“大学生”和“从小没做过家务”。大学生过的是集体生活，属于自己的“一亩三分地”也就是宿舍里的书桌和床，所谓“家务活”无非就是生活自理罢了。如果这些事都不会做、不愿做，且“从小没做过家务”，就实在说不过去了。家务劳动和各种学校课程一样，都应当属于从小就得学习的必修课。真正关心孩子未来的父母，就要为孩子们提供两个基础：爱和家务活。要知道，让孩子一辈子躺在父母的羽翼下并非什么好事。

爱孩子的父母，就会让孩子们接受正常的家务训练，因为这就像小鸟学习飞翔一样自然。

任务实施

家务打卡

利用周末或假期回家的时间多参与家务劳动，比如和父母一起做一次家庭大扫除，为家人洗一次衣服、做一次饭菜等。进行一次家务打卡，晒出自己在家劳动的照片。

第二节　食有味

“民以食为天”“人生万事，吃饭第一”，食是最重要不过的。但是，要想吃必须要先学会“做”，做饭这样的“小事”是独立生活的一个重要技能。不要小瞧做饭，从胃到心，从家常菜到营养均衡、色香味俱全的佳肴，其中处处都是学问。通过做饭还能锻炼自己协调、统筹安排的能力，如怎样在最短的时间内为大家呈上美食等。给自己的

家人和朋友做一顿可口的饭菜，从最直接的感官上去照顾家人，会让人幸福感倍增。柴米油盐既是一种锻炼，也是一种成长。享受烹饪的乐趣，用心在一餐一饭，热爱生活，从学会做饭开始。

一、我国的饮食文化

我国饮食文化博大精深，有人说，到达一个文化的核心的最好方法之一，就是通过它的肠胃。我国饮食文化是中华民族在长期劳动中所创造的，异彩纷呈，博大精深。作为大学生，学做饭，首先要了解我国悠久的饮食文化。

（一）原料丰富

我国幅员辽阔，各种地形地貌交错，自然地理条件具有复杂性和多样性特征，正是这种特征造成了生态环境的区域差异，形成了各式各样的饮食文化圈，如东北饮食文化圈、京津饮食文化圈、黄河中游饮食文化圈、黄河下游饮食文化圈、长江中游饮食文化圈、长江下游饮食文化圈、西北饮食文化圈、西南饮食文化圈、东南饮食文化圈、青藏高原饮食文化圈等。地理条件的复杂和多样也决定了可食用原料品种分布的差异性和丰富性。

（二）风味多样

我国的烹饪以菜肴味道的美好、谐调为度，“度”以内的“鼎中之变”决定了中国菜的丰富和富于变化。常见烹饪方式有炒、炸、焖、爆、煎、烩、煮、蒸、烤、腌、冻、拔丝、糖醋等，即使是同一道菜，不同的厨师也会做出不同的口味来，因而中国烹饪界流传着“千个师傅千个法”的标准和“适口者珍”的准则。中国人对饮食追求的是色、香、味、形合一的“意境”。八大菜系是最直接的体现，各菜系在原料选用、烹调技艺、口味等方面均特点鲜明。

（三）四季有别

按季节选择食材和烹饪方式，是我国饮食文化的一大特征。在《礼记·月令》中就明确记载，进食应与宇宙节律协调同步，春夏秋冬、朝夕晦明，要吃不同性质的食物，甚至加工烹饪食物也要思考季节、气候等因素，反对颠倒季节。孔子也说，“不食不时”。人们往往按季节变化来调味、配菜，如冬天多炖焖煨，味浓醇厚；夏天多凉拌冷冻，清淡凉爽。

（四）食医合一

我国讲究食医合一，有“医食同源”“药膳同功”的说法，即利用食物的药用价值，做成各种美味佳肴，达到对某些疾病进行防治的目的。“食医合一”是实践与认识不断深化发展的历史性结晶，“食饮必稽于本草”已成为饮食养生专家们的饮食原则。“药膳”也是我国特色饮食文化的体现之一，将中药与食物合理搭配烹调，既具有滋补保健作用，又美味可口。

知识链接

《论语》食道

《论语·乡党》云："食不厌精，脍不厌细。食饐而餲，鱼馁而肉败，不食。色恶，不食。臭恶，不食。失饪，不食。不时，不食。割不正，不食。不得其酱，不食。肉虽多，不使胜食气。惟酒无量，不及乱。沽酒市脯不食。不撤姜食。不多食。祭于公，不宿肉。祭肉不出三日。出三日，不食之矣。食不语，寝不言。虽疏食菜羹，瓜祭，必齐如也。"

延伸阅读

我国八大菜系介绍

鲁菜

鲁菜是北食的代表，对京、津、东北各地的影响较大。鲁菜是由济南和胶东两地的地方菜演化而成的，其特点是清香、鲜嫩、味纯。济南菜擅长爆、烧、炸、炒，十分讲究清汤和奶汤的调制，清汤色清而鲜，奶汤色白而醇。其著名品种有糖醋黄河鲤鱼、红烧海螺、奶汤蒲菜等。胶东菜以烹制各种海鲜见长，口味以鲜为主，偏重清淡，其著名品种有干蒸加吉鱼、油爆海螺等。鲁菜常用的烹调技法有 30 种以上，其中尤以爆、炒、烧、塌等最有特色。爆用旺火烈油使食材迅速成熟，营养素保护好，食之清爽不腻。烧有红烧、白烧等，九转大肠是烧菜的代表。塌是山东独有烹调方法，其主料要事先用调料腌渍入味或夹入馅心，再蘸粉或挂糊，两面塌煎至金黄色。放入调料或清汤，以慢火收尽汤汁，使之浸入主料，增加鲜味。山东的锅塌豆腐、锅塌菠菜等，都是久为人们所乐道的传统名菜。

川菜

川菜以成都菜、重庆菜为代表。重视选料，讲究规格，分色配菜主次分明，鲜艳协调。其特点是酸、甜、麻、辣香、油重、味浓，注重调味，离不开三椒(辣椒、胡椒、花椒)和鲜姜，以辣、麻著称。川菜风味独特，有一菜一味、百菜百味的美誉。烹调方法擅长于烤、烧、干煸、蒸。川菜有七滋八味之说，七滋指甜、酸、麻、辣、苦、香、咸；八味即鱼香、酸辣、椒麻、怪味、麻辣、红油、姜汁、家常。在口味上川菜讲究一菜一格，色、香、味、形俱佳，代表菜肴有怪味鸡、麻婆豆腐等。李白、杜甫、苏轼、陆游等都和川菜有不解之缘，从他们的诗篇中都可见此间川菜风味。

粤菜

粤菜是由广州、潮州、东江等地方菜发展而来的。菜的原料较广，花色繁多，形态新颖，善于变化，讲究鲜、嫩、爽、滑，一般力求清淡，调味有所谓五滋(香、酥、软、肥、浓)、六味(酸、甜、苦、咸、辣、鲜)之别。其烹调擅长煎、炸、烩、炖、煸等，菜肴色彩浓重，滑而不腻。著名的菜肴品种有盐焗鸡、蚝油牛肉、烤乳猪、干煎大虾和冬瓜盅等。

闽菜

起源于福建省闽侯县。它是由福州、泉州、厦门等地的菜肴发展起来的。其特点是色调美观、滋味清鲜。烹调方法长于炒、熘、煎、煨，尤以糟最具特色。由于福建地处东南沿海，盛产多种海鲜，如海鳗、蛏子、鱿鱼、黄鱼、海参等，因此闽菜多以海鲜为原料烹制，别具风味。著名菜肴有醉糟鸡、酸辣烂鱿鱼、太极明虾、清蒸加力鱼、荔枝肉等。

苏菜

苏菜以苏州、扬州、南京、镇江四大菜为代表，其特点是浓中带淡，鲜香酥烂，原汁原汤浓而不腻，口味平和，咸中带甜。其烹调技艺长于炖、焖、烧、煨、炒。烹调时用料严谨，注重配色，讲究造型，四季有别。苏州菜口味偏甜，配色和谐；扬州菜清淡适口，主料突出，刀工精细，醇厚入味；南京、镇江菜口味和醇，玲珑细巧，尤以鸭制的菜肴负有盛名。著名的菜肴有清汤火方、西瓜鸡、盐水鸭等。

浙菜

由杭州、宁波、绍兴、温州等地的菜肴发展而成。其特点是清、香、脆、嫩、爽、鲜。浙江盛产鱼虾，又是著名的风景旅游胜地，湖山清秀，山光水色，淡雅宜人，故其菜如景，不少名菜来自民间，制作精细，变化较多。烹调技法擅长炒、炸、烩、熘、蒸、烧。久负盛名的菜肴有西湖醋鱼、生爆鳝片、东坡肉、龙井虾仁、清汤鱼圆、干菜焖肉、大汤黄鱼、爆墨鱼卷、锦绣鱼丝等。金华火腿，加上举世闻名的杭州龙井茶叶、绍兴老酒，都是烹饪中的上乘原料。

湘菜

湘菜以湘江流域、洞庭湖区和湘西山区的菜肴为代表发展而成，其特点是用料广泛，油重色浓，多用辣椒、熏腊，口味注重香鲜、酸辣、软嫩。烹调方法擅长腊、熏、煨、蒸、炖、炸、炒。其著名菜肴有腊味合蒸、东安子鸡、麻辣子鸡、冰糖湘莲等。

徽菜

徽菜以沿江、沿淮、徽州三地区的地方菜为代表，其特点有四。一是就地取材，以鲜制胜。徽地盛产河鲜家禽，就地取材使菜肴地方特色突出并保证鲜活。二是善用火候，火功独到。根据不同原料的质地特点、成品菜的风味要求，分别采用大火、中火、小火烹调。三是娴于烧炖，浓淡相宜。除爆、炒、熘、炸、烩、煮、烤、焐等技法各有千秋外，尤以烧、炖及熏、蒸菜品而闻名。四是注重天然，以食养身。徽菜继承了医食同源的传统，讲究食补。烹调方法长于烧、焖、炖。著名的菜肴有葡萄鱼、八公山豆腐、符离集烧鸡、火腿炖鞭笋、雪冬烧山鸡等。

二、饮食与健康

饮食养生源于医食同源的认识和食医合一的思想与实践。先秦时代，把养生主张表达得最丰富的莫过于老子和庄子。饮食养生不同于饮食疗疾。饮食疗疾是一种针对已发疾病的医治行为，而饮食养生则是旨在通过特定意义的饮食料理达到健康长寿目的的理论和实践。因而饮食养生也不同于一般意义上的饮食保健。

（一）平衡膳食，吃出健康

中国营养学会正式发布的《中国居民膳食指南(2022)》将平衡膳食(图 6-17)总结为 8 条准则，分别是：食物多样，合理搭配；吃动平衡，健康体重；多吃蔬果、奶类、全谷、大豆；适量吃鱼、禽、蛋、瘦肉；少油少盐，控糖限酒；规律进餐，足量饮水；会烹会选，会看标签；公筷分餐，杜绝浪费。

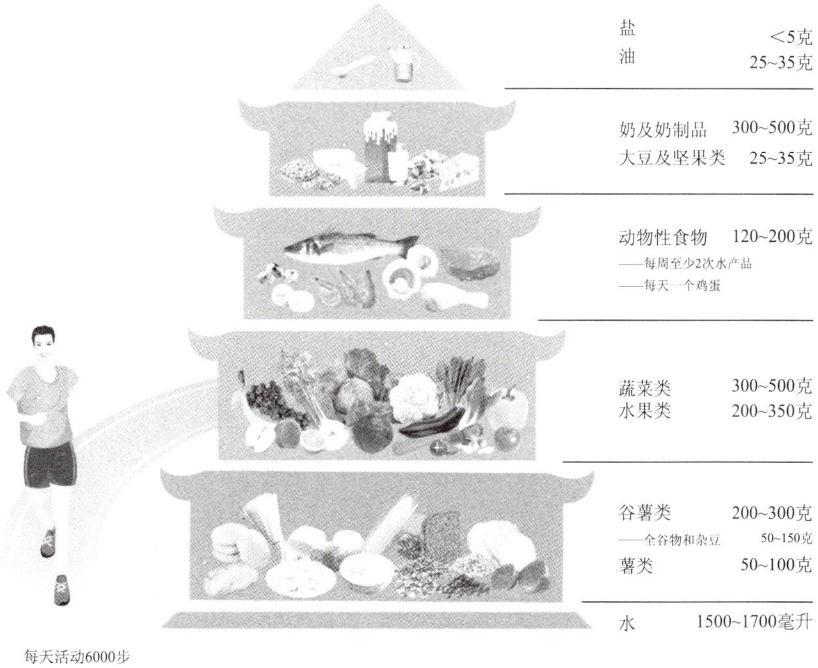

图 6-17　中国居民平衡膳食宝塔

（二）食不过量，保持运动

进食量和运动是保持健康体重的两个主要因素，食物提供人体能量，运动消耗能量。保持健康应保持进食量和运动量的平衡，使摄入的各种食物所提供的能量既能满足机体需要，而又不造成体内能量过剩，使体重维持在适宜范围。常用体重测量标准如下所示：

$$标准体重=身高-105$$

$$BMI=\frac{体重}{身高^2}$$

其中，标准体重的单位为千克，身高的单位为厘米。正负10%范围为正常体重。BMI为体重指数。BMI=18.5—23.9，则为正常体重；BMI=24.0—27.9，则为超重；BMI≥28.0，则为肥胖。

知识链接

饮食十经

1. 饮食勿偏，“凡所好之物，不可偏耽，耽则伤身生疾，所恶之物，不可全弃，弃则脏气不均”。
2. 食宜清淡，“味薄神魂自安”；饮食要“去肥浓，节酸咸”“薄滋味养血气”。
3. 饮食适时，“不饥强食则脾劳，不渴强饮则胃胀”“要长寿，三餐量腹依时候”。
4. 适温而食，“食宜温暖，不可寒冷”“食饮者，热勿灼灼，寒勿沧沧”。
5. 食要限量，“饮食有节，则身利而寿登益，饮食不节，则形累而寿命损”“大渴不大饮，大饥不大食”。
6. 食宜缓细，“饮食缓嚼有益于人者三：滋养肝脏；脾胃易于消化；不致吞食噎咳”。
7. 进食专心，“食不语，寝不言”，有利于胃纳消化。
8. 怒后勿食，“人之当食，须去烦恼”“怒后勿食，食后勿怒”，良好的精神状态于保健有大益。
9. 选食宜慎，“诸肉臭败者勿食，猪羊疫死者不可食，曝肉不干者不可食，煮肉不变色者不可食”。
10. 餐后保健，“食毕当漱口数次，令人牙齿不败、口香，叩齿三十六，令津满口，则食易消，益人无百病。饱食而卧，食不消成积，乃生百病”。

任务实施

探究活动——交流饮食习惯

将自己一日三餐的情况写在资料卡上，对照食物结构金字塔，结合“资料卡”分析自己的饮食结构，互相说说自己的饮食结构是否科学。

三、饮食原料

俗话说，“巧妇难为无米之炊”，这说明了各种材料对成品的重要性。

（一）烹饪的原材料

烹饪原材料可以分为粮食、蔬菜、肉类及肉制品、蛋奶及蛋奶制品、果品等。

1. 粮食是制作各种主食的原料的统称，包括谷类、豆类、薯类以及它们的制品。粮食的主要成分为碳水化合物，也可以为人们提供蛋白质、脂肪、无机盐、维生素等。我们的膳食结构中80%的热量来自粮食，可以说粮食类原料为人体提供了生活中大部分的热量。

2. 蔬菜中含有丰富的营养成分，特别是维生素、无机盐，它们对于维持人体的机能发挥着相当重要的作用。蔬菜类原料在菜肴中既可做主料，又可做辅料，应用极广。绝大多数蔬菜可以作为主料制作菜肴。

3. 肉类包括畜禽肉及动物类水产品。畜禽肉是人体优质蛋白、脂类、脂溶性维生素和B族维生素的主要来源。水产品是指可食的有一定经济价值的水生动、植物。动物类水产品大致可分为海洋鱼类，淡水鱼类，虾、蟹、贝类等。它们在营养作用上各有特点，大多数蛋白质含量高，脂肪含量低，且含多种维生素、无机盐，具有较高的营养价值。

4. 蛋奶及蛋奶制品是优质蛋白的重要来源。生活中常见的奶制品主要有鲜奶、酸奶、奶粉、干酪、奶油等；常见的蛋类食物有鸡蛋、鸭蛋、鹅蛋等。关于蛋类和奶制品的日均摄入量，《中国居民膳食指南(2022)》给出了相关数据作为参考，在日常生活中可根据自身的体质和营养状况进行调整。

5. 果品是烹饪中不可忽视的一类原料，其品种多，运用广泛。果品类原料既可以用拔丝等烹调方法制作热菜，同时又可以制作可口的汤、粥，在面点和西餐中的应用也是比较广泛的。果品原料可以分为：①仁果类，如苹果、梨等；②核果类，如桃、李子等；③浆果类，如龙眼、香蕉等；④坚果类，如栗子、松子等；⑤柑橘类，如柑橘、柚子等；⑥复果类，如菠萝、草莓等。

任务实施

以日常生活常见的菜肴为例，讲述谷物原料在烹饪中的作用。

（二）烹饪调料

调味品是人们日常生活中必不可少的，它虽然在膳食中不是主料，却是构成菜肴的重要部分。常用的调料有葱、姜、蒜、糖、味精、盐、酱油、醋、花椒、胡椒等(图6-18)，几乎每样菜式的用料都达到两种以上。在熟悉这些调料后，可以继续来了解在什么场合对调料使用“加法”，什么时候使用“减法”。

1. 食用油具有增加营养、补充热量、增加风味、迅速传热、保水防干、保温、增加和保护菜点的色彩、使菜点的造型美观、改变菜肴的质感的作用。常见的食用油有花生油、菜籽油、芝麻油等。

2. 食盐的本味是咸，它是各种味道的基础，被称为百味之本。盐的作用主要是出鲜味、去异味、保鲜食物。盐一般后放，可使菜更鲜嫩，但盐不宜多吃。

3. 糖既是甜味的主要来源，又能与其他调料如盐、醋一起调出鲜美的复合味。糖的作用主要有：增加口感；增色，使食物色鲜红、亮而不暗。

4. 酱油主要有生抽和老抽两种。生抽一般用来调味，味道咸、鲜；老抽一般用来上色，颜色重、味道咸。

5. 食醋诞生之前，人们一般用梅调味。醋的作用有：去腥味，所以做鱼类菜时常放醋；发出醇香味，增加菜肴色香味；解油腻。醋一般在菜加热后放，以免丧失特有的香气，造成只酸无香。常见的醋有镇江香醋、山西老陈醋、福建红曲米醋、四川保宁醋等。

6. 葱姜蒜等也是重要调味剂，烹调时要注意以下两点：①葱、蒜都要炒生一点，香气才浓；②姜要与原料一起放入同时加热，才能有效去除腥味和膻味。

7. 辛香料是一些干的植物的种子、果实、根、树皮做成的调味料的总称，如胡椒、丁香、肉桂等。常用于去腥及提高菜肴风味。

四、饮食烹饪

（一）烹饪方式

中国菜讲究色、香、味俱全。人们为了做出美味的菜肴，不断创新，数千年来流传下来了极其复杂多变的烹饪方式。单就常用的烹饪方法而言，就有煎、炒、烹、炸、熘、焖、炖、煮等。而每种烹饪方法又有不同的分类，如炒可分为生炒、滑炒、熟炒和干炒等，炸可分为清炸、干炸、软炸、酥炸等。每种食物都能够用多种不同的烹饪方法烹制。例如，鱼能够清蒸、红焖、炖；鸡肉能够先过油翻炒、小火慢炖熬制成美

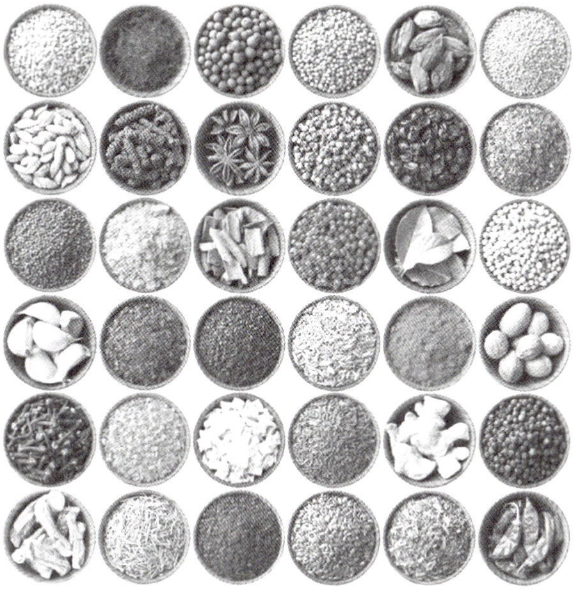

图 6-18　常用烹饪调料

味的鸡汤；等等。

（二）烹饪火候

火候，是菜肴烹调过程中，所用的火力大小和时间长短。根据火力大小可分为旺火、文火、微火三种。烹饪时可根据不同需要进行选择。

1. 根据原料质地来确定。软、嫩、脆的原料多用旺火速成，老、硬、韧的原料多用微火长时间烹调。

2. 根据烹调技法来确定。炒、爆、烹、炸等技法多用旺火速成。煨、炖、焖等技法多用微火长时间烹调。

3. 有些菜根据烹调要使用两种或两种以上火力，如清炖牛肉就是先旺火，后微火；而余鱼脯则是先微火，后文火；干烧鱼则是先旺火，再文火，后微火烧制。

（三）烹饪安全

1. 用电安全

闲置的电器或使用完的电器应拔掉电源插头，避免线路超负荷工作。一旦家用电器或线路着火，要先切断电源，再用干粉或气体灭火器灭火，千万不可直接泼水灭火，以防触电或电器爆炸伤人。

2. 用火安全

烹饪过程中如要离开灶台，或者灶台已经不在自己的视线范围之内，一定要记得关掉火源，养成“随手关火”的习惯。一旦烧干锅引发火灾，首先要关闭燃气总阀门，阻止火势继续蔓延，同时降低周围温度，使用泡沫灭火器进行灭火。万一厨房火情扩大，无法自救，可以将厨房门关闭，拨打 119，等待消防队前来救援。

（四）其他注意事项

1. 做饭时可穿长袖衣裤以保护皮肤和四肢，避免烤箱的热气，掉落的刀子、重物，飞溅的滚烫液体等带来的伤害。

2. 使用含锋利物品的电器(切割机、搅拌机、研磨机等)，在最后进行清洗等处理时，要先拔掉插头，防止误触、误碰带来的意外启动，导致危险的发生。

3. 刀不快时要记得磨刀，否则使用时可能导致滑切。

4. 切菜要用砧板，而且要做好防滑，可以在砧板下面垫一块半湿的毛巾，以免因砧板滑动而切到手。

5. 准备一个隔热手套，放在随手可以拿到的地方。没有隔热手套可以用毛巾等代替，但是要确保这些东西是干的。因为有水的毛巾吸热速度很快，如果皮肤暴露在温度超过 70℃的东西上面，立刻就会被烫伤。

6. 掀锅盖时要往锅盖后面站，这样溢出的热气就不会伤到自己。另外在倒出锅内的热水时，动作要慢一点，避免被蒸汽伤到。

7. 食材尽量滤干水再下锅，以免热油飞溅伤到自己。

案例分析

某省燃气集团公司安检工在某小区一栋楼内安检时，隐约闻到一股刺鼻的气味。他马上用测漏仪挨家挨户测门缝，当他测到 5 楼右门时，测漏仪指数马上升到顶点。他急忙敲门，一位大娘开门后，浓烈的刺鼻气味扑面而来。安检工迅速跑进厨房，发现炉具的火已经熄灭了，但是天然气还在呼呼往外冒。他赶紧关好燃气阀门，打开门窗，并把大娘拉到门外。原来，当天大娘独自在家，锅里的汤溢出后熄灭了炉火也没发现。

分析

天然气、人工煤气、液化气均属易燃易爆气体，少量泄漏在空气中形成较低的浓度，不会引起失火、爆燃等事故。但是，如果气体泄漏量较大或慢慢积累，达到一定的浓度，遇到明火就会燃烧甚至爆炸。

处置

使用天然气或液化气做饭、烧水时，锅、壶里的汤、水不要盛得太满，以防止汤水沸腾溢出浇灭火焰，造成漏气。发现燃气泄漏时，首先应关闭燃气进气阀门，开窗通风，并熄灭一切火种和控制产生火花的其他行为，即做到“六不要”：不要开启和关闭正在使用中的任何电气设备、不要在室内使用固定电话或移动电话、不要按动邻居的门铃、不要开启任何煤炉或气炉、不要使用火柴或打火机、不要用明火试漏。

第三节　居有序

《黄帝内经》指出，要保持健康，应饮食有节、起居有常、劳作有序。起居有常，即生活起居有规律，合乎卫生。这是《黄帝内经》养生学说的重要内容之一。起居亦应有序，有序的生活会让人们心情舒畅，对我们的学习和工作都有极大的益处。

一、居所整洁

有人说，看一眼你的房间，就能知道你的人生状态。

1. 养成每天都要打扫房间的习惯。

2. 除了要经常打扫之外，还要保持良好的习惯，如常用的东西要固定放在一个位置上，常倒垃圾，保持室内空气清新。

3. 整理衣柜、鞋柜柜内的物品，应摆放整齐、安排有序。打扫表面的浮灰时，不要用含碱性和刺激性的化学物质。

4. 物品整理好后清洁室内地面，扫地时扫帚可以尽量下压，这样既能保证把灰尘、垃圾清扫干净，又能防止灰尘扬起。擦地的时候要用湿的拖布和干的拖布各拖一遍，把渣滓彻底清理干净。

5. 在打扫房间的时候，可以对平时不用的东西或者用旧的东西进行筛选和更换，防止随着时间的推移旧东西越积累越多。

小贴士

拖地小技巧

1. 衣物柔顺剂防静电。拖干净的地板，只要加点衣物柔顺剂就可以保持得更久。在拖地的水中倒上少量衣物柔顺剂，能够减少拖布纤维的摩擦，防止产生静电。

2. 食盐去污。在地板污渍处撒上点食盐，再用抹布轻轻摩擦几下，就能轻松擦掉油污。用温水加上食盐拖地，比用普通冷水拖地效果更好，还能有杀菌抑菌的效果，无论是木质地板还是瓷砖地面，都能得到很好的清洁，简单拖一次，地板就能光亮好几天。

3. 白醋和小苏打是对付油污的最强搭档。将少量的醋和小苏打均匀混入水中，不仅能轻松除尘，还能有效祛除油污。

4. 柠檬汁中的烟酸和有机酸具有极强的杀菌作用。拖地的时候，不妨在水里加上一些柠檬汁或者柠檬精油，会有事半功倍的效果。也可以用柠檬汁、橄榄油和水混合制成清洁剂，不仅清香怡人，还能除去油污、粉尘，日常的居家清洁都可以用上。

二、作息规律

规律的作息可以带给人们充沛的精力，有益于人们的生理和心理的健康，在安排作息时间时可参考表 6-2。

表 6-2　作息时间表

时间	作息安排
6：30—7：00	起床，喝一杯清水，改善晚上的缺水状态，为一天的学习或工作做准备
7：30—8：30	吃早饭，早饭不需要吃太多，但是要注意营养搭配，避免油腻
9：00—11：00	这个时间段是工作和学习的第一个黄金时期。大部分人在这个时间段内头脑清醒、思路清晰，因此可以开展工作和学习中较困难的部分
11：00 左右	吃点水果，经过一上午的工作和学习，我们的血糖会有一些下降，此时可以吃点水果，及时补充血糖
12：00—13：00	午餐，增添能量，以保证身体的能量所需
13：00—13：30	午休，每天保证 30 分钟的午休会使人精力充沛，还能起到保护心脏的作用
14：00—17：00	这个时间段是工作和学习的第二个黄金时期，应该做细致而密集的工作
18：00—19：00	吃晚餐。晚餐应该多吃蔬菜，少吃高热量和高蛋白的食物。同时要注意，晚餐应适量，吃太多会增加消化系统的负担，影响睡眠
20：00—21：00	可根据个人需求进行体育锻炼
21：00—22：00	看书或休息
22：30	上床睡觉，每天应尽量保证 8 小时的充足睡眠

任务实施

根据起居有常的原则，给自己或者家人创建一份作息时间表，并按照表格规定实施。进行填写记录，并观察自己或家人的变化。

表 6-3　作息时间记录表

时间	作息安排	变化记录
6：30	起床	

延伸阅读

《黄帝内经·素问·四气调神大论篇第二》选读

春三月，此谓发陈。天地俱生，万物以荣。夜卧早起，广步于庭。被发缓形，以使志生。……此春气之应，养生之道也。逆之则伤肝。……夏三月，此谓蕃秀。天地气交，万物华实。夜卧早起，无厌于日，使志无怒。……此夏气之应，养长之道也。逆之则伤心。……秋三月，此谓容平。天气以急，地气以明。早卧早起，与鸡俱兴，使志安宁。……此秋气之应，养收之道也。逆之则伤肺。……冬三月，此谓闭藏。水冰地坼，无扰乎阳。早卧晚起，必待日光。使志若伏若匿。……此冬气之应，养藏之道也。逆之则伤肾。

分析

《黄帝内经》指出，人的生命活动与大自然的规律相应相参。既然如此，人的起卧必然要顺应天时，顺应四季更替的规律。历史上，遵循起居有常这一规律，注意晨昏养生而长寿者不乏其例。唐代大诗人白居易，晚年隐居于河南洛阳香山时，终日与七老、九老相聚，他们年皆 70 岁以上。白居易在诗中说："晨光上东屋……扣齿三十六。""晚出看田亩，闲行村落旁。""旦暮两蔬食，日中一闲眠。便是了一日，如此已三年。"皇甫隆令这样做，活到 100 多岁。

三、物品有序

物品摆放有序，有利于查找、选择和使用，而杂乱无章则会适得其反。

1. 按照使用频率分类收纳物品，即常用的物品放在显眼处，不常用的物品收纳在柜子内。例如，厨房内台面上放置油、盐、酱、醋等常用物品，备用油、盐等放在橱柜中；将每天使用的拖鞋置于易拿取处，换季的鞋子放在不易拿取处；将每天出门需要换的衣服帽子等挂在随手可拿的地方，换季的衣服放在柜子里或收纳箱中。

2. 借助收纳盒。厨房的抽屉内可配置大小合适的收纳盒，将筷子、勺子等分别置于其中。书桌的抽屉内也可以借助不同的小盒子划分区域，使小物件井然有序。

3. 垂直收纳，即利用家或寝室内空着的墙面收纳物品。例如，在书桌的上方放置两层或者三层的隔板架，在厨房墙面悬挂收纳篮，等等。

4. 利用好角落空间。沙发、餐厅、卧室等处的角落是很好的收纳空间，好好利用这些角落空间(如放置移动的收纳架)，不仅不会使我们的住处显得拥挤，还会营造出特别的美感。

四、其他起居常识

（一）冰箱清洁保养

冰箱使用时间长了会产生异味并滋生嗜冷的病菌，如肝炎病毒、流感病毒、大肠杆菌等，危害人们的健康。因此使用过程中应定期清洁（每年至少2次）。清洁冰箱时应先切断电源，用布蘸上清水或清洁剂轻轻擦拭，然后用清水将清洁剂拭去。为防止损害箱外涂复层和箱内塑料零件，不要用洗衣粉、去污粉、碱性洗涤剂、开水、油类、刷子等清洁冰箱。

（二）床上用品的洗涤及保养

床上用品是与皮肤直接接触的，平时的清洁可根据季节的不同有所区别。夏季建议一周清洁一次，冬季建议两周清洁一次。可挑选好天气在户外晾晒，以便紫外线照射消毒除菌、灭杀螨虫等。

关于日常床上用品的保养也有几点建议：①套件床单宜勤换、勤洗，不可使用时间过长，那样会导致不易洗净。②易掉色的衣物不能与套件床单同时洗涤，以防止玷污套件床单。③洗涤床单前，可先将其浸泡30分钟左右，晾晒时要将床单的两边四角对齐拉平，不宜在烈日下暴晒过长时间，以防破坏套件里的天然纤维。④不宜将床单浸泡在肥皂粉中过夜，也不宜将肥皂粉直接撒在套件床单上用开水溶化，以免影响套件床单的色泽鲜艳度及造成色斑。⑤套件床单如长期不用，在收藏之前要洗净并充分晾干，以防细菌滋生。⑥套件床单系纯棉织物，不宜与酸性物质接触，以免被腐蚀，在洗涤中也应注意防止尖锐物品破坏织物。

任务实施

和同学们互相分享自己知道的起居常识。

第七章　校园劳动

【学习目标】

知识目标

1. 了解垃圾分类的意义，掌握垃圾分类的标准、原则。

2. 了解维护校园环境的意义，掌握维护校园环境的途径。

3. 了解美化寝室的意义，掌握建设文明寝室的标准。

4. 了解勤工助学的意义，掌握勤工助学岗位的要求。

素质目标

1. 在校园生活中，当好垃圾分类的倡导者、公共环境的维护者、寝室美化的时尚者和勤工助学的参与者。

2. 从我做起，从现在做起，从小事做起，养成劳动习惯。

课程导入

为落实垃圾分类工作要求，对外经济贸易大学将校园垃圾分类与劳动育人紧密结合，举办了“爱国卫生，绿色校园”垃圾分类志愿服务活动。共有 86 名志愿者报名参加，累计工作时长 180 小时。

2020 年 11 月 9 日 12：00，学校组织了志愿者线下培训会。会上着重强调了垃圾分类的必要性与紧迫性，介绍了垃圾分类工作的“应知应会”知识，并结合学校实际情况，对志愿者的工作提出了要求。

除了线下培训，校团委还为志愿者准备了垃圾分类科普视频。视频详细介绍了各种垃圾的特点、分类方法和背后的科学依据，帮助志愿者全面理解工作内容，掌握工作技能，提升服务水平。

11 月 10 日起，“爱国卫生，绿色校园”垃圾分类志愿活动正式展开。每天 12：00—13：00、18：00—19：00 两个时间段，志愿者们在校园内的 5 个位点上岗工作。校团委为志愿者提供了手套、抹布、分类夹等工具，用于全面擦拭、清洁垃圾桶并将混放垃圾重新分类。部分志愿者不仅分类了桶内的垃圾，还主动捡拾、清理了值守区附近地上散落的杂物。

除了自己动手分类垃圾，志愿者还指导其他同学进行垃圾分类。在指导过程中，志愿者不仅耐心介绍垃圾分类方法，还宣传垃圾分类的意义：“分类一件垃圾，只是处理了一件垃圾；教会一个人分类垃圾，却是从源头上减少了上百件错放的垃圾。”

活动中，共有超过 200 名同学接受了志愿者的垃圾分类科普。他们普遍反映，志愿者的介绍详细、全面，对自己做好垃圾分类很有帮助。①

第一节　垃圾分类倡导者

我国改革开放以来，特别是进入 21 世纪后，随着城市化进程的加快和人民生活水平的不断提高，城市生活垃圾以 5%—8%的年递增率不断增长。大量的城市生活垃圾若未经分类而是采用传统方法处理，就会带来不少问题。例如，填埋浪费土地资源，且处理过程中会出现渗滤液、废气、异味等问题；焚烧有损市容市貌，产生的有毒有害物质会危害生态环境；堆肥则存在有机质含量低，碎玻璃、硬塑料片等杂质不易降解，重金属含量高，异味大等问题。如何合理处置城市生活垃圾，是社会发展过程中需迫切解决的问题。

早在 2016 年，习近平总书记就在中央财经领导小组第十四次会议上的讲话中强调，普遍推行垃圾分类制度，关系人民生活环境的改善。2019 年春节前夕，习近平在北京考察民生时也特地叮嘱：“从每家每户开始就要培养垃圾分类的意识，养成这个习惯。”由此可见，垃圾分类是很重要的，每名大学生都应牢固树立垃圾分类的意识，做好垃圾分类的践行者和倡导者。

一、垃圾分类的意义

垃圾分类指按一定规定或标准将垃圾分类储存、分类投放和分类搬运，从而转变成公共资源的一系列活动的总称。其目的是提高垃圾的资源价值和经济价值，力争物尽其用。具体来说，垃圾分类有以下意义。

---

①　本部分内容来自对外经济贸易大学新闻网，http://news.uibe.edu.cn/info/1370/44014.htm，访问日期：2023-06-27。选入时有改动。

（一）节省土地资源

无论是垃圾填埋还是垃圾堆放，其实质都是将垃圾从一个地方运至另一个地方，仍然会占用稀缺的土地资源，且填埋或堆放地的土地资源将难以再次利用。例如，垃圾填埋场因为地面下填埋了垃圾，就不能够重新作为生活建筑用地，或要花费高额的修复费用才能再次使用。如将垃圾分类，去掉可以回收的和不易降解的垃圾，减少的垃圾数量就能达到60%或以上，从而节约大量土地资源。

（二）减少环境污染

如果垃圾没有进行彻底分类，只是通过填埋或堆放的方式处理，在这种情况下，就算是采用了相应的隔离技术也难以杜绝有害物质渗入土地，进而扩散污染空气、土地和水源，最终通过周围的植物或动物影响人类的身体健康和生命安全。而将垃圾分类，则可在很大程度上避免此类危害。

（三）循环利用资源

垃圾是放错了地方的资源。据调查，生活垃圾中有相当一部分是可以回收再利用的，如废塑料、废纸等。另外，某些垃圾能转化为资源，如焚烧垃圾可以发电、供热或制冷，砖瓦可以加工成建材，等等。所以，将垃圾分类、回收再利用，就可变废为宝，这是解决垃圾问题的有效途径之一。

（四）提高民众素质

由于经济的高速发展和科技的不断进步，人们的生产生活都迈上了新台阶，而随之产生的垃圾种类和数量也在急剧增加，这一问题如处理不当，轻则危害地区环境和人民健康，重则会对整个生态圈造成不可逆的伤害。如将垃圾分类，不仅能使民众树立珍惜资源、节约资源的环保意识，养成合理利用资源的良好习惯，还能提高个人素质修养，进而提升民众的整体素质。

二、垃圾分类的标准

2019年11月15日，住房和城乡建设部发布了《生活垃圾分类标志》标准，从2019年12月1日起正式实施。对比2008年标准，2019年新标准的使用范围进一步扩大，将生活垃圾类别调整为可回收物、有害垃圾、厨余垃圾和其他垃圾4个大类(图7-1)和12个小类(表7-1)。

图7-1　生活垃圾分类标志

表 7-1　生活垃圾种类

序号	大类	小类
1	可回收物	纸类
2		塑料
3		金属
4		玻璃
5		织物
6	有害垃圾	灯管
7		家用化学品
8		电池
9	厨余垃圾	家庭厨余垃圾
10		餐厨垃圾
11		其他厨余垃圾
12	其他垃圾	

注：除上述 4 大类 12 小类以外，家具、家用电器等大件垃圾和装修垃圾应单独分类。

小贴士

垃圾分类攻略

（一）基础版

可回收物（蓝）；

有害垃圾（红）；

厨余垃圾（绿）；

其他垃圾（黑）。

（二）30 秒进阶版

百姓开门七件事，事事都会生垃圾。

垃圾分类想做好，分门别类少不了。

残羹剩菜瓜果皮，菜叶肉类归绿桶。

玻璃金属饮料瓶，纸盒塑料归蓝桶。

电池药片杀虫剂，灯管油漆归红桶。

尿片陶瓷香烟蒂，纸巾尘土归黑桶。

红绿蓝黑要分清，文明行为多给力。

垃圾分类人人行，美丽环境要靠您。

三、践行垃圾分类

（一）掌握垃圾分类原则和投放要求

1. 分类原则

垃圾分类投放应遵循无害化、资源化、减量化的原则。无害化即把有毒有害的东西区分开来处理，杜绝垃圾污染环境的同时变废为宝，提取有用资源循环使用。资源化即减少有毒有害的垃圾对空气、土壤或水源等的污染，最大限度地保障人民身体健康，保障居住环境清洁优美。减量化即减少垃圾的排放量，就是垃圾产生后，经过回收阶段，减少需要进入城市生活垃圾处理处置系统的垃圾数量。

2. 投放要求

表 7-2 展示了各种垃圾的投放要求及示例。

表 7-2　各种垃圾的投放要求及示例

序号	大类	投放要求	小类	实物举例	备注
1	可回收物	鼓励居民直接将可回收物纳入再生资源回收系统，如需分类投放应尽量保持清洁干燥，避免污染，轻投轻放	纸类	适宜回收利用的各类废书籍、报纸、纸板箱、纸塑铝复合包装等纸制品	应保持平整，立体包装物应清空内容物，清洁后压扁投放
			塑料	适宜回收利用的各类废塑料瓶、塑料桶、塑料餐盒等塑料制品	清除残留物后再投放
			金属	适宜回收利用的各类废金属易拉罐、金属瓶、金属工具等金属制品	尖利器物应包裹后投放
			玻璃	适宜回收利用的各类废玻璃杯、玻璃瓶、镜子等玻璃制品	有尖锐边角的，应包裹后投放
			织物	适宜回收利用的各类废旧衣物、穿戴用品、床上用品、布艺用品等纺织物	捆绑后投放
2	有害垃圾	注意轻放（注：在公共场所产生有害垃圾且并未发现对应收集容器时，应将有害垃圾携带至设置有害垃圾收集容器的地点妥善投放）	灯管	居民日常生活中产生的废荧光灯管、废温度计、废血压计、电子类危险废物等	易破碎，应带包装或包裹后投放
			家用化学品	居民日常生活中产生的废药品及其包装物、废杀虫剂和消毒剂及其包装物、废油漆和溶剂及其包装物、废矿物油及其包装物、废胶片及废相纸等	废弃药品应连带包装一并投放；杀虫剂等压力罐装容器应破孔后投放
			电池	居民日常生活中产生的废镍镉电池和氧化汞电池等	应保持完好，如破损则应封装后再投放

续表

序号	大类	投放要求	小类	实物举例	备注
3	厨余垃圾	从产生时就与其他品种垃圾分开收集，投放前应尽量沥干	家庭厨余垃圾	居民家庭日常生活过程中产生的菜帮、菜叶、瓜果皮壳、剩菜剩饭、废弃食物等易腐性垃圾	纯流质（如牛奶）应直接倒进下水口；有包装物的应将包装物取出后分类投放
			餐厨垃圾	相关企业和公共机构在食品加工、饮食服务、单位供餐等活动中，产生的食物残渣、食品加工废料和废弃食用油脂等	
			其他厨余垃圾	农贸市场、农产品批发市场产生的蔬菜瓜果垃圾、腐肉、肉碎骨、水产品、畜禽内脏等	
4	其他垃圾	凡未列入以上三项或成分复杂难以分辨类别的生活垃圾，投入其他垃圾收集容器		常见的如餐巾纸、卫生间用纸、尿不湿、薄型塑料袋、污染较严重的纸张、灰土、大骨、贝壳、陶瓷碎片等	

注：家具和家用电器均不宜自行拆解，应投放至大件垃圾投放点或预约上门回收。

（二）践行垃圾分类

青年大学生是国家、社会发展的中坚力量之一，应主动学习垃圾分类知识，主动参与到垃圾分类相关活动中，在校园、家庭和社会中发挥自身群体的示范作用，积极做垃圾分类的倡导者和践行者。

实践活动

垃圾分类小游戏

实践目的

了解垃圾分类的知识，明确垃圾分类的一般方法，懂得垃圾分类的重要性。通过游戏培养学生主动参与意识和环保意识，让学生在做中学。

实践方案

1. 教师宣布实践活动的主题，明确实践要求。

2. 教师准备 4 种颜色的贴纸(每种颜色 10 张)，每张贴纸上随机写下一种生活垃圾的名称。

3. 将全班学生分为 4 个小组，每个小组选派 1 名代表上台领取 10 张颜色相同的贴纸。

4. 各组成员讨论后，派代表将 10 张贴纸分别投入与贴纸名称对应的“垃圾箱”里(本环节限时 2 分钟)。

5. 教师根据贴纸颜色与“垃圾箱”的对应情况，统计每组学生的得分。

6. 教师总结。

任务实施

1. 过期的珍珠奶茶是什么垃圾？应该如何投放？
2. 缠绕着胶带的快递纸箱是什么垃圾？应该如何投放？
3. 装有电池的废旧剃须刀是什么垃圾？应该如何投放？

第二节　公共环境维护者

校园是大学生学习和生活的主要场所。对大学生而言，校园公共环境的好坏不仅直接影响自身日常生活和学习质量，而且会在更深层次影响思维习惯的培养和良好行为习惯的养成；对学校而言，公共环境的好坏不仅直接影响学校的日常管理和教学，同时也会影响学校的形象和美誉度。所以校园公共环境显得尤为重要，需要人人出力、共同维护。

一、什么是校园公共环境

校园公共环境包括物质环境和精神环境两个部分，其中所有活动均具有鲜明的开放性和透明性。

校园物质环境是指校园内经过组织、改造而形成的，供学生开展日常学习生活的有形场所，主要包括教学区域、休闲区域等。

校园精神环境是指全校师生共同价值观的反映，主要体现为校风学风、文明规范等方面。

二、如何维护校园公共环境

干净有序的校园公共环境是大学生学习生活的重要基础，是提高学校运作效能和美誉度的基本保障，是和谐校园的重要标志。

（一）维护校园物质环境

维护校园物质环境主要是做好保洁工作，维护环境的干净整洁，主要包括以下几个方面。

1. 室内保洁

校园公共室内空间主要有教室、实训室、会议室、图书馆、机房等，要做好这些空间的室内保洁应该遵循相应顺序，可从以下几个步骤入手。

(1)全面检查。先查看室内是否有安全隐患、是否有物品损坏，如有应先向有关部门报告，排除后再开始清扫。

(2)除尘清扫。按先里后外、先上后下、先窗后门、先桌面后地面的顺序，先清扫天花板、墙角的蜘蛛网和灰尘，然后用抹布清理窗户玻璃、门面、桌椅的灰尘，最后用扫把和拖布清理地面的灰尘。

(3)整理归位。除尘清扫过程中挪动的桌椅板凳、实验器材、电子设备等物品，最后要摆回原位。

(4)清理垃圾。收集垃圾时应分类倒入相应的垃圾桶，并及时更换垃圾袋。

(5)检查关闭。清扫结束后，依次关闭窗户，同时全面检查有无遗漏的角落和环节，以确认保洁质量。如无问题，退至门口，关闭电源，锁门离开。

小贴士

室内保洁质量标准

室内整体干净无灰尘，
桌椅设备摆放很整齐。
桌面无乱涂乱画痕迹，
地面没有污迹和垃圾。
墙面无张贴张挂乱象，
窗户明亮空气更清新。
心情舒畅学习高效率。

2. 室外保洁

校园公共室外空间主要有走廊过道、楼梯平台、台阶、广场、车行道、人行道等。要做好这些空间的保洁，应该遵循相应顺序从以下几个步骤入手。

(1)全面检查。开始保洁之前先查看走廊、平台、台阶、广场、车行道、人行道等区域是否有安全隐患、是否有物品损坏，如有应先向有关部门报告，排除隐患、修复物品后再开始作业。

(2)清扫除草。先用扫把全面清扫地面，再用垃圾夹清理遗落在角落的树叶、纸屑等细小垃圾，最后用小锄头清除广场、台阶等周边的杂草。

(3)清运垃圾。收集垃圾时应分类装好，并运送至垃圾中转站。不得把垃圾倒入绿化带，更不能就地焚烧。

延伸阅读

无烟学校参考标准(适用于普通高等学校)

一、建立学校控烟制度

1. 建立由学校领导牵头，相关职能部门共同参与的控烟领导小组，相关职能部门职责明确。

2. 将控烟工作纳入学校年度工作计划，做到年初有计划、年终有总结。

3. 制定校内控烟管理规章制度。制度中应包括下列核心内容：

(1)任何人(包括外来人员)都不得在校园内指定吸烟区以外区域吸烟。

(2)学校应设有兼职控烟监督员或巡视员，并有明确的工作职责。控烟监督员、巡视员应接受过相关的控烟知识培训。

(3)将履行控烟职责的情况作为师生员工评优评先的参考指标之一。

(4)教师不在学生面前吸烟，不接受学生敬烟，不向学生递烟。

(5)教师应劝阻学生吸烟。

(6)有鼓励或帮助教职员工戒烟的办法。

二、除指定室外吸烟区外全面禁烟，营造良好无烟环境

1. 校园内除指定的室外吸烟区外，其他区域无人吸烟，非吸烟区无烟蒂、无吸烟者。

2. 校园内重点区域，如大门、教学楼、宿舍楼、实验室、行政楼、会议室、教师办公室、室内运动场、图书馆、教职工和学生食堂、接待室、楼道、卫生间等有醒目的禁烟标识。

3. 非吸烟区不得摆放烟灰缸及其他烟具。

4. 吸烟区设置合理(室外、通风、偏僻)。

5. 吸烟区悬挂、张贴烟草危害的宣传品。

6. 校园内禁止烟草广告和变相烟草广告。

三、开展多种形式的控烟宣传活动

1. 利用宣传栏、展板、广播、电视等形式进行控烟宣传。

2. 利用课堂、讲座等形式对学生开展控烟教育，将烟草危害、不尝试吸烟、劝阻他人吸烟、拒绝吸二手烟等内容作为控烟核心知识点。

3. 将控烟教育纳入新生入学教育内容。

4. 利用世界无烟日开展控烟宣传活动。

四、加强控烟监督检查

1. 控烟监督员能认真履行劝阻吸烟人在非吸烟区吸烟的职责。

2. 全体师生员工均有对在校园内违反控烟规定的行为进行劝阻的义务。

3. 定期组织对学校各部门、各院系控烟工作进行检查，每年至少一次。

3. 绿地保洁

校园内的绿地不仅可以美化物质环境，还有利于师生放松心态，保护视力。要做好绿地保洁，应该遵循相应顺序从以下几个步骤入手。

(1)清理落叶。用竹耙子将绿地内、绿篱带地面上的树叶、树枝耙下并堆积起来。

(2)捡拾垃圾。用垃圾夹把绿化地、绿篱带里的纸屑、塑料袋、快餐盒等垃圾夹走。

(3)清运垃圾。收集垃圾时应分类装好，并运送至垃圾中转站。

小贴士

绿地保洁质量标准

绿地内干净整齐，
无垃圾无枯枝叶，
无废弃物堆放。

（二）维护校园精神环境

和谐校园应该是物质环境与精神环境共同发展、相得益彰的。故在营造干净整洁的校园物质环境的同时，还应全校一盘棋，师生齐发力，遵循相应的校园文明行为规范。

1. 着装整洁得体，仪容端庄，行为举止高雅，谈吐文明；爱护校园一草一木，不随地吐痰、不乱扔垃圾，节约用水用电，珍惜粮食和生活用品，尽量少使用一次性用品。

2. 尊敬师长，友爱同学；敬老爱幼，乐于助人；说话和气，待人礼貌；男女交往，举止得体。自觉遵守学校各项规章制度，共同营造绿色健康、积极向上的校园氛围。

3. 树立集体荣誉感和主人翁意识，不做有损国家、集体和他人利益的事情，不参与任何有损学院荣誉、危害校园稳定、干扰教学与生活秩序的活动。

4. 自尊自爱，行为文明。不扰乱校园公共秩序，不起哄打闹，不在公共场所吸烟，不打架斗殴，不酗酒闹事，不着背心和拖鞋进入公共场所；不在学校进行宗教活动。

5. 参加会议、讲座、晚会等活动时，服从现场管理，遵守秩序，爱护设施设备。

6. 上网有节制、有理性。不沉湎于网络游戏和网上聊天；不观看、制作和传播黄色、暴力、反动信息；不在网络论坛发表歪曲事实、损害学校形象、侮辱他人人格、违背国家法律法规的言论；自觉抵制不良信息，不信谣，不传谣，不造谣。

7. 如遇突发事件，应服从学校统一指挥，配合应急处置。

三、做校园公共环境的维护者

青年大学生作为校园生活的主要参与者，要充分发挥主人翁精神，树立自觉维护校园公共环境的意识，掌握公共坏境保洁技能，做公共环境的维护者，合力打造干净整洁、风清气正的校园公共环境，助力日常学习和生活。

实践活动

文明引导，校园环境我维护

实践目的

通过活动引导学生发扬主人翁精神，爱护校园环境，为创造更加整洁、优美、温馨的学习和生活环境出自己的一份力。

实践方案

1. 教师宣布实践活动主题，明确实践要求。

2. 教师将学生分为 4 个小组，分别为：食堂卫生与环境维护引导小组、教室卫生与环境维护引导小组、公区卫生与环境引导小组、公共卫生间卫生与环境引导小组。

3. 教师要求各小组在划定区域范围内发现不文明、破坏公共卫生行为并予以引导和纠正。

4. 各小组选派代表进行总结汇报，并谈心得体会。

5. 教师总结。

任务实施

1. 你曾经参加过哪些校园公共环境保洁作业？是不是按照以上要求来做的？

2. 通过学习，你对校园公共环境的保洁任务有什么新的认识？

3. 维护校园公共环境应该从哪些方面入手？

第三节　寝室美化时尚者

一、为什么要美化寝室

《孔子家语·六本》云："与善人居，如入芝兰之室，久而不闻其香，即与之化矣。与不善人居，如入鲍鱼之肆，久而不闻其臭，亦与之化矣。"这足以说明周围环境对个人发展的重要影响。而大学寝室是集休息、学习及其他活动于一体的多功能校园生活的主要场所之一，是大学生综合素质教育的重要阵地，寝室的环境建设直接体现大学生的个人素质和团队氛围，直接影响大学生的精神状态和学业成效。大学生应充分认识到寝室环境的重要性，寝室成员应携手同心，合力创建整洁、文明、时尚、和谐的寝室环境。

二、怎样美化寝室

（一）勤打扫

打扫寝室卫生应该按照先里后外、先上后下、先窗后门、先桌面后地面的顺序，先清扫天花板、墙角的蜘蛛网和灰尘，然后用抹布清理窗户玻璃、门、桌椅、便池、水池的灰尘和污垢，最后用扫把和拖布清理地面的灰尘和污垢，最后将个人物品摆放整齐。

（二）创美化

爱美之心，人皆有之。在做好寝室卫生的同时，应积极开展美化寝室活动，这既可以创造美，又可以享受美，在劳动的同时提升自身审美意识。在美化寝室环境时，应从实际出发，遵循整洁、大方、节俭、温馨的原则，设计布置要有主题、有风格，体现思想性、知识性、艺术性和实用性。

小贴士

寝室创意美化小窍门

衣柜整理

大学寝室的衣柜大多是直筒式的，几乎没有隔断，在放置衣物时往往浪费了很多空间，且所有衣物平整地摆放在一起不便于拿取，所以可将衣物卷成圆柱体依次垒起来，这样既节约空间又方便拿取。此外，衣服隔板能够将衣柜分区，可以充分规划收纳空间。也可再购买一些多层收纳筐，将贴身衣物和帽子袜子分类收纳，这样既干净卫生，又一目了然。

桌面美化

如何让有限的桌面放置更多的物品？可利用网格板。网格板轻便实用且较便宜，不仅能将桌面上的物品有序摆放收纳起来，同时也是一种美观的装饰物。也可利用桌下挂篮，桌下挂篮能创造隐形收纳空间，可用于放置各种小物件。

床边装饰

床边挂篮和挂袋是非常实用的收纳装饰工具，既能放水杯、纸巾、钥匙，还能放书；既可保证床铺的整洁，又可避免爬上爬下来回取放东西。

绿色环保

绿色低碳环保是当下流行的理念，更应该成为大学生的生活方式。在美化寝室时可充分利用平时要丢弃的易拉罐、雪糕棍、牛奶盒、饮料瓶、废纸箱等生活垃圾，将其做成各种日用品或装饰品。这样不仅创意十足，美观实用，更践行了绿色的生活态度。

延伸阅读

“95后”男生打造“暖男寝室”①

长沙某职业学院的6名大一男生，花600元打造了呆萌暖男寝室。在这间寝室，不仅配有Wi-Fi，还设有咖啡吧、友谊吧等功能区。要是晚上失眠了，睁开双眼看到的不再是冷冰冰的天花板，而是浪漫“流星”和神秘星座。

废物改造主打环保

当记者敲开该校这间寝室的门时，一股香气扑鼻而来，寝室四面墙被复古红砖壁纸装饰得非常温馨。在进门左侧，一块摆着超大可爱泰迪熊、铺着紫色地毯的区域让人眼前一亮。

“这儿原来放着书桌，经过改造变成了‘咖啡吧’，供大家小憩或者看书。”穿着卡通连体衣的高同学是此次寝室设计的负责人。他说，从确定低碳环保的思路，到设计和实施改造，前后花了将近两个月的时间。寝室除了走复古风外，还融入了田园小清新元素，在每架床和床梯的边沿都缠绕着绿藤。此外，寝室中央还铺了块毛茸茸的地毯，上面放置了小书桌，这是友谊吧，用来增进室友间的友谊。

高同学和室友们还在寝室的天花板上用荧光纸手工贴出了“星空”。晚上大家不仅

---

① 来自《长沙晚报》，2015-01-08。选入时有改动。

可以欣赏到“流星”，还可观看到寝室每名成员的星座：“看到这些星座，就可以知道谁的生日近了。”

让这几名大男孩颇感自豪的是，改造总成本共600元。高同学透露，有些装饰物是废品再利用或旧物改造而成的。“绿藤是从晚会上捡回来的，相框是从纸箱子上剪下来的，墙上和柜子上的花卉图案也是室友手绘的，所以基本上没有花钱。”

“95后”很个性也很友爱

在该校的校园寝室文化节评选中，这间呆萌暖男寝室拿到了全校特等奖，引来不少学生参观。隔壁寝室的谭同学说：“除了吃饭、洗澡、睡觉、上课，基本上都在这间寝室，这里非常舒服，很有家的感觉。”

谈及改造寝室的初衷，高同学说，起初他只是忽然萌生了这一想法，在与大家交流后，很快得到了支持。“我们离家都比较远，而且一住就是三年，希望寝室就和家一样，成为我们的‘港湾’。”

在这间寝室里，大家亲密地称高同学为“高妈妈”。“进了门要脱鞋，东西乱了要及时整理，否则会被他唠叨。”室友陈同学说。寝室的6名男生都是“95后”，大家既个性十足，又团结友爱。

生活中难免产生矛盾，但在高同学和他的室友们看来，互相包容、珍惜友谊是他们彼此间的润滑剂，他们有个共同目标——为彼此留下美好的大学回忆。

（三）促和谐

大学寝室的同学通常来自不同地域，说着不同的方言，有着不同的生活习惯，所以在日常相处的过程中应互相理解、彼此照应，形成和谐的寝室氛围。同时还可开展健康有益的寝室文化活动，如志愿者活动、社会实践活动等，在培养高尚情操的同时增强寝室凝聚力。

案例分析

“学霸寝室”①

在武汉某高校有一个“学霸寝室”，六名同学经过辛勤的努力，收获了彼此满意的成绩——四人考上知名高校的研究生，两人顺利找到心仪的工作。“学霸寝室”中的同学们取得好成绩的秘诀是什么呢？答案很简单：良性内部竞争，携手共同成长。

团队合作，既锻炼默契又促进彼此成长

大学四年，六名同学多次获得各类奖学金和“优秀共青团员”“优秀共青团干部”“体

① 来自《楚天都市报》，2020-05-28。选入时有改动。

育先进个人”等称号。不仅如此，他们组团参加的省、市、校各级比赛，也收获颇丰。

这样一个优秀且默契的队伍是怎样形成的呢？答案就在他们共同参加的一次次比赛中。“由于我们的专业与道路桥梁相关，需要动手实践，作为在校生我们只能通过参赛的方式锻炼自己。”寝室长小杨说。虽然六名同学的性格不尽相同，但一次次团队合作、共同朝着一个方向努力的过程，让大家既保持了良性的内部竞争，也培养出了彼此的默契。

在学习时，寝室的六名同学虽然会“暗暗较劲”，但都十分坦然。在平时的学习中，室友们都会向彼此请教，大家也都十分愿意帮助彼此解答问题。慢慢地，互帮互助的“寝风”形成了，相互比较、相互促进的良性竞争也让他们更加上进。

大三下学期，六位室友组团参加世界大学生桥梁设计大赛的经历让小彭印象深刻。“作品截止上交的前三天，我们的桥梁模型出现一个漏洞，导致一条钢筋没连上，那三天我们除了上课和睡觉，一直都在为作品补漏。”小彭说。团结合作、共克难关是六位室友平日的写照，正是这一次次的协同合作，养成了六位室友的超强默契。

“糙”到宿舍无合照，却能察室友小心思

除了组团参赛外，寝室的同学们还有一个团队学习的小窍门——互帮互助。学习时，他们会遇到许多之前不曾接触的软件。虽然每个人对不同软件的接受快慢不同，但接受较快的室友总会单独辅导学习进度较慢的室友。不仅如此，他们还在课程复习时将知识点细分给每个人，共同进步，不落一人。

在采访时记者发现，在这个相处四年的寝室里，居然找不出六人的合照。正是这种大大咧咧的性格与平日对室友的细心照顾形成巨大反差。

临近毕业，六名同学都开始为未来打算，整个寝室一致选择了考研。“那时我们每天都会组团去图书馆复习，复习中发现不懂的考点时，其他室友都会热心地帮忙讲解。”小樊说。那时大家都非常自律，每天早上只要有一位室友的闹钟响起，其他室友都会跟着起床，绝不赖床。现在回想起来，小樊依然觉得很有趣。

准备考研的过程中，来自学习和生活的压力时常让大家感到心烦意乱。一次，在复习的过程中小杨因遇到一些困难而闷闷不乐，平日里性格大大咧咧的室友却细心地察觉到了他情绪的变动，用自己的方式，帮小杨疏解情绪的郁闷。“当时他们虽然什么也没说，但所有人都暂停复习，陪我一起打羽毛球。”小杨说。在室友独特的鼓励下，他的心情很快好转，第二天又和室友一起投入紧张的复习中。

考研结束后，寝室里四名同学顺利考入心仪的学校，两名同学签下满意的工作。虽然选择不同，但他们一致认为努力过就不会后悔。大学生活即将结束，因为疫情还没来得及拍毕业照，让未曾有过合照的六位同学留下小小的遗憾，他们计划在合适的时间重返校园，补上这一张迟到已久的合照。同时还希望在毕业前能有时间和室友们一起来趟毕业旅行，纪念大学四年不悔的青春。

任务实施

阅读材料，分析“学霸寝室”是如何炼成的？

三、做寝室美化时尚者

寝室是大学生在校园里临时组建的“家庭”，每位“家庭成员”都应为“家”的环境卫生、美观舒适、和谐和睦而努力，将共建文明寝室内化于心、外化于行，共赴美好未来。文明寝室标准应包括以下几个方面。

1. 总体应符合“七无”“四净”“六整齐”

“七无”即无苍蝇、无老鼠、无蛛网、无烟头、无异味、无杂物、无垃圾积水；“四净”即地面干净、墙面干净、门窗干净、桌椅干净；“六整齐”即桌椅放置整齐、被褥叠放整齐、衣物毛巾挂放整齐、鞋子摆放整齐、书籍摞放整齐、其他用具置放整齐。

2. 寝室成员应自觉做到“六个一”，自觉遵守“六个不”“六个要”，共同维护寝室良好的生活学习环境

“六个一”即叠一叠被子、扫一扫地面、擦一擦台面、理一理柜子、清一清书架、倒一倒垃圾；“六个不”即异性寝室不进出、有客来访不留宿、危险物品不保留、违规电器不使用、公共设施不损坏、各种垃圾不乱扔；“六个要”即寝室卫生要维护、垃圾丢弃要分类、寝室美化要商议、室友相处要礼让、寝室规定要遵守、文明寝室要共建。

实践活动

“温馨我家”寝室美化大赛

实践目的

通过活动，打造寝室文化，营造良好的寝室氛围；增加寝室成员间的交流，增进感情；丰富寝室生活，提高大学生的动手能力；帮助大学生养成热爱劳动的习惯，为营造一个干净、温馨、舒适、和谐、文明的寝室环境而努力。

实践方案

1. 教师宣布实践活动的主题，明确实践要求。

2. 以寝室为参赛单位，要求各寝室自己选定一个主题进行寝室的美化设计。设计应围绕绿色环保的主题，内容要体现大学生积极向上的朝气和活力。

3. 每个寝室选定一位代表作作品设计的陈述，并展示美化成果。

4. 教师根据作品和陈述进行打分，并总结。

任务实施

1. 你心中理想的大学寝室是什么样的？
2. 你现在住的寝室曾做过哪些美化？你自己满意吗？为什么？
3. 现学校要举行文明寝室评比，请对照标准为你自己的寝室设计一份美化方案。

第四节　勤工助学参与者

为了提高学生综合素质、资助家庭经济困难学生，每所高校都会利用校内外服务性劳动岗位为大学生提供勤工助学的机会，这也是高校学生资助工作的重要组成部分。

一、勤工助学的内涵及意义

勤工助学是指学生在学校的组织下利用课余时间，通过劳动取得合法报酬，用于改善学习和生活条件的实践活动。

我国勤工助学始于20世纪初的留法勤工俭学运动，当时的目的是“济困”，即让学生通过劳动和俭学来达到完成学业的目的。经过一个世纪，随着我国社会进步和对人才需求标准的提升，高校勤工助学工作已由“济困”转变为“济困与成才”相结合的实践活动。

教育部、财政部在2018年8月下发的《高等学校学生勤工助学管理办法(2018年修订)》中明确指出高校学生勤工助学具有积极意义。

（一）勤工助学有利于扶困

大学生从年龄、生理等角度来说已是相对独立的个体，但在经济上主要还是依赖家庭供给，未完全独立。对家庭贫困的学生来讲，在家庭供给资金有限的情况下，勤工助学能够充分利用自己的课余时间通过劳动来获取报酬，缓解经济压力。

（二）勤工助学有利于培养大学生的劳动能力，打造独具特色的校园劳动文化

勤工俭学会涉及校内校外的各种岗位，如保洁、食堂帮厨、超市收银、环境绿化、图书借还和与专业相关的其他工作等。在不同的岗位上通过自己的实践，大学生可以学习不同的劳动技能，培养自身劳动能力，有利于树立崇尚劳动、尊重劳动、诚实劳动的劳动观，打造独具特色的校园劳动文化。

（三）勤工助学有利于锤炼大学生过硬的思想品质

在勤工助学过程中，大学生可以体验到挣钱不易，明白责任和担当的重要性，懂

得感恩和奉献的意义。这有利于锤炼他们过硬的思想品质，树立正确的世界观、人生观、价值观。

（四）勤工助学有利于提升大学生的就业择业能力

勤工助学引导和带动了大学生群体实现从课内到课外、从校园到社会、从学生到职场、从兼职到就业创业的“大挪移”，不仅拓宽了大学生的活动区域，还推动大学生提前接触社会、了解社会规则、合理调整预期、改进自身不足，以契合社会需求、团队需要，显著提升自律能力、心理素质和社会适应能力。而这些都是优质就业和自主创业所必需的。

综上，勤工助学不仅是高校学生资助工作的重要组成部分，还是提高学生综合素质和资助家庭经济困难学生的有效途径，更是实现全程育人、全方位育人的有效平台。

二、勤工助学的开展

高校学生资助工作领导小组应全面领导勤工助学工作，负责协调学校的宣传、学工、研工、财务、人事、教务、科研、后勤、团委等部门应配合学生资助管理机构开展相关工作。学生资助管理机构下设专门的勤工助学管理服务组织，具体负责勤工助学的日常管理工作。

勤工助学活动应坚持“立足校园、服务社会”的宗旨，按照学有余力、自愿申请、信息公开、扶困优先、竞争上岗、遵纪守法的原则，由学校在不影响正常教学秩序和学生正常学习的前提下有组织地开展。

（一）校内勤工助学

如今，各高校均在积极开发校内资源，保证学生参与勤工助学的需要。校内勤工助学岗位设置一般以校内教学助理、科研助理、行政管理助理和学校公共服务等为主，通常有以下几种。

1. 图书管理员

一般经图书馆面试、考核后聘用。要求被聘用者能吃苦耐劳、胆大心细、具备良好的团队合作精神和沟通能力。其职责为：每天按时到岗并签到，工作时必须佩戴工作证；工作期间做到眼勤、手勤、腿勤，定时巡查负责区域，发现违规现象及时制止并报告当班老师。如有生病或考试等特殊情况确需请假或换班的，要提前报告并办理相关手续。

2. 教学楼层管理员

一般经后勤服务部面试、考核后聘用。要求被聘用者有进取心、主动性强、执行力强，并具备良好的团队合作精神和沟通能力。其职责为：每天早晚负责教学楼具体楼层教室开关门，保障日常教学秩序；每晚关门时检查教室的门窗、灯、电扇、空调、教学设备等是否已关闭；如发现教室门窗、桌椅、灯、电扇、空调、教学设备等公共物品损坏，要及时记录并报告后勤处负责人。

3. 机房管理员

一般经信息中心面试、考核后聘用。要求被聘用者对计算机感兴趣，具备一定的计算机专业知识，能熟练操作计算机，且有进取心、主动性强、应变力强，并具备良好的团队合作精神和沟通能力。其职责为学校机房电脑设备的日常维护和调试。

（二）校外勤工助学

在校内勤工助学岗位普遍供不应求的情况下，各高校均在积极探索、拓展校企合作，在与大学生专业有机结合的基础上，寻求校外勤工俭学的岗位。校外勤工助学岗位的具体要求，面试、考核、聘用方式及岗位职责由用人单位视具体情况而定。

知识链接

《高等学校学生勤工助学管理办法(2018年修订)》中所规定的勤工助学岗位设置、酬金标准及支付

第五章　校内勤工助学岗位设置

第二十一条　设岗原则：

(一)学校应积极开发校内资源，保证学生参与勤工助学的需要。校内勤工助学岗位设置应以校内教学助理、科研助理、行政管理助理和学校公共服务等为主。按照每个家庭经济困难学生月平均上岗工时原则上不低于20小时为标准，测算出学期内全校每月需要的勤工助学总工时数(20工时×家庭经济困难学生总数)，统筹安排、设置校内勤工助学岗位。

(二)勤工助学岗位既要满足学生需求，又要保证学生不因参加勤工助学而影响学习。学生参加勤工助学的时间原则上每周不超过8小时，每月不超过40小时。寒暑假勤工助学时间可根据学校的具体情况适当延长。

第二十二条　岗位类型：

勤工助学岗位分固定岗位和临时岗位。

(一)固定岗位是指持续一个学期以上的长期性岗位和寒暑假期间的连续性岗位；

(二)临时岗位是指不具有长期性，通过一次或几次勤工助学活动即完成任务的工作岗位。

第六章　校外勤工助学活动管理

第二十三条　学校勤工助学管理服务组织统筹管理校外勤工助学活动，并注重与学生学业的有机结合。

第二十四条　校外用人单位聘用学生勤工助学，须向学校勤工助学管理服务组织提出申请，提供法人资格证书副本和相关的证明文件。经审核同意，学校勤工助学管

理服务组织推荐适合工作要求的学生参加勤工助学活动。

第七章 勤工助学酬金标准及支付

第二十五条 校内固定岗位按月计酬。以每月40个工时的酬金原则上不低于当地政府或有关部门制定的最低工资标准或居民最低生活保障标准为计酬基准，可适当上下浮动。

第二十六条 校内临时岗位按小时计酬。每小时酬金可参照学校当地政府或有关部门规定的最低小时工资标准合理确定，原则上不低于每小时12元人民币。

第二十七条 校外勤工助学酬金标准不应低于学校当地政府或有关部门规定的最低工资标准，由用人单位、学校与学生协商确定，并写入聘用协议。

第二十八条 学生参与校内非营利性单位的勤工助学活动，其劳动报酬由勤工助学管理服务组织从勤工助学专项资金中支付；学生参与校内营利性单位或有专门经费项目的勤工助学活动，其劳动报酬原则上由用人单位支付或从项目经费中开支；学生参加校外勤工助学，其劳动报酬由校外用人单位按协议支付。

三、积极参与勤工助学

符合条件的大学生积极参与勤工助学时，要依规履行必要手续、认真参加岗前培训、踏实负责开展工作、提高自身安全意识，力争在通过劳动取得合法报酬的同时锻炼劳动能力，锤炼过硬道德品质，为将来的择业和就业奠定坚实的基础。

延伸阅读

在勤工助学中学会成长和热爱①

“勤工应该怎么干？我也曾迷茫”

在清华大学的勤工大队里，小王算是一个“老人”了。而回想当年还是“新人”的时候，他也曾经历过一段迷茫时期。

最初加入勤工助学大队爱心报亭的小王，从来没想过在这里能够收获如此多的归属感和成就感。他坦陈当时加入勤工助学大队时确实没有很多想法，主要还是希望能挣点钱，让自己和家庭在经济上宽裕一些。

随着在报亭的时间越来越长，小王也开始喜欢上了这里。“但有时候还是会有点迷茫，不知道自己接下来该继续做什么。”小王说。

不仅是在勤工的工作中迷茫，小王在学习和生活中也曾有过迷茫。大一时的学术

① 来自清华大学新闻网。选入时有改动。

目标还不明确，远离家乡在校园中生活也有诸多不适应的地方，这些都使得小王的信心一再受挫。

但一切在他成为队委后有了转折。

“其实最开始我没有想到自己也能成为队委中的一员，因为在我看来，我还有很多的不足之处需要改进。”小王回忆那时的自己，觉得还很青涩稚嫩，但在其他同学眼里，他的踏实靠谱、认真尽责已经足够让人信赖，也足以让他胜任队委工作。

成为队委之后，小王觉得自己看待报亭的方式开始有了转变——从尽心尽力完成交代给自己的本职工作，转变为要和其他队委一起投入建设报亭的工作中去。这个过程极大地挖掘了小王工作的积极主动性，更给他了一种强烈的责任感和使命感。

“每天都有新想法，每天迎接新挑战”

成为队委后，小王带着一腔热血积极参与报亭的管理工作，但因为缺乏经验，有时候活动的举办效果并不尽如人意，与队员的沟通交流也存在一些问题。好在勤工大队的队长和队员们都给了他极大的包容和支持，他也从这个过程中逐渐开始成长起来。

“感觉整个勤工助学工作就是一个不断学习充电的过程，每天都可以拥有新的想法，每天都可以迎接新的挑战。”在勤工大队的时光，对于小王而言是能力提升最快的阶段，他觉得自己在人际交流、活动组织以及人员协调方面的能力都得到了充分锻炼。

小王在报亭当队长时正值新老队委换届，老队委们都要离开了，而当时除了队长以外，其他队委都是刚刚接手这个岗位的。正是在这样的情况下，他带领着报亭度过了这样一个转折期，让大家都逐渐熟悉了工作并适应了队委的身份。当报亭的工作成功过渡、大家都熟悉起来了的时候，小王又成了分队组织副大队长，要离开报亭岗位了。

“最开始当我还只是一个普通的队员的时候，完全没想到有一天会成为报亭分队的队长，会带领大家一起建设报亭，更没想到会成为大队的组织副队，策划思考整个勤工助学的活动。”

在勤工大队的工作，从不熟悉到熟悉，从爱心报亭普通队员和组织小组积极队员到组织副队，从爱心报亭分队队长到分队组织副大队长，小王一步一个脚印、实打实地走了过来，对他而言，其中的收获更是无比丰富和宝贵。

“从参与勤工助学到现在，我感觉每天都在获得新的知识、新的技能、新的体验。而这些，毫无疑问会成为我人生中的一笔重要财富。”

“没有他们，我不会如此热爱”

勤工带给小王的收获其实远不止物质报酬和技能提升，在辛苦赚取每一分助学金的同时，小王也更深刻地理解了父母的艰辛。

“以前没参加勤工助学时虽然知道金钱很宝贵，但还是缺乏一定的实体感。但是自从开始自己挣钱后，才发现金钱果然不是那么简单就能获得的。我目前在学校里的工作都还算简单，但有时候也还蛮累，可想而知父母只会比我更辛苦。”理解了父母之难，小王决心以后要更加孝敬他们，还笑着说自己要学着去理财，绝不铺张浪费。

而对于小王来说，勤工带给他最大的收获，莫过于结识了一群志同道合、优秀可爱的朋友。

在小王还没有经验、举办活动还不成功的时候，当时的队长对他没有丝毫的责怪，反而继续鼓励相信他。队里的学长学姐们也都热心地给他提供帮助。这样的经历让小王的心里备感温暖，他深知自己之所以能在担任报亭组织副队时学到如此多的东西，离不开这些学长学姐的教导和包容。

“在整个勤工助学中，我非常感谢在我还不熟悉工作时，一点一滴耐心教会我和帮助我的学长学姐和同级同学。我要谢谢他们教会我如何热爱一份工作，如何更好地投入自己热爱的工作，如何为这份热爱的工作贡献自己的价值。”

满载勤工的收获，打开苏黎世的新生活

在小王刚进入清华时，他的成绩还不甚理想，随着在工作中的一路成长，他对于自己更有信心，对于学术也更有追求了。

后来，小王进入瑞士苏黎世联邦理工大学继续攻读硕士学位。在勤工大队的经历和收获仍然渗透在他新的生活中，给予他持久的动力。

“在外求学时，很容易在诸多选择中迷失。对于我自己来说，勤工对当前生活最大的帮助是明白简单周期性的事务工作对生活的必要性。”因此小王选择持续做一些日常的简单任务，就像大二时每周去报亭上三次班一样，通过固定的时间节点来保持生活的规律。

而在工作上，小王则更感激勤工经历带给他的责任心和耐心，这使得他在担任助教工作的时候，不论要准备的资料多么繁多琐碎，都能够淡然应对、妥善处理。对于工作来说，良好态度的养成往往要比工作技能的提升更加重要。

当然，在勤工时认识的好朋友们也是小王在新生活中仍然珍惜的宝贵财富。对小王来说，勤工大队的工作是本科期间认识不同院系、不同年级同学的最主要的渠道。在这里，他结识了一大批背景迥异但都踏实靠谱的同学，并同他们一直保持着长期的联系。

“在外求学时常常会遇到学习、生活上的疑惑和困难，勤工的朋友们能给我来自其他专业领域的建议和无条件的支持。”

异国他乡的生活充满新奇，当然也有无奈和孤单。相信在勤工大队里的这些收获，会一直伴随小王走好新生活的每一步。

实践活动

勤工助学主题云演讲

实践目的

通过演讲，帮助大学生树立勤工助学、劳动光荣的意识，正视生活中的困难与挫折，合理规划大学生涯，科学定位人生，让更多学生从勤工助学中树立自信心、责任心，带动身边的人自立自强。

实践方案

1. 教师宣布实践活动的主题，明确实践要求。
2. 每位学生围绕勤工助学自拟题目，并录制演讲视频上传。
3. 教师组织学生对参赛演讲作品进行投票，并择优予以奖励。
4. 教师对本次云演讲比赛进行总结。

任务实施

1. 你如何看待勤工助学？
2. 你对学校勤工助学的开展有什么好的意见或建议？
3. 你是否参加过学校的勤工助学？有哪些收获？

第八章　共建美好社区

【学习目标】

知识目标

1. 了解社区服务的含义和参与主体、服务对象与主要类型。
2. 知道美化生活空间的基本途径。

素质目标

1. 培养社区参与和社区服务意识、救援意识和基本的生活审美意识。
2. 懂得参与社区服务、实现生活空间美化的具体途径和方法。

课程导入

“好久没看见周师傅画画了。”“画得还是那样又快又好。”这是成都市某社区的居民正在热议院落墙面绘画的场景。

该社区修建于20世纪90年代，老旧院落改造项目实施后面貌焕然一新。宽阔的墙面怎么点缀呢？院委会想到了有语言和听力障碍的周师傅，可都过去十几年了，现在找他画画他还愿意吗？没想到一沟通，周师傅欣然答应。为确保效果，他还专程到中心城区购买颜料，仅3天就绘制出一组反映民族风情的墙上作品。周师傅用手比画着表示：院落改造好了，大家都应该出一份力。

数年来，成都市紧紧围绕社区建设这个重点，先后推动社区建制调整，开展社区基础设施和公共建筑配套、特色街区等专项规划，并以老旧院落改造为契机，推动院落微中心建设，着力完善社区服务配套设施，确保城市建设有变化、居民有感受，努力把社区打造成为市民美好生活的家园。①

① 来自《建设“五美社区”，打造美好生活家园》，载《四川日报》，2017-12-19。选入时有改动。

第一节　社区服务

一、社区与社区服务

（一）社区

社区是社会的基本细胞之一，是在特定的地域范围里的，由多个社会群体或社会组织所组成的，在生活上相互关联的集体，是社会有机体最基本的内容之一，是宏观社会的缩影。换言之，社区是指聚居在一定地域范围内的人所组成的社会生活共同体，其基本要素包括一定数量的人口、一定范围的地域、一定规模的设施、一定特征的文化、一定类型的组织等。社区居民之间拥有共同的意识和利益，有着较密切的社会交往。

从纵向角度，社区可分为传统社区、发展中社区、现代社区和发达社区。从横向角度，社区可分为法定社区(即地方行政区)、自然社区(即在生产生活中自然形成的聚落)、专能社区(如大学、军营、矿区)等。从产业角度，社区可分为城市社区、农村社区、网络社区等。

（二）社区服务

社区服务是指政府、社区居委会以及其他社会力量直接为社区成员提供的公共服务和其他物质、文化等方面的服务，是一个社区为满足其成员物质生活与精神生活需要而开展的社会性福利活动。

社区服务既是对社会服务的完善，也是对社会保障制度的一种补充，是有指导、有组织、有系统的服务体系，不只是一些社会自发性和志愿性的服务活动。社区服务不是一般的社会服务产业，它是区别于经营性的社会服务业的；不是完全无偿性的服务，它也包括一些营利性的低偿服务；不是仅由少数人参与的为其他人提供服务的社会活动，而是以社区全体居民的参与为基础，以自助与互助相结合的社会公益活动。

当前，社区服务已成为我国社区建设的重要内容。我国依托已初步建立的区(县)、街道(乡镇)、居(村)委会三级社区服务体系，着力提升社区基本公共服务水平，推进社区基本公共服务均等化，满足社区居民多层次、多样化需求。

二、社区服务的提供主体

社区服务的提供主体是多元的，主要包括街道办事处及社区居(村)委会、市场组织和公益组织三方。居民可以志愿或低偿的形式参与由它们提供的社区服务项目，为其他有需要的人提供力所能及的帮助与服务，促进社区建设。

（一）街道办事处及社区居（村）委会

我国街道办事处及社区居(村)委会是我国社区服务的重要主体。其中，街道办事处是市辖区人民政府或不设区的市人民政府的派出机关，社区居(村)委会是基层群众自治组织，二者都是社区服务的管理者、提供者，协助政府有关部门做好管理和服务工作，在我国社会建设中居于重要地位。居(村)委会工作人员是社区服务的核心力量，扮演着多种角色，既要调查、收集和分析居民需求，推进和落实社区服务，又要担任协调者和中间人。

（二）市场组织

市场组织，可理解为以营利为目的依法成立的经济组织，主要为各类企业。它们或为社区居民提供经营性的专业服务，从中获取收益；或主动承担社会责任，与社区开展共建共创活动，营造良好社区生态；或为社区提供专项志愿服务，提升企业品牌形象，丰富企业文化内涵。

（三）公益组织

公益组织是指经各级人民政府民政部门登记注册的社会团体、民办非企业单位和基金会等以促进社会公益事业为主要追求目标的社会组织。公益组织具有非营利性、志愿性等基本特征。随着政府管理体制改革的进行和简政放权的推进，公益组织凭借自身灵活性、专业性等优势参与社区服务，帮助社区居民解决实际困难、满足特殊需求。参与社区服务的公益组织主要有社会工作机构、养老助残服务组织及各类社区志愿服务组织等。

三、社区服务的服务对象

从广义上来看，社区所有成员都是社区服务的对象。从社区服务的福利性、公益性特点来看，处境相对不利(困难)的老年人、未成年人、残疾人、失业人员、外来务工人员、妇女等是社区服务的重点关注对象。此外，根据马斯洛需求层次理论，发展程度较高的社区和相对落后的社区所提供的社区服务的重点不同，前者更多满足居民情感、精神和自我实现等方面的需求，后者侧重满足居民生理需求和安全需求。

四、社区服务的类型

（一）面向重点群体的社区服务

小贴士

我国政府将60周岁及以上的人称为老年人。按照联合国的标准，一个国家或地区，60岁及以上人口占总人口10%以上或65岁及以上人口占总人口7%以上，则表明该国家或地区已进入人口老龄化社会。当前我国人口老龄化程度不断加深。国家统计局于2021年5月11日发布的《第七次全国人口普查公报(第五号)》显示，截至2020年11月，我国60岁及以上人口为264018766人，占总人口18.70%。其中65岁及以上人口190635280万人，占总人口13.50%。

表8-1　2020年11月1日零时我国人口数据

指标		年末数/万人	占总人口比例/%
按分布	城镇	90199	63.89
	乡村	50979	36.11
按性别	男性	72334	51.24
	女性	68844	48.76
按年龄	0—14岁	25338	17.95
	15—59岁	89438	63.35
	60岁以上	26402	18.70
	65岁以上	19064	13.50

数据来源：中国政府网。

1. 社区老年人服务

人口老龄化的加速对我国的养老保障、医疗保障等方面的建设提出巨大要求：必须发展城乡社区养老服务，鼓励、扶持专业服务机构及其他组织和个人，为居家的老年人提供生活照料、紧急救援、医疗护理、精神慰藉、心理咨询等多种形式的服务，以促进老有所养、老有所医、老有所教、老有所为、老有所学、老有所乐。

(1)老年人的需求。人口老龄化的加剧，使家庭规模不断缩小，社区的空巢、独居老人不断增加。社区养老、居家养老的需求不断扩大，主要包括以下几个方面。

医疗保障　是老年人最为关注和渴望满足的需要，包括陪同就医、定期体检、用药评估等，急需受过训练的专业护理员参与。

心理慰藉　即老年人希望获得情感支持、自我价值肯定和被社会尊重。

社会参与　即老年人参与各类社区活动，甚至为社区服务，从而实现自身价值。

日常照顾　即日常生活无人照顾或子女工作太忙无暇照顾的老人需要的日常照料，包括家政服务、物品代购和生活设施的维护与疏通等。

(2)社区老年人服务的类型。做好社区老年人服务，需要在成立社区助老服务队、建立社区老年人服务档案、完善社区老年人活动场所设施等基础上，开展社区老年人文体娱乐、医疗保健、日常生活照料、精神慰藉、安全与权益维护等方面的服务(表8-2)。

表 8-2　社区老年人服务工作的项目及其内容

项目		内容
社区老年人服务的基础工作	成立社区助老年人服务队	成员包括社工、康复师、心理咨询师等，以及社区热心居民或志愿者
	建立社区老年人服务档案	可按人群(失独老人、残疾老人、低收入老人等)或年龄划分并建立档案，为不同类型、不同年龄段老人提供针对性服务
	完善社区老年人活动场所设施	包括开设日间照料中心、文体活动中心，设立交流座谈场所，安装“一键通”电子呼叫设备，完善社区无障碍设施等
社区老年人服务的具体类型	文体娱乐	组织健身锻炼活动、文艺活动、科技应用学习、文化素养提升活动等
	医疗保健	组织健康体检活动，为老年人提供义诊；建立社区“病友之家”，开展健康讲座；陪同社区老年人就医，建立老年人健康评估、监测及护理、医疗健康应急救助体系
	日常生活照料	走访慰问社区老人，解决其实际困难；提供家政便民服务；设立社区老年人饭桌，送餐上门或组织老年人集中就餐
	精神慰藉	定期陪老年人聊天，了解其需求；开展节日慰问、心理辅导等活动；举办社区敬老活动，为老年人拍摄照片，记录其人生故事等；为独身老年人组织婚姻介绍，帮助退休老人、外地老人适应生活；为有自杀倾向老人、临终老人提供心理咨询服务
	安全与权益维护	为老年人提供居家安全知识宣传、隐患排查、法律咨询与援助、防诈骗等服务

2. 社区未成年人服务

(1)未成年人的需求。根据我国法律，未成年人指未满 18 周岁的公民。未成年人处于生理、心理发展的重要时期，可塑性较强，但身心尚未成熟，不具有成年人的体力和能力，仅凭其自身难以有力抵御身体伤害和心理创伤，需要整个社会给予保护，包括提供开放且安全的活动空间、学习辅导托管、生存能力培养、法律及心理咨询等。此外，留守未成年人、困境未成年人、残疾未成年人、临时或长期监护的未成年人、违法犯罪的未成年人等也需要特别关注。

(2)社区未成年人服务的类型。社区未成年人服务需要在成立社区未成年人服务队、建设社区青少年活动空间的基础上，提供幼儿早教培养、青少年辅导托管与兴趣发展、医疗健康、生存能力培养、思想道德教育、法律及心理咨询等服务(表 8-3)。

表 8-3　社区未成年人服务的项目及其内容

项目		内容
社区未成年人服务的基础工作	成立社区未成年人服务队	既可由具有一定专业技能的成年人组成服务未成年人的队伍，也可由未成年人组成为社区其他特殊群体提供服务的队伍（应当征得未成年人父母或其他监护人同意并安排专人带队保证其人身安全）
	建设社区青少年活动空间	包括心灵驿站、阅览室、健身室等主题活动空间，为青少年提供心理咨询、成长辅导、兴趣培养、身体锻炼等服务
社区未成年人服务的具体类型	幼儿早教培养	包括亲子早教班、幼儿益智园、幼儿教育沙龙等，帮助家长发现和培养孩子的优势
	青少年辅导托管与兴趣发展	包括课业辅导、假期托管、兴趣培养、亲子阅读、艺术体育活动等
	医疗健康	关注未成年人的视力、耐力、速度、爆发力等身体素质；开展营养健康讲座，指导未成年人父母或其他监护人为其合理搭配饮食
	生存能力培养	开展安全知识宣传，组织安全主题教育，提高青少年安全意识；培养青少年的自信心、认知能力、人际交往能力、基本生活技能、理财意识等
	思想道德教育	包括热爱祖国、孝敬父母、低碳环保等
	法律及心理咨询服务	定期开展普法宣传，为权利受到侵害的未成年人提供法律援助；开展生命教育、性教育，提供心理咨询服务，帮助未成年人学会情绪管理

3. 社区残疾人服务

延伸阅读

残疾人是指在心理、生理、人体结构上，某种组织、功能丧失或者不正常，全部或者部分丧失以正常方式从事某种活动能力的人。残疾人包括视力残疾、听力残疾、言语残疾、肢体残疾、智力残疾、精神残疾、多重残疾和其他残疾的人。按残疾程度，各类残疾可分为四级，其中残疾一级为极重度，残疾二级为重度，残疾三级为中度，残疾四级为轻度。

(1)残疾人的需求。残疾人由于在康复治疗、日常生活、劳动就业、社会参与等方面存在困难，容易导致其自我效能感降低，甚至失去自信。因此，在治疗康复、接受教育、职业发展、社会交往、自我价值实现等方面，残疾人存在突出需要。此外，年轻残疾人更看重精神上的支持与帮助，如认可个人能力、实现社会价值等。

(2)残疾人服务的类型。社区残疾人服务的类型包括成立社区助残服务队、加强社区无障碍环境建设和改造、开展助残宣传、提供便民生活及文娱活动、生活能力训练、身体康复与心理健康服务、社会融合和就业服务、法律服务和展能服务及其他慈善帮扶等(表 8-4)。

表 8-4 社区残疾人服务的项目及其内容

项目		内容
社区残疾人服务的基础工作	成立社区助残服务队	以社区志愿者为主体，成立包括残疾人工作者、残疾人家属、社区居民在内的助残服务队，并通过专业培训提升志愿者的助残服务技能
	加强社区无障碍设施建设和改造	包括建立残疾人康复室；完善公共场所、居家环境中的无障碍设施；安装智能呼叫器，方便紧急援助
	开展助残宣传	以全国助残日为契机，宣传助残政策、无障碍环境建设；引导居民通过试学手语等方式理解残疾人的困难，营造相互理解、支持的社会氛围
社区残疾人服务的具体类型	便民生活及文娱活动	为肢体残疾人、智力残疾人提供家政服务、代购代办服务、协助出行服务等；组建残疾人文体队，将康复理念融入文娱活动中，激发其生活热情，提高其自尊感
	生活能力训练	为残疾人提供包括购物、社交、仪表整理、安全意识等方面的训练，提高其日常生活能力
	身体康复与心理健康服务	包括健康义诊、康复知识普及、康复治疗、心理支持与援助等服务，帮助残疾人恢复部分身体机能，提升生活质量，激发生活热情，在一定程度上消解残疾人及其家属的心理困扰
	社会融合和就业服务	开展残健融合教育和活动；开展残疾人职业发展指导、职业技能培训，链接就业岗位、拓展销售渠道，倡导并推行有利于残疾人的就业政策
	法律服务和展能服务	组建社区助残律师队伍，开展法律宣传和咨询，协助残疾人进行法律维权等；通过作品展示、文艺表演、趣味运动会、志愿服务等，展示残疾人自强不息的精神面貌
	其他慈善帮扶	协助申请政府救助，组织助残爱心捐赠、义卖活动等，缓解残疾人的经济压力

4. 社区其他重要群体服务

(1)其他重要群体的需求。除老年人、未成年人、残疾人外，妇女、辖区单位职工、失业人员、刑满释放人员、服刑人员、流浪乞讨人员、急(慢)性病居民、戒毒康复人员八类群体也是社区服务重点关注的对象，其主要需求包括女性权益维护、再就业、社区矫正、流浪乞讨人员救助、健康教育、禁毒戒毒、社会再回归等。

延伸阅读

根据2021年国家统计局发布的第七次全国人口普查数据，我国女性人口为68844万人，占总人口的48.76%，0—14岁人口为25338万人，占总人口的17.95%。党的十八大以来，以习近平同志为核心的党中央将“坚持男女平等基本国策，保障妇女儿童合法权益”写入党的施政纲领，作为治国理政的重要内容，在出台法律、制定政策、编制规划、部署工作时充分考虑两性的现实差异和妇女的特殊利益，支持妇女充分发挥“半边天”作用，为促进妇女全面发展加速行动。妇女参与经济社会发展的能力和贡献率明显提升，社会地位显著提高，合法权益得到有效保障，健康状况得到极大改善，受教育程度不断提高，参与决策和管理的途径更加多元，社会保障水平稳步提升。

(2)社区其他重要群体服务的类型。针对上述群体，社区需成立专门的服务队伍、为相应群体提供志愿服务，如宣传法律知识、提供法律援助、提供心理健康支持、宣传保健方法等。此外，仍需针对不同群体的独特性提供专项服务(表8-5)。

表8-5 社区其他重要群体服务的项目及其内容

项目		内容
妇女服务	平权倡导	宣传男女平等的基本国策，推动社会性别意识觉醒、思想意识更新
	孕产妇及亲子教育	开展准妈妈课堂、孕产期心理调适、新生儿哺育指导等活动，开办亲子教育工作坊等
	就业创业	开展就业创业培训，组织女性专场招聘会，辅导女性树立理财观念，进行财富管理
辖区单位职工服务	文娱活动及职业技能提升	包括建立兴趣团体、组织节日主题活动、交友联谊活动、才艺成果展示等，提供职工岗位技能、管理技能、职业素养提升培训，开展劳动技能竞赛
	职业疾病防治和安全保障	开展职业病防治宣传、安全警示教育、安全知识培训，组织团队拓展活动，帮助职工缓解压力、改善人际关系，走出心理困境
	外来务工人员及职工子女服务	包括提供社会保障、子女入学、居住证办理等方面的政策咨询，开办寒暑假子女托管班、兴趣班等
失业与流浪乞讨人员服务	失业人员服务	开展社区再就业宣传，提供就业技能培训，链接公益性岗位，为失业人员提供包括岗位推荐、心理辅导在内的帮扶
	流浪乞讨人员服务	发放针对性宣传单、求助指引手册，倡导全社会共同关注、参与救助；甄别乞讨人员，对原生型乞讨人员提供针对性救助，对职业型乞讨人员进行教育引导、就业指导与岗位推荐；建立救助档案，常态化外展救助，在特殊天气主动搜救

续表

项目		内容
服刑人员与刑满释放人员服务	服刑人员服务	对适用管制、缓刑、暂予监外执行、假释和剥夺政治权利等刑罚措施且在社区服刑的人员，提供励志教育、法律培训、心理支持、就业指导、生活帮扶等服务；组织社区服刑人员开展公益劳动，提升其社会责任感和集体观念，帮助其重新融入社会
	刑满释放人员服务	引导帮助刑满释放人员建立家庭联系，恢复社会支持系统；办理接转手续，开展心理辅导，帮助其积极融入社会生活；进行理念引导，倡导接纳、宽容刑满释放人员；提供就业服务及其他困难帮扶等
患病居民与戒毒康复人员服务	患病居民服务	开展保健知识宣传、医保政策解读活动；为行动不便患者提供生活服务，为低龄患者提供学业方面的帮助；协助有需要的患者链接医疗资源，提供康复锻炼指导、经济帮扶、上门慰问等
	戒毒康复人员服务	包括社区禁毒宣传、戒毒康复人员社区融入和再就业服务、家庭帮扶、个案心理辅导及危机干预

总之，社区服务以全体居民的参与为基础，通过自助和互助相结合的形式，为社区居民提供社会公益服务，从而密切社区关系，促进邻里和谐，营造文明、友善的社区氛围，形成“一家有难大家帮”的局面。

（二）面向全体居民的社区服务

1. 社区文化体育服务

社区文化体育服务，即根据社区自身发展和居民需要，结合社区特点而开展文艺、体育和娱乐活动等社会服务，是社区文化建设的重要组成部分，是社会建设的重要手段，包括社区文化活动、文艺活动、体育活动、手工活动等(表 8-6)。

表 8-6　社区文化体育服务的项目及其内容

项目		内容
社区文化活动	文化设施建设	依托社区特有的景观资源、风俗民情、社区故事、社区名人，建设文化墙、楼门文化、电梯文化、步道文化等
	文化兴趣活动	将中华优秀传统文化内涵融入社区活动，开展国学诵读、红色文化宣讲、书画展览、诗词朗诵、摄影展览等
	文化交流宣传	包括社区简报、文化精品展示、中外文化比较、外语学习交流等
	社区故事分享与记录	通过座谈会、人物专访、影像资料收集等方式，整理社区发展故事、志愿服务故事、年度大事、人物(家庭)传记，记录社区历史、塑造社区精神、传播社区文化
	节庆文化活动	在传统节日举办多种形式的文化活动，包括春节写(送)春联、迎春民俗巡游、元宵节猜灯谜、端午节包粽子、中秋节制作手工月饼等

续表

项目		内容
社区文艺活动	成立文艺团队	由社区党支部牵头、宣传和动员，与当地文化部门以及其他社区联合组建文艺团队，借助宣传渠道招募成员，把不同层次的文艺爱好者聚集起来
	开展文艺活动	发动团队集思广益，通过各种渠道收集相关活动素材；兴建文艺活动中心，在当地文化部门的指导下组织相关方面的文艺指导教学，通过举办文化艺术培训、讲座等方式，提升文艺团队成员的技艺水平
	举办文艺表演	组织文艺节目表演，策划节目宣传，安排文艺团体在社区进行排练和演出
社区体育活动	发掘适合居民参与的体育项目	包括乒乓球、足球等球类运动，太极拳、踢毽子等传统体育运动，健步走、骑行、长跑、棋牌类益智游戏等
	举办趣味运动会	可安排运动量合适、需要默契配合才能完成的团体项目，或设置考验个人反应力、速度、体能的个人项目，突出趣味性，提高参与度
	进行居民体质监测	将健身运动与体质测试相结合，记录并比较参与人员的握力、肺活量、耐力等，倡导健康运动
社区手工活动	手工培训	联系专业教师，针对失业居民、离退休人员、残疾人及其他感兴趣的居民，从手工产品设计开发、质量监控等方面予以指导，包括手工编织、折(剪)纸、布艺缝纫、创意摆件制作的培训等
	手工义卖捐赠	可通过微信、论坛、海报等方式宣传义卖或捐赠活动，扩大其影响，并将义卖或捐赠所得用于改善社区内或其他地区的困难群体生活

2. 社区环境保护服务

社区较为突出的污染问题主要包括固体废弃物污染、废气污染、噪声污染等，属于次生环境问题。此外，践踏草坪、毁坏绿地、浪费资源、乱扔垃圾等不文明行为仍然存在，社区居民的环保意识急需提高。社区环境保护服务(表 8-7)有利于引导居民努力搞好社区环境卫生，维护干净、整洁的社区环境，促进社区环境可持续发展。

表 8-7　社区环境保护的项目及其内容

项目		内容
环保宣传教育	成立环保志愿服务队	以社区党员、妇女、青少年为主体，专业人员为代表，成立环保巡逻队、绿色养护队、环境宣讲队等
	开展环保培训宣传	通过社区公告平台(宣传栏、社区公众号)进行宣传；开展环保倡议活动，进行环保纪念日主题宣传；组织社区环保知识讲座，倡导垃圾分类；组织环保体验活动，宣传环保理念

续表

项目		内容
社区环境清洁行动	集中整治环境问题	组织志愿者集中力量对脏乱差情况进行整治，包括捡拾白色垃圾、整理楼道堆积物、修复社区公共设施、治理社区内共享单车乱停放、倡导低碳节能产品进社区等
	社区绿植绿化	以家庭为单位开展树木绿植认养活动，在社区空地开辟小花园，推广家庭绿植
	闲置物品再利用	居民间交换家中闲置物品，或将之捐赠用于公益事业；通过手工制作，实现闲置物品的二次利用
文明养犬	成立志愿服务队	志愿服务队提供包括文明养犬巡逻劝诫、粪便清洁捡拾、文明养犬宣传等服务，为流浪动物进行绝育
	规范养犬户行为	开展文明养犬知识讲座和知识竞赛，制定文明养犬公约，签订承诺书，并按规定组织犬只登记和免疫，建立犬只健康档案，评选文明养犬户

小贴士

环境问题一般指由于自然界或人类活动作用于人们周围的环境引起环境质量下降或生态失调，以及这种变化反过来对人类的生产生活产生不利影响的现象。环境问题主要分为原生环境问题和次生环境问题，前者由自然力引起，如火山、地震、洪涝、干旱等；后者指由人类的生产和生活活动导致生态系统破坏和环境污染，反过来又危及人类自身的生存和发展的现象。

3. 社区安全服务

社区的安全是城市发展和稳定的基本前提之一，关系到每位居民的切身利益。其具体指社区居民的居住环境、公共服务能力以及管理制度等外部环境的稳定程度，主要涉及防灾减灾、生产生活、治安维护、消防交通、医疗饮食等公共安全和老年人、儿童、残疾人等困难(高风险)人群的安全(表 8-8)。

表 8-8　社区安全服务的项目及其内容

项目		内容
社区安全基础建设	成立安全志愿服务队	包括社区治安巡逻队、“安全妈妈”志愿服务队、少儿治安宣讲队、应急救援队等
	完善社区安全设施	建立社区应急避难场所并完善相关设施，确保居民在发生地震、洪涝、疫情时能够躲避直接或间接伤害，并且基本生活得到保障；安装社区智能门禁系统和视频监控摄像头；维护社区公共设施，排查安全隐患

续表

项目		内容
社区安全宣传教育	社区安全宣传	利用社区宣传栏、社区公众号等平台，宣传与居民日常生产生活密切相关的安全常识和救援知识，开展现场宣传活动，提高居民的安全责任意识和自我防护意识
	社区安全培训	以老年人、儿童、残疾人等容易出现安全问题的人群为主要对象，开展安全讲座、拓展训练、案例展演、知识竞赛等活动，内容可涉及网络、生产、食品安全和急救常识等
社区安全服务	居家安全服务	重点针对社区中丧失劳动能力或生活能力的困难群体，排查其家舍内及所在居民楼的楼道、公共设施等可能存在的隐患；进行治安巡逻，制作风险地图
	交通安全服务	倡导文明出行、安全驾驶，制作社区安全地图，设置安全警示牌，维护交通秩序，必要时重新规划停车位，设立单行道，等等

4．社区心理健康服务

社区心理健康服务是指社区的心理健康工作人员运用社会学、心理学和精神卫生学的相关原理、技术和方法，通过心理健康教育、心理咨询、心理干预等方式来维持和促进居民心理健康的服务活动。心理健康服务针对社区全体居民，重点关注空巢、丧偶、失能、失智老人，妇女、儿童、残疾人和失独家庭等(表 8-9)。

表 8-9　社区心理健康服务的项目及其内容

项目		内容
心理健康基础建设	成立社区心理咨询师队伍	组建一支由有国家认证资质的心理咨询师、有心理学背景的社会工作者、高校心理健康教师等组成的较为稳定的社区心理健康服务队，开展轮值咨询、定期走访社区等活动
	设立社区心理健康服务场所	包括心理咨询室、心理测量室、沙盘游戏室、情绪宣泄室、团体活动室、身心反馈训练室等
心理健康宣传服务	心理健康知识宣传	利用线上线下各类社区宣传平台普及心理健康知识，编演心理剧，发放宣传手册
	开展社区心理健康服务	建立居民心理健康档案，开展心理健康知识讲座，组织心理健康状况测评，开展团体心理活动、个案心理咨询，开设心理咨询热线，提供心理宣泄、紧急心理救援服务

续表

项目		内容
重点人群心理健康服务	成年人、老年人、青少年心理健康服务	包括成年人的婚恋问题、亲子关系、职场减压等心理服务，老年人的精神慰藉、情绪表达、抑郁排解等心理服务，青少年的情绪调适、人际改善、学业压力排解等心理服务
	残疾人、患病居民心理健康服务	提供个案心理疏导，预防过激行为；为残疾人、患病居民家属和志愿者提供心理健康服务
	社区服刑或刑满释放人员心理健康服务	开展心理测试、心理讲座、个案心理咨询，缓解其心理压力，疏导其不良情绪，增强其适应社会的能力，促进其良性转化
	上访人员心理健康服务	疏导上访者不良情绪，觉察其不良认知，减少极端上访行为

5. 社区法律服务

社区法律服务包括一般的普法宣传、专业的法律咨询与诉讼代理等（表 8-10），具有较强的公益性，能够满足社区居民的法律需求，提高居民法治意识，促进社区稳定和谐发展。社区法律服务涉及的常见纠纷主要有物业纠纷、家庭纠纷、经济财产纠纷等。

表 8-10　社区法律服务的项目及其内容

项目		内容
基础建设	成立社区法律志愿服务队伍	包括成立公益法律服务团、法律顾问团，建立人民调解工作室，设置普法联络员、宣传员等
法律宣传讲座	开展法律知识宣传	利用线上线下各类社区宣传平台普及法律知识；开办法律知识竞赛、展播法制节目、编演法律知识情景剧、组建模拟法庭、编发热点法律问题的专题材料等
	开办法律专题讲座	邀请律师、公证员、司法鉴定人员等专业法律工作者走进社区，为居民开设专题讲座，传递法治理念，指导居民正确运用法律工具维护自身合法权益
法律咨询与援助	法律咨询	包括现场接待社区居民、为困难群体提供上门咨询服务、设立社区法律咨询热线、为辖区单位提供法律咨询服务等
	法律援助	在民事案件、刑事案件中，帮助符合法律援助条件的居民，提供包括文书代写、诉讼代理、后续追踪等服务
	辅助政府法律工作	为街道、居(村)委会依法管理社区事务提供相关法律意见和帮助，参与社区重大事项决策建议、庭前调解工作

延伸阅读

法律服务一般有广义和狭义两种。前者指律师、公证员、基层法律服务人员等国家法律工作者，运用法律专业知识和技能，依法为当事人提供法律帮助，保障当事人合法权益的活动，具体包括诉讼业务和非诉讼业务(咨询、公证、代理等)，以及人民调解、基层法律服务、法律援助等。后者仅指具有法律知识和技能的专业人员向因民事或刑事案件而需要运用法律手段维护合法权益的特定对象提供服务的行为和制度。

6. 社区婚姻家庭服务

婚姻和家庭以共同生活为内容，以两性结合和血缘联系为特征。家庭是社会的细胞，而婚姻则是家庭的核心。婚姻关系的质量直接影响家庭生活的质量。社区婚姻家庭服务，即为提升婚姻质量、促进家庭关系和谐所提供的各种类型服务，包括婚恋交友、家庭关系调适、家庭福利增进、心理咨询等(表 8-11)。

表 8-11　社区婚姻家庭服务的项目及内容

项目		内容
基础建设	成立婚姻家庭志愿服务队	邀请婚姻家庭咨询师、心理咨询师作为专家，招募具备一定婚姻家庭经验、热心公益服务的居民作为志愿者，帮助居民解决婚姻家庭中的问题
婚姻家庭宣传和相亲交友服务	婚姻家庭宣传	开展婚姻家庭法律政策宣传，普及婚姻法、妇女权益保障法等知识，宣传健康婚姻
	相亲交友服务	搭建网络交友平台、举办单身青年相亲交友会、成立中老年相亲交友俱乐部、开展婚恋交友指导等
婚姻家庭心理和法律服务	婚姻家庭心理服务	设立社区婚姻心理咨询室、开通咨询热线、开展婚姻关系辅导、调解家庭矛盾等
	婚姻家庭法律服务	开办婚姻家庭法律讲堂，讲解常见法律纠纷；提供法律咨询服务、调解婚姻纠纷、进行反家暴法律援助等
其他家庭服务	家风建设与子女教育	通过评选幸福家庭榜样、宣讲幸福家庭事迹、分享幸福婚姻经验、编演家庭故事情景剧等方式，倡导良好家风建设；通过家庭才艺秀、趣味运动会、亲子教育及隔代教育指导等方式，增进代际关系
	特殊情况家庭服务	包括失独家庭心理慰藉与生活扶助、单亲家庭子女心理疏导与托管服务等

任务实施

1. 你所在的社区开展过哪些社区服务？这些社区服务分别有哪些参与主体？
2. 你是否以志愿者身份参与过社区服务？如果参加过，你最大的感受是什么？

第二节　美化生活空间

小贴士

“生活空间”一词译自 life space，是个体活动的空间范畴，即个体在其生活环境中有目的的移动范围，一定程度上反映了个体与环境的关系。具体而言，生活空间自中心向外可划分为4个同中心的区域：住宅内空间、住宅周围、住宅所在街区、交通可及区域。

随着产业结构的变化和社会经济的转型，城市发展的职能目标和指导思想从服务于工业生产、发展经济向更加重视服务职能和生活空间营造转变。着力打造兼具综合性、健康性、文化性和体验性的城市生活空间，能够满足人们的生活消费需求以及高层次精神文化需求。美化生活空间，可以从美化室内和楼道环境、美化社区做起。

一、美化室内和楼道环境

（一）室内整理

许多人秉持勤俭持家的美德，在家里储存大量可能会有用的物品，如可以当垃圾袋的塑料袋、可以绑东西的尼龙线、不知道哪天会再穿的鞋、可能用上的常用药等，以至于家里堆得满满当当，甚至因为难以收纳而显得杂乱不堪。也有人因为酷爱购物，在家里囤积了许多使用率不高的衣服、鞋帽甚至用不完的化妆品等。这些都会占据大量室内空间。

“断舍离”理念在室内整理方面作用明显。“断舍离”以立足当下和新陈代谢为原则，倡导梳理自己与物品的关系，从观念上认识现状，进而构想居所具体布局，再通过杂物的整理了解当下自己的真实需求，进一步构筑令自我愉悦的生活空间。运用“断舍离”的方法，按照适当的整理顺序，如从衣柜、壁橱、厨房、餐架、冰箱、书架到卫生间、玄关、客厅(餐厅)等，逐步清理自己的生活空间，可以获得愉悦的生活感觉。

延伸阅读

“断舍离”到底是什么意思呢？人们第一次听到“断舍离”这个词时，总会这么问。

简单一句话，所谓“断舍离”就是把那些“不必需、不合适、令人不舒适”的东西统统断绝、舍弃，并切断对它们的眷恋。换言之，“断舍离”的过程，就是我们重新审视自己与这些物品的关系的过程——先辨别我们手头拥有的、房间内摆设或囤积的一些东西对现在的我们是否还有用，然后通过“丢弃物品”这一减法行动，挑选出必需的、合适的、令人舒适的东西来继续使用。总之，“断舍离”是一种疏通淤阻、改善家居环境和个人心境的有效方法。

（二）室内美化布置

在“断舍离”的基础之上，可通过购买绿植、DIY盆景、装扮花束等方式，引入更多的自然元素，对居家环境进行美化，也可邀请室内设计师对居室进行二次规划设计，除去冗余结构，合理安排大件物品家具，提高空间利用效率和美感，还可以通过粉刷墙面、粘贴墙纸、选择相框书画等，营造良好的生活气息，打造更为舒适放松的居家环境。

（三）楼道杂物清理

无论高层住宅楼还是多层住宅楼，楼道都是重要的出行通道，更是发生火灾或其他紧急情况时用来逃生的安全通道。但不少社区的居民楼道内堆放着各种杂物，如破旧的婴儿床、储物柜、废纸壳、自行车、电动车、包装纸、旧电器、泡沫箱等。这些杂物不仅阻塞通道、影响美观，还会给消防安全埋下隐患。

清理楼道杂物，既需要做好消防安全宣传，又需要普及“断舍离”整理术，引导居民果断丢弃废旧物品，同时可将尚有价值的物品转卖至二手市场。此外，邀请居民参与打造楼道墙面文化，既可填补楼道清理后的视觉空间，也可倡导积极的价值观念、传播健康的生活方式、宣传国家大政方针政策等。将楼道打造为社区精神文明阵地，有利于激励居民自觉维护公共环境、提升素质修养、促进邻里沟通，进而营造和谐、文明、互助、向上的社区氛围。

二、美化社区

（一）整饬建筑外观

社区内建筑年代不一、风格各异，部分老旧建筑外墙风化、破损，外挂物品（空调外机等）凌乱，既严重影响美观，又存在安全隐患。为此，可由社区协同相关单位、志愿者队伍等，对具有历史文化价值的老建筑进行修葺加固，对一般住宅、商业建筑外观的灯光设计、颜色调配、图景绘制等进行统一规划、集中施工，使老建筑焕发新魅力、社区增添新风景。对建筑密度高、绿化不足的社区，可请专业人员进行垂直绿化，从而改善社区环境、增进居民身心健康。

（二）打造社区文化墙

文化墙，即文化景观墙。文化墙往往将美丽的图画、精致的文字与社区文化底蕴、形象品牌相结合，与改善美化社区道旁景观相结合。社区往往利用顺口溜或广告画、漫画等形式，将政策法规、社会公德、家庭美德、社会治安、农业科技、节庆传统以及卫生保健常识等内容通过墙体彩绘表现出来，使围墙成为社区精神文明创建工作的有效载体，成为描绘和谐、文明、人文、艺术的社区风景线。文化墙的内容丰富、形式多样，能够充分发挥民智民力，使原本普通的社区围墙成为人们喜闻乐见的政策明白墙、科普指导墙、文化娱乐墙等。

（三）保持环境卫生

社区环境卫生的保持，需要街道（乡镇）、居委会、社区内单位和居民的共同参与。例如，增设垃圾统一回收点、合理安置路边垃圾桶，方便居民将垃圾投放在指定位置；利用文化墙、宣传窗等平台加强垃圾分类知识的宣传教育，通过知识竞赛、积分兑换等方式引导居民养成良好的垃圾分类习惯；定期组织志愿服务队伍清理社区内零散垃圾，开展街头环保宣传，引导居民树立垃圾分类意识，自觉维护社区干净、整洁的卫生环境。

（四）平整小区道路

机动车和非机动车道路既为居民出行提供方便，又作为社区环境一部分而影响生活空间的美感。许多老旧小区道路年久失修，往往出现地砖坑洼不平、地面塌裂严重、泥土随意裸露、下水道井盖破损、车辆乱停乱放等问题，严重影响居民的居住体验和生活质量。街道或社区可采取划拨奖金与引入社会力量相结合的方式，对小区道路进行全面整治，包括路面硬化、塌裂路面修补、污水管网改造、停车位划定、井盖维护等。在改善小区面貌的同时，营造整洁、舒适的社区环境。

（五）维护社区便民设施

便民设施，是以“为民、便民、利民”为服务宗旨，在教育、医疗卫生、文化体育、商业服务等方面为居民生活提供便利服务的设施，包括儿童玩耍设施、居民健身器材、道旁休息座椅、公共阅览室、公共厕所等。大多数便民设施由于长期暴露在外和使用者众多，往往容易破损或松脱，形成安全隐患。为此，需要专门人员定期检查、维修、更换，使居民用得放心、用得安心。

（六）养护绿色景观

社区绿色景观是社区的外在景色，包括自然景观（如天然河流）和人工景观（如假山、花圃、草地、树林等）。经过专业团队设计打造、志愿者队伍和居民共同维护的社区绿色景观，可以增加社区色彩的丰富性和空间的层次感，有一定的美学意义。例如，高低绿植相互搭配，错落有致；石景与环境相协调，画龙点睛；不同花期的植物互相映衬，四季芬芳；等等。良好的绿色景观不仅可以净化社区空气、降低噪声，还可以为居民提供有利身心放松的休闲场所，提高社区宜居度。

任务实施

1. 你所在社区采取了哪些美化生活空间的措施？你的感受如何？
2. 如果让你来美化生活空间，你会选择从哪些方面入手？为什么？

第九章　志愿服务活动

【学习目标】

知识目标

了解志愿服务的基本概念和高校志愿服务相关知识，熟悉高校志愿服务活动现状。

素质目标

1. 掌握高校志愿服务应具备的相关能力，提升志愿服务能力。
2. 培养志愿服务意识，提高劳动素养。

课程导入

也许只需一滴水，干渴的树苗就不会枯萎；也许只需一丝暖，受伤的翅膀就能翩翩高飞。当我们伸出双手，多少渴望的眼睛从此看到光辉；当我们敞开胸怀，多少无助的心灵从此告别伤悲。2003 年的“非典”疫情，2008 年的汶川大地震，2014 年的西非埃博拉病毒疫情，2020 年的新冠疫情，中国都有一批又一批的逆行者奔赴前线，他们既是父母，也是儿子、女儿，他们有着一个共同的名字——“志愿者”。

2020 年年初，新型冠状病毒的入侵打乱了我们平静的生活。防控新冠疫情是一场没有硝烟的战争，其间，一个个我们或熟悉或陌生的身影挺身而出，坚守在疫情防控的各个领域，用行动与时间赛跑，与病魔较量。比如，武汉快递员汪勇用善良和担当汇聚起无数人的热情和爱心，和一呼百应的志愿者团队协同努力，为医护人员提供了及时周到的后勤保障，以非凡之勇守护着冬日里“逆行”的白衣天使。2 月 26 日，邮政局发出嘉奖通知，授予汪勇“最美快递员”特别奖，号召全行业向他学习。

第一节　志愿服务基础知识

一、志愿服务定义

中华人民共和国国家标准《志愿服务组织基本规范》中提到，志愿服务是志愿者、志愿服务组织和其他组织自愿、无偿向社会或他人提供的公益服务，具有志愿性、无偿性、公益性、组织性等特征。

志愿服务这一“舶来品”在传入中国后，迅速与中华优秀传统文化相融合，找到了价值理念的契合点。志愿服务在改善人际关系、消解社会矛盾、配置社会资源、促进个体成长和推动经济社会发展等方面具有不可替代的作用，成为培养当代高校学生社会主义核心价值观的重要途径。我国志愿服务事业经过长期发展，取得了巨大成就。

新时代的志愿服务，是志愿组织、志愿者等弘扬中华民族传统美德、践行社会主义核心价值观、服务社会公众和促进社会发展的重要途径。党的二十大报告提出要“完善志愿服务制度和工作体系”，为推动志愿服务高质量发展指明了方向。党的二十届二中全会通过的《党和国家机构改革方案》决定组建中央社会工作部，并明确中央社会工作部“划入中央精神文明建设指导委员会办公室的全国志愿服务工作的统筹规划、协调指导、督促检查等职责”，通过优化机构设置和职能配置，进一步推动志愿服务工作走深走实。

知识链接

中国志愿服务标识——爱心放飞梦想

图 9-1　中国志愿服务标识

解读中国志愿服务标识

1. 体现中国特色。标识以汉字志愿服务的“志”字为基本原型，以中国红为基本色调，蕴含丰厚的中华优秀传统文化，示意明确，简洁大方，喜庆祥和，寓意中国特色的志愿服务事业红红火火、前景广阔。

2. 具有国际元素。标识上有“中国志愿服务”的中英文字样，而且多处巧妙地以英文字母“V”构图，这是志愿者英文单词 volunteer 的首字母，体现了中国志愿服务与国际的接轨、交流与交融。

3. 形象内蕴丰厚。“志”字的上半部分是一只展翅飞翔的鸽子。鸽子是和平的使者、友好的象征，传递的是幸福、友爱，放飞的是和平、和谐。“志”字的下半部分是草书的“心”字，同时也是一条飘逸的彩带，表现了志愿者在开展志愿服务时的愉悦心情，也象征着志愿者将爱心连接在一起，服务他人、奉献社会。

中国志愿服务标识的意义

整个标识寓意用爱心托起梦想，用爱心放飞梦想，充分体现了社会主义核心价值观的内在要求，展示了奉献、友爱、互助、进步的志愿精神。

二、我国志愿服务经历的五个重要阶段

我国志愿服务事业大致经历了五个重要阶段。

第一阶段(1949—1980 年)为志愿服务的萌芽阶段。该阶段的重要活动有：1955 年 8 月，北京市组织了第一支青年志愿垦荒队；1963 年 3 月 5 日，毛主席发出“向雷锋同志学习”的号召，标志着全国进入志愿服务事业的萌芽期。

第二阶段(1981—1990 年)为志愿服务组织初步建立阶段。改革开放后，西方志愿服务理念开始进入我国。1981 年，联合国志愿人员组织开始和我国展开合作，开启了志愿服务人员的国际大交流。同期，国内第一批志愿服务组织也相继诞生了：1987 年，广州市接通了第一条志愿服务热线；1989 年，天津市和平区新兴街朝阳里居委会成立了第一个社区志愿者协会；1990 年，深圳市诞生了全国第一个正式注册的“义务工作者联合会”。

第三阶段(1991—2000 年)为全国性志愿服务组织体系形成阶段。1993 年 12 月，铁路系统率先以青年志愿服务的旗号开展志愿服务活动。1994 年 12 月 5 日，我国最早的促进志愿服务事业发展的全国性社会团体——中国青年志愿者协会成立。1998 年年底，共青团中央青年志愿者工作部正式成立。

第四阶段(2001—2007 年)为志愿服务项目国际化与本土化携手并进阶段。2001 年，联合国确定了“国际志愿者年”，共青团中央和外贸部成立“2001 年国际志愿者年委员会”。2002 年，中国青年志愿者海外服务计划开始实施。2003 年，共青团中央携手教育部、财政部等共同开展“大学生志愿服务西部计划”。2005 年 3 月，民政部成立了“中国社会工作协会社区志愿者工作委员会”。

第五阶段(2008 年至今)为志愿服务全面发展阶段。2008 年是中国志愿服务发展史上

具有里程碑式意义的一年。汶川大地震发生后，全国各地志愿服务组织迅速响应，无数志愿者纷纷参与救援。据不完全统计，深入灾区救援的海内外志愿者超过 300 万人。全国各地的后方志愿者超过 1000 万人。同年，北京奥运会举世瞩目，10 万名赛会志愿者，40 万名城市志愿者，100 万名社会志愿者纷纷加入，赢得了国际社会的高度赞誉。我国志愿服务事业相关法律法规也日趋成熟。2017 年，中共中央、国务院印发《中长期青年发展规划(2016—2025 年)》。其中，青年社会融入与社会参与部分这样描述：着力促进青年更好实现社会融入。鼓励和支持青年参与社会实践和公益服务，推动理论学习与劳动实践相结合，突出个人实践与社会公益有机统一，学会自我教育、自我管理、自我提升，在为家庭谋幸福、为他人送温暖、为社会作贡献的过程中增加人生历练，强化社会交往能力和社会责任感。充分发挥家庭在青少年社会融入中的重要作用，鼓励青少年自强自立，为青少年接触社会、开展社会交往创造更多机会、提供有效指导。充分发挥青年社会组织等社会力量的独特作用，吸引和带动青年广泛参与各类社会服务，不断培养和提升社会化技能。

延伸阅读

党的十八大以来，习近平总书记高度重视学雷锋和志愿服务工作，发表了一系列重要讲话，作出了一系列重要指示批示，号召把雷锋精神代代传承下去，指导推动新时代学雷锋活动不断拓展内容、创新形式、丰富载体，为新时代推动学雷锋志愿服务工作指明了方向，为新时代更好地弘扬雷锋精神提供了根本遵循。

2023 年 2 月，习近平总书记对深入开展学雷锋活动作出重要指示。总书记指出，2023 年是毛泽东等老一辈革命家为雷锋同志题词 60 周年，60 年来，学雷锋活动在全国持续深入开展，雷锋的名字家喻户晓，雷锋的事迹深入人心，雷锋精神滋养着一代代中华儿女的心灵。实践证明，无论时代如何变迁，雷锋精神永不过时。习近平总书记强调，新征程上，要深刻把握雷锋精神的时代内涵，更好发挥党员、干部模范带头作用，加强志愿服务保障和支持，不断发展壮大学雷锋志愿服务队伍，让学雷锋在人民群众特别是青少年中蔚然成风，让学雷锋活动融入日常、化作经常，让雷锋精神在新时代绽放更加璀璨的光芒，为全面建设社会主义现代化国家、全面推进中华民族伟大复兴凝聚强大力量。

三、高校学生志愿服务的意义

（一）有助于提升学生的实践能力

高校学生参与志愿服务的过程既是理论付诸实践、学以致用的过程，也是向社会、向他人学习、借鉴的过程。尤其是当志愿者的服务领域拓展、服务要求提高与志愿者个人能力存在差距时，就会推动志愿者自发学习新知识、培养新技能。高校学生培养的方向就是增强实践能力，他们可以结合各受援单位实际情况，充分发挥自身专业优势，为受援单位送去新理念、新意识，同时能强化和巩固自身的专业知识，增强自身的实践能力。

（二）有助于提升学生的组织能力

“榜样的力量是无穷的”，第七届“中国十大杰出志愿者”之一徐本禹的精神感召了无数人志愿投身西部建设。通过志愿者们的示范和带动作用，越来越多的人开始认同志愿服务这种价值追求。高校学生志愿服务能让参与者通过自己的实际行动影响他人，丰富大学生的社会阅历，帮助其在学习和工作中增长才干，如提高组织能力、增强统筹协调能力等。

（三）有助于培养学生的社会责任感

社会学家认为，社会绝不是无数个独立个体的集合，而是一个不可分割的整体，社会不可能离开个人而存在，而纯粹独立的个人也是不存在的。虽然每个人的岗位不尽相同，所负责任有大小之别，但要精益求精，把工作做得尽善尽美，都离不开一个共同的因素，那就是强烈的事业心、责任感。高校学生志愿服务对唤醒学生的公民意识、培养学生的社会责任感具有不可替代的作用。只有坚持正确的道德主张，坚持实践正义原则并且愿为他人作出奉献和牺牲，才能实践社会责任，做一名有担当的合格公民。

四、高校志愿服务原则

（一）以人为本

志愿服务的对象是人，以人为本是志愿服务工作的本质要求。高校志愿服务工作必须从人的发展需求出发，让志愿者和志愿服务的对象都能得到相应的收获。这里的收获并不是指狭义的物质报酬，而是指志愿者在服务过程中的精神追求，其不仅可以丰富志愿者思想，增长志愿者的知识和技能，还可以让他们体验社会工作的基本流程，进一步契合社会的需要。高校学生志愿服务还需学校和社会的共同参与，营造良好的服务环境，使志愿者在工作中获得尊重，获得社会认同，在服务过程中收获快乐，实现自我价值。

（二）无私奉献

奉献社会、服务社会是志愿工作的本质，无私奉献是志愿服务的优良传统。树立无私奉献的公益原则理念，就是要求志愿者不为报酬，主动承担社会责任，通过志愿工作来奉献爱心、服务社会，最终达到促进社会文明进步的目的。志愿者通过一系列无私奉献的活动，可以增强自己的实践能力，提升自身综合素质，实现自我价值，等等。这些无形的“劳动报酬”对高校学生日后的学习工作有极大的促进作用。

（三）持之以恒

志愿服务是平凡而伟大的事业，志愿者是平凡而伟大的群体，志愿者组织是平凡而伟大的公益性组织。高校开展志愿服务工作是社会发展的需要，是社会文明进步的标志，是学校与社会沟通的桥梁。高校志愿服务工作必须坚持持之以恒的原则，讲究求真务实和可持续发展。学校在保证志愿者队伍建设和服务理念与时俱进的基础上，还应致力于志愿服务日常化，让高校志愿服务成为推动社会进步的重要力量之一。通过志愿服务工作传递爱心、传播文明、服务社会，为政府分忧，为社会解难，推进社会文明进步和可持续发展。

五、高校志愿服务的专业化

（一）技能专业化

技能专业化是指高校志愿者运用其知识、经验，顺利完成志愿服务。技能专业化包括感觉技能、操作技能和认识技能的专业化。感觉技能即感觉器官的反应能力；操作技能即在生产实践中把一系列的生产实践动作合理地组织起来，并使其顺利进行的能力；认识技能即在认识活动中利用已有的知识经验对事物进行认识改造的能力，包括观察、判断、推理反应的能力。志愿者应在理论学习和实践操作中反复训练，培养感觉技能，提高反应能力；培养操作技能，提升熟练程度；培养认识技能，增强判断能力。志愿者用专业化技能提高志愿服务质量，让服务对象享受优质的服务，提升其对志愿服务活动的信赖和期待。

（二）形象专业化

形象专业化包括志愿者、志愿组织和志愿活动的形象专业化。志愿者的形象专业化是指志愿者在服务过程中根据服务活动的要求所表现出来的个人态度、亲和力、文明礼貌、沟通交流技巧、专业技能等综合素质达到“专业”要求，有利于形成高校志愿者特有的“标志形象”。志愿组织的形象专业化是指在志愿服务活动中组织通过章程、制度、旗帜、歌曲、徽记等形式和科学的组织方式，向志愿者明确提出专业要求，向服务对象准确传递志愿精神，有利于提升组织的“公众形象”、提高组织的美誉度。志愿活动的形象专业化是指通过持续、长期地开展项目化活动，将志愿服务活动打造成品牌，提升活动的知名度和公信度，树立活动的“品牌形象”。形象专业化塑造的效果直接决定志愿服务活动开展的顺利程度、深入程度以及志愿精神的准确表达和传承。

（三）评价体系专业化

志愿者服务的质量、本人能力素质的变化、志愿活动的效果等方面，应通过主管部门、指导机构的认定、论证而得出科学的、可以借鉴的意见和经验。主管部门、指导机构可通过受众的反馈意见、行业标准、量表对志愿者的服务活动质量进行评价，然后通过口头、书面表彰奖励等方式对志愿者进行反馈。专业化的评价体系有助于志愿者及时得到反馈，了解自己的工作状态，进而调整心态和行为，有效提高能力素质，更好地进行以后的志愿服务；也有助于志愿活动在目的、形式、内容等方面的及时改进，提高服务活动的时效性。专业化评价能让组织准确把握志愿者和志愿活动的状态，推动志愿服务活动的纵深发展。

任务实施

结合实际情况，谈谈参与志愿服务活动对你的影响。

延伸阅读

北京市红十字会探索志愿服务积分制度

截至 2019 年 8 月，北京市红十字系统累计应急救护普及培训 660 万余人次，红十字志愿者达到 15 余万人，红十字青少年达到 70 余万人，造血干细胞志愿者库容量达到 14 万余份，报名捐献遗体志愿者 2.5 万人，承担院前医疗接转患者 304 余万人，航空医疗救援转运患者 500 余人。

北京市红十字会在第十次会员代表大会上表示，在志愿者队伍建设方面，将建立志愿服务长效机制，制定志愿服务社会信用系统评价标准，将志愿服务信息纳入社会信用体系，探索志愿服务积分制度，推动急救和救灾等技能证书学习成果认定、积累和转换。

实践活动

志愿者分享

实践目的

通过志愿者的分享及交流，了解志愿者工作的内涵，明确志愿者工作的重要意义。

实践方案

1. 教师宣布实践活动的主题，明确实践要求。
2. 教师邀请志愿者分享自己志愿服务的经历和感受，并与学生交流互动。
3. 学生谈感受。
4. 教师总结。

任务实施

1. 谈谈你对志愿者这个群体的存在的必要性的理解。

2. 你是否接受过志愿者的帮助？如有，请简要阐述过程及个人感受。

第二节 志愿者的自我修养

一、志愿者的使命与精神

志愿者是一个没有国界的名称，指的是在不为任何物质报酬的情况下，为改进社会而提供服务、贡献个人的时间及精神的人。我国《志愿服务条例》将志愿者定义为“以自己的时间、知识、技能、体力等从事志愿服务的自然人”。他们自愿参加相关团体组织，在自身条件许可的情况下，在不谋求任何物质、金钱及相关利益回报的前提下，合理运用社会现有的资源，志愿奉献个人可以奉献的东西，为帮助有一定需要的人士，开展力所能及的、切合实际的，具有一定专业性、技能性、长期性的服务活动。

（一）志愿者的使命

使命，是人们发自内心地对于所领受的任务愿意承担的责任。志愿者的使命即志愿者的重大任务——不计物质报酬、基于良知、自愿为社会和他人提供无偿服务。它有利于传播友爱文明、促进社会和谐、实现个人成长。

志愿者的使命是由志愿动机所决定的。志愿者参与服务活动的动机是复杂的，其中既有帮助他人、奉献社会的意愿，也有充实自我、锻炼才能的需求。在复杂的动机中，占主要地位的有尊重的满足、获取成就的满足、交友需求的满足、组织管理能力和服务技能锻炼需求等。志愿者的使命是帮助他人、服务社会、传播文明三者的统一。

帮助他人可分为两个方面。第一，帮助最需要帮助的人，如帮助未成年人、老年人、残疾人、困难家庭等特定状态下的处境不利群体。第二，既包括一定范围内的社会成员之间的相互帮助，也包括受到社会帮助的人在可能的情况下，也力所能及地帮助其他需要帮助的人。

服务社会是指服务社会公益事业。市场经济可以解决的事情，志愿者不提供服务；他人正常工作职能、工作责任内的事情，志愿者一般不提供服务，如果提供也是有限度地针对从事社会公共事业、工作负担重的人群提供服务；具体的商业行为，志愿者不提供服务。

传播文明是指传播现代文明。一是向人们宣传现代社会公民所应该具备的文明素质，包括文化知识、文明意识、文明生活方式等，促进公众的文明素质的提高。二是弘扬和传播志愿精神、志愿文明，吸引更多的人加入志愿者队伍、参与志愿服务，促进公众的志愿意识的形成和增强。

（二）志愿者的精神

联合国前秘书长安南在“2001 国际志愿者年”启动仪式上指出，志愿精神的核心是服务、团结的理想和共同使这个世界变得更加美好的信念。表达了对志愿精神的由衷赞美。《中国注册志愿者管理办法》将志愿精神概括为奉献、友爱、互助、进步。而志愿、不为报酬、利他则是志愿精神的三要素。

志愿者的精神是以志愿、无偿、服务他人为主要标志的，故志愿者以服务、友爱、共同美好为己任。

二、志愿服务的开展和礼仪规范

（一）志愿服务的开展

1. 掌握志愿服务渠道

(1)通过志愿者协会了解志愿服务项目和内容。各志愿服务队只有积极与协会联系，才能争取志愿服务机会，更好地开展志愿服务工作。

(2)通过一些志愿服务方面的网站了解志愿服务项目和内容。相关网站有中国志愿服务网、上海志愿者网等。

(3)通过书籍了解志愿服务的有关知识。《中国志愿服务指南》《中国志愿服务研究》等都是专业的志愿服务指南书籍。

知识链接

中国社区志愿服务网

中国社区志愿服务网(以下简称“中国社区网”)是社区志愿服务全国联络总站的网上工作平台。总站是受中央文明办委托、由中国志愿服务基金会主办、武汉市文明办协办、武汉市百步亭社区承办的全国性社区志愿服务推进机构。中国社区网的主要任务是发布中央文件精神、报道各地工作动态、汇总社区新闻信息、宣传推广社区典型、提供展示交流平台。网站的栏目主要包括要闻、新时代文明实践、志愿先锋、品牌活动、政策法规、区域联络等。

2. 志愿者服务前准备

(1)服务内容的准备。参加志愿服务前，要了解服务的对象和服务的内容。例如，做咨询志愿服务，需了解所要提供咨询的内容如场馆布置、参观指南、交通线路等；

做讲解、翻译等志愿服务，需事先熟悉讲解稿、熟悉场馆、了解服务对象会问什么问题等。志愿服务的组织者和策划者则需考虑该项服务是否属于志愿服务，需要多少人参加，怎样提供具体服务，如何保证志愿者的安全，以及事后服务总结、新闻报道等问题。

(2)根据获得的志愿服务的性质，参与志愿服务的人数等信息，提前做好社会保障工作。

3. 志愿者服务注意事项

(1)言行文明，态度热情。在服务时要注意用语文明，以友善、热情、细致的态度提供志愿服务。遇到不懂的问题要向其他志愿者求助，实在无法解答的要表示歉意。

(2)统一着装，举止端庄。在服务期间，志愿者须身着志愿者红马甲、戴小红帽、有志愿者证的要随身携带，并注意仪表端正，举止稳重。一般不要穿裙子、高跟鞋，大包小包切勿多带，轻装上阵更利于服务。

(3)遵守纪律，忠于职守。志愿者要听从统一安排，遵守组织纪律。志愿服务活动坚持自愿参加的原则，一旦承诺，无论是临时服务还是定期服务，均要信守诺言。服务要守时，如因事耽搁或不能上岗，必须尽早告知安排活动的志愿服务组织或服务对象，以便组织有充分的时间调配。为外宾提供服务时，要遵守外事纪律。服务期间要与志愿服务活动组织者和其他服务志愿者充分合作，互相鼓励、共同进步。

(4)平等相待，谢绝馈赠。要尊重服务对象的个人习惯，不把自己的价值观念强加在对方身上。要尊重服务对象的个人信息和隐私。在任何情况下，都不得接受服务对象的财物。

(5)注意人身和财物安全。在大型会议、春运期间维持秩序时，要防止跌伤或踩踏事故的发生。在参与大型活动的志愿服务时，要注意自己的钱包、手机、相机等贵重物品。

（二）志愿服务的礼仪规范

1. 仪容仪表

(1)帽子。尽量戴得深点，避免被风吹掉。

(2)头发。保持整洁干净，清爽大方。

(3)面容。男性要把胡子刮干净，女性可以化淡妆。

(4)饰物。可以佩戴少量、得体的饰物，如徽章、挂件之类，但切忌过多和过于招摇。

(5)指甲。要修剪适当，不要涂抹过于艳丽的指甲油。

(6)衣着。按规定穿统一服装，如未做规定，则尽量穿颜色大方、便于活动的服装和鞋子。

(7)其他。手机等尽量不要挂在胸前，应该放在口袋里。同时也不宜使用香水，因为可能会引起个别服务对象过敏。

2. 问候招呼

(1)要主动。主动问候可以表达良好的交往意愿。志愿者作为提供服务的人群，要掌握和服务对象之间的交流主动权，先问候可以使后面的交流更为顺利。注意不能过度热情，否则会给别人带来被打扰的感觉。

(2)要真诚。对服务对象的问候应该真诚热情，不要受个人和外来因素的影响，对所有服务对象应一视同仁，不卑不亢。问候时眼睛要注视对方，传达出友好和欢迎的态度。

(3)要因人制宜。根据服务对象的年龄和当时的情况使用适当的问候语，对老人应用温柔的声音询问是否需要帮助，对儿童则应以关爱、亲切的口吻招呼，对残疾人则可主动上前搀扶或提供其他帮助。

3. 礼貌用语

礼貌用语不仅可以传达友好热情的信息，体现志愿者的服务精神，也是解决不少小问题时必不可少的润滑剂。有时候志愿者在现场会碰到很多难以解决的问题，但是服务对象有时会把这些看成是服务中的问题。这时候应尽量安抚他们的情绪，用良好的态度和委婉的语言来化解他们的抱怨。比如微笑着说“不好意思，给您带来的不便请您谅解”。实在解释不清时，也不能和对方发生争执，应想方设法用礼貌性的语言来规避矛盾，取得对方的谅解，如“您的意见提得很好，我一定向组织方反映，尽量改进我们的工作”。

4. 接送物品

(1)双手递送物品。分发资料、递送物品是志愿者常见的工作，这个小细节也体现出其礼仪规范。最好双手递送，实在不方便时可采用右手递送。即使现场人多时，也千万不能图方便而把东西扔过去。若双方相距过远，递送者应当主动上前，方便他人接受。如果对方是坐着的，递送者应当适当倾斜上身递送。

(2)双手接受物品。如接受他人物品，则应当目视对方，用双手接取，不能只看物品不看人。

延伸阅读

首因效应与晕轮效应

首因效应是社会知觉效应的一种，指在社会交往中，较之以后得到的信息，最初获得的信息对于整个印象和态度会产生较强影响的现象。首因效应容易带来成见，进而形成晕轮效应。晕轮效应是一种社会知觉偏差，指从认知对象的某个特别突出的特征泛化到其他特征，从而形成整体印象的现象。实验表明，在知觉主体对知觉客体信息掌握较少以及在涉及道德品质的判断时，晕轮效应往往表现得尤为明显。因此，志愿者要注意两个问题：第一，人际关系的首因效应是由自己决定的，要想在别人心目中留下好印象，在初次见面时，各方面都应特别慎重；第二，对于一个人的认识不能只依据第一印象。

三、志愿者的基本素养

（一）保持身心健康

良好的身体素质是做好各项工作的保障。健康是最美丽的，其往往由外而内，显现着一个人的内在素养和精神修养。保持身心健康是志愿者自我完善、自我发展的基础。

（二）积极应对挑战

1. 志愿者常见的挑战

(1)心理、情绪上的压力。产生心理压力的原因很多。工作的繁重以及许多未知因素，都可能导致志愿者情绪紧张和心理疲惫。有的志愿服务工作单调乏味，可能让人心生厌烦；有时志愿者要面对组织内部管理协调问题和团队内部的冲突与矛盾，容易产生烦恼和困惑；而来自亲友或家庭的矛盾也会给志愿者带来更加难以排解的心理、情绪方面的压力。

(2)工作、生活与志愿服务之间的不平衡。志愿服务是志愿者的业余工作，志愿者还有自己的工作、学习和生活，它们之间可能会发生冲突，甚至出现顾此失彼的局面，对志愿者原本的工作、学习、生活也会带来相应的影响。志愿者必须学会在其间寻找平衡，否则就会产生明显的失衡感，影响志愿服务质量和自己的身心健康。

(3)人际冲突的压力。由于身份、职责、信息沟通不畅等因素，志愿者与服务对象，以及其他志愿者之间也有可能发生矛盾和冲突。

(4)个人技能不足带来的压力。除了必需的沟通协调、语言表达能力之外，部分特定的志愿服务岗位还需要具备特殊的专业技能。如果志愿者缺乏相应的准备，则无法在本职岗位上应对自如，与各方也不能形成默契合作的工作关系，从而给志愿者本人带来较大的心理压力。

(5)突发事件带来的压力。例如，由于某些不可预见的因素而导致服务对象或者志愿者本人的意外伤害，就会给志愿者带来意想不到的压力。

(6)心理落差问题。志愿者对自己的期望值普遍较高，在志愿服务中，他们往往会发现理想和现实是有一定差距的。当新鲜感逐渐褪去后，取而代之的很可能就是一种失落感。

2. 应对挑战的参考策略

(1)事前积极准备，周密计划。事前的充分准备是压力管理最重要的环节，即做到“防患于未然”。事前准备包括做好充分的心理准备、了解自己、了解服务对象、了解志愿服务的内容，这样才能客观定位，做自己愿做、乐做、能做的事情。此外，还有专业知识和技能学习(尤其是应急技能的学习)准备、志愿者希望得到的岗位与实际分配的岗位很可能不一致的心理准备、服务信息和简便工具的准备等。

(2)利用资源，从容应对。志愿者在不伤害自己和他人的前提下，应尽量利用手中资源选择妥善的解决方法。策略上要消除紧张感，保持积极心态，对事物的改善及发展怀有信心，并将这种信心付诸行动，持之以恒，使问题得到妥善解决。遭遇风险需要支持时，应主动、及时向社会支持系统沟通和寻求帮助，使面临的危机或压力迅速得到化解，善始善终，做好志愿者的本职工作。

(3)事后调适心态，转化成果。压力过后需要及时调整，逐渐化解压力带给志愿者身体、心理、工作和学习方面的负面影响。策略上可选择寻求必要的社会支持，必要的放松、休息和调整，评估与总结，总结经验和教训。这样可增强志愿者的信心，提高危机处理能力，以便沉着迎接新的挑战。

案例分析

疫情中志愿服务、守护医护的快递员汪勇

汪勇是武汉的一名快递员，在新冠疫情期间，他带领的志愿者司机团队自大年三十起义务接送武汉金银潭医院医护人员上下班。他还协调推动网约车企业参与接送医护人员，协调共享单车企业在医院周边投放单车，并自行募集资金为医护人员提供泡面，“扫街”找餐馆、争取有关部门的餐食供应，快速搭建起应急餐食免费配送备用网络。他和他的志愿者团队将温暖聚拢，以非凡之勇守护着冬日里“逆行”的白衣天使。其事迹在新闻联播和央视《面对面》等节目报道，在社会层面影响广泛。

除夕之夜，汪勇在朋友圈看到有人转发的求助信息，由于公交停运，金银潭医院夜班医护人员下班后只能步行回家。汪勇几经辗转加入“金银潭区域医护人员需求群”，他开车到金银潭医院门外，在沉沉夜色里迎来新年。这一天，他跑了30个来回，也开始了他的守护逆行白衣天使之路。经过两三天的接送，得知医护人员对车辆需求越来越多，他知道一个人的力量是有限的，需要将微光连成一片，照亮整个城市。他把招募接送医护人员志愿者的信息发送到群里，约30人的接送医护人员志愿服务队火速成立。他又多方联系，以解决在医院周边居住的医护人员出行需求，如联系共享电动车公司投放共享电动车等。用他自己的话说，凡是能够利用到的带轮子的出行工具，他都不想放过。

在政府开通医院到医护人员住所通勤车后，交通问题得到根本性解决。此外，汪勇还关注到医护人员长期高负荷工作的心理健康问题，对接了心理咨询平台，募集图

书。他还购买了一些零食、生活用品等，提供给医护人员。

战“疫”不停，“组局”不止。如今，汪勇仍在继续参与志愿服务。他希望被媒体关注后，可以影响更多人投身公益。

2020年4月28日，汪勇获得第24届“中国青年五四奖章”。8月26日，他当选“疫情防控最美志愿者”。9月，他被评为全国抗击新冠疫情先进个人。9月17日，中央文明办发布2—7月“中国好人榜”，汪勇被评为“助人为乐好人”。

2021年2月17日，汪勇被评为“感动中国2020年度人物”。

【想一想】

汪勇身上体现出了志愿者的哪些基本素养和精神特质？汪勇的事迹对你有什么启示？

实践活动

志愿者纪实

实践目的

了解志愿者工作过程中的言谈和礼仪规范，以及从中体现出的志愿者基本素养及精神。

实践方案

1. 教师宣布实践活动的主题，明确实践要求。

2. 教师将学生分为4个小组，每个小组在课后自主选择一名或多名志愿者进行跟踪采访。

3. 采访可围绕志愿者的工作准备、工作内容、工作形式、工作过程和感受等方面展开。小组自行拟定采访提纲，并用照片和视频记录采访过程。

4. 根据采访和素材内容，各小组完成一份采访体会，并做成PPT在班级进行汇报分享。

5. 教师总结。

任务实施

如果你是一名志愿者，为了更好地开展志愿者服务工作，你将从哪些方面下功夫？

第三节　参与志愿服务活动

一、大学生志愿服务的育人功能

大学生志愿服务是助人和自助的活动。在志愿服务活动中，大学生志愿者不仅能够帮助他人摆脱困境，而且能够提高自身综合素养，有利于成长为德才兼备的社会主义现代化建设人才。具体来说表现在以下几个方面。

（一）了解国情民情和增长社会知识

大学生作为社会主义现代化事业的建设者和接班人，不仅需要学习科学文化知识，还需要关注世界形势变化和社会现实发展，不断提高综合素质和社会实践能力。志愿服务能够帮助大学生深入了解我国国情和社会现实，积累社会经验，增加社会阅历，加快其融入社会的进程。具体来说，大学生志愿者通过参与遍布全国的社区服务、环境保护、社会管理、文化建设和国际赛事服务等志愿服务活动，能够更深入地了解我国的国情、社情和民情，真实感受我国社会发展的巨大成就和不平衡状态，体会社会主义制度的优越性，增强民族自豪感和对社会主义的信心。同时，志愿服务还能够帮助大学生志愿者积累社会经验，完善自身知识结构。例如，大学生在深入不同民族地区进行志愿服务的过程中能够学到更多的地理环境、风土人情、历史传统和生活习惯等方面的知识；在服务前的系统专业培训中能够掌握一些关于医疗救护、安全防范等方面的知识和技能；在具体的志愿服务活动过程中，能够积累丰富的社会实践知识和经验。

（二）培养团结协作和改革创新的精神

当代大学生的主体意识不断增强，但团队协作意识和人际交往能力相对欠缺，参加志愿服务活动能够帮助大学生养成团结协作精神和提高人际交往能力。现代大型志愿服务活动多为群体性行动，它们的开展和完成有赖于团队的共同努力，团队成员的配合程度与协作能力直接关系着服务任务完成的效度和质量。志愿者不仅来自不同院校、不同省市，还要与不同性格、不同风俗习惯、不同生活背景和年龄阶段的服务对象及其他社会各界人士打交道。面对如此复杂的情况，志愿者要想顺利完成服务任务，必须团结协作，在协作过程中逐步认识到规则、团结、合作的重要性，自觉克服“以自我为中心”的不良思维方式，进而树立大局观念和合作意识。同时，大学生志愿者在服务过程中难免会遇到环境复杂、服务内容不同、服务对象各异的情况，解决这些问题的过程也是志愿者激发潜能、打破思维定式、发扬改革创新精神、产生创造性成果的过程。志愿服务活动结束后，大学生志愿者总结服务经验和探讨改进建议的过程，又是其进行深入思考和改革创新的过程。

（三）磨炼意志品质、形成优良品德

在志愿服务活动中，大学生志愿者通过奉献自己的时间、精力和技能等帮助他人走出困境，能够体会到自我价值实现后的快感。这种行为经过多次反复和不断强化后，就会使他们在潜移默化中养成乐于助人、甘于奉献的精神。同时，大学生在参加志愿服务时会遇到不同程度的困难和挫折，如亲人朋友的反对、服务活动本身存在的各种困难等。为了完成服务任务，他们会设法解决遇到的难题，而克服困难和经受考验的过程也是磨砺意志的过程。多数志愿者在面对困难时能够迎难而上，主动接受考验。大学生在攻坚克难的过程中磨砺意志，有利于锤炼出不怕困难、顽强拼搏的意志品质。

（四）树立崇高理想信念和社会主义核心价值观

在多元社会思潮的影响下，部分大学生出现了理想信念缺失、价值观偏移等思想问题。志愿服务活动对大学生树立崇高理想信念和社会主义核心价值观具有重要作用。一方面，大学生通过志愿服务活动能够更好地了解我国社会主义现代化建设取得的伟大成就，增强对社会主义的道路自信、理论自信、制度自信和文化自信，坚定对中国特色社会主义共同理想和共产主义远大理想的信念。例如，在大型赛会服务中，当看到赛会的盛大场面，听到国外友人的赞誉，志愿者会充分感受我国的飞速发展和国际地位的提升，深刻认识到社会主义制度的优越性，坚定其社会主义理想信念。另一方面，大学生在奉献社会的活动中能够深切体会志愿服务活动对社会进步的推动作用，加深对志愿精神的理解，形成积极向上的人生态度。例如，很多大学生在参加环境保护、社区服务、应急救援、西部计划等公益性活动的过程中，逐渐养成了诚实守信等优良品质。

（五）增强现代社会责任意识和担当意识

大学生参与志愿服务活动，有利于其意识到作为公民自身应担负的社会责任，从而密切关注国家和民族的发展，主动把自己的命运同祖国的发展联系起来，展示出现代公民应有的爱国意识和责任意识，尽可能地帮助他人和奉献社会，在奉献中彰显自身价值。责任意识还体现为集体主义精神，体现为人际的平等地位以及对公共利益和个人正当利益的维护。而大学生志愿者之间、志愿者与受助者之间都是平等、互助、和谐的关系，志愿服务活动也是在民主、平等的氛围中进行的，并力求通过社会互助实现社会利益共赢，这有助于培养大学生的公共意识和担当意识。有些志愿服务活动（如体育赛场的报分、法律援助等）还有助于培养大学生的公平公正理念。

二、大学生志愿服务实践

（一）大学生“三下乡”

大学生“三下乡”是指“文化、科技、卫生”下乡，是各高校在暑期开展的意在提高大学生综合素质的社会实践活动。该活动始于 1996 年，目的在于让参与活动的成员以

志愿者的身份深入农村，传播先进文化和科技，体验基层民众生活，调研基层社会现状，以期通过一系列实践活动提高大学生的社会实践能力和思想认识，同时更多地为基层群众服务。

大学生“三下乡”使大学生能够将自己在校所学的先进、科学的知识和生活观念在广大农村传播。例如，紧密结合他们所学专业技术知识，在农村开展多种形式的先进科技文化知识和生活观念的宣讲活动。大学生参与新农村建设的进程，为大学生了解我国国情打开了一扇窗，密切了高等教育与新农村建设的关系，同时提高了大学生的社会实践能力和综合素质，为国家未来的发展培养了优秀人才。

大学生是我国科学技术发展的后备军，应该发挥知识技能的优势，为农村建设服务，为农民群众服务。广大农村需要大学生去发挥聪明才智，大学生也需要到农村去，在服务农民群众的实践中接触社会、了解国情、增强社会责任感和历史使命感。通过“三下乡”，大学生可以改造世界观、价值观，把农村建设的需要和自身成长很好地结合起来，走正确的成长成才道路。此外，“三下乡”活动架起了党和政府与农民群众之间的又一座桥梁，通过青年学生的下乡服务，体现出党和政府对农民群众生产生活的关心。

（二）大学生志愿服务西部计划

大学生志愿服务西部计划，是共青团中央、教育部等根据国务院常务会议、《国务院办公厅关于做好2003年普通高等学校毕业生就业工作通知》和2003年全国高校毕业生就业工作电视电话会议精神的要求而实施的。该项计划从2003年开始实施，按照公开招募、自愿报名、组织选拔、集中派遣的方式，每年招募一定数量的普通高等学校应届毕业生或在读研究生，到西部基层开展为期1—3年的教育、卫生、农技等志愿服务工作。西部计划按照服务内容，分为乡村教育、服务乡村建设、健康乡村、基层青年工作、乡村社会治理、服务新疆、服务西藏7个专项。

2023年是西部计划实施20周年。20年来，西部计划累计招募派遣46.5万余名大学生志愿者到中西部22个省区市及新疆生产建设兵团的2000多个县(市、区、旗)基层服务。

（三）大型赛会志愿服务

大型赛会志愿服务是指针对某一特定的活动或者赛事，志愿者在不求回报的情况下，自愿付出个人的时间及精力所做的服务工作。

随着我国国际地位的提升和城市品位的提高，所承办的大型赛会日益增多、规格越来越高，志愿服务作为非政府系统的组织行为和服务行动，成为其重要组成部分。大学生的独特优势使其成为志愿者队伍的中坚力量，通过组委会的有序管理、系统组织、统筹协调，大学生志愿者在按标准完成志愿服务的同时，收获了社会参与和志愿服务过程中带来的尊重，实现了个人价值，提升了个人精神品质，这对践行和培育社会主义核心价值观与构建社会主义和谐社会都具有十分重要的意义。

案例分析

志愿者全员培训　积极助力成都大运会①

为落实好成都市委、市政府对第31届世界大学生夏季运动会(以下简称“大运会”)志愿服务工作的要求，共青团成都市委在高校相对集中的区域建立了10个培训阵地，首批培训阵地以在蓉高校为依托，分别在西南民族大学、四川师范大学、成都理工大学、西南石油大学、西华大学、成都大学、电子科技大学成都学院、成都东软学院、西南交通大学希望学院、四川交通职业技术学院设立集中培训点。10所高校的大运会骨干志愿者培训基地会承担大运会前期志愿服务工作基础培训，培训课程包括语言类口语强化、文明礼仪、医疗急救、沟通交流以及国情、省情、市情知识等。

志愿服务作为成都大运会的重要组成部分，已按照“早筹划、早行动、早组织、早培训、早演练”工作要求，拟定了3000余名骨干志愿者、3万名赛会志愿者、50万名城市志愿者的规模，精选了20余名专家库师资力量，制定了10大类22小类的课程库，持续开展集中通识培训。通过全员培训，骨干志愿者学会了大运会志愿服务常用口语表达、大运会比赛项目介绍、外宾日常接待等相关英语知识，掌握了大运会英语的口语表达、日常对话及志愿服务等实战技巧，为成都大运会志愿者服务打下坚实的基础。

（四）志愿四川“逐梦计划”

“逐梦计划”是一项以在校全日制大学生进机关、进企业、进科研院所、进社会服务机构、进基层开展实习活动为主要内容的社会实践活动。其旨在为在校大学生提供实践锻炼机会，以提升在校大学生岗位认识和实践能力，是一项服务大学生、锻炼大学生，使之成长成才的公益活动。

“逐梦计划”具体流程如下。

1. 线上注册。在校大学生进入“天府新青年”微信公众号“逐梦计划”页面进行注册，省内各高校团委对本校大学生进行资格审核，省外高校大学生由共青团四川省委负责审核把关。用人单位向上级或当地团委申请获得账号，各市(州)、县级团委，省直机关团工委，省企业团工委，省金融团工委对用人单位的申请进行审核，对审核通过的用人单位发放管理账号。

2. 岗位发布。用人单位登录系统，根据单位实际需求在线发布实习岗位，注明岗位要求，供在校大学生选择。

① 本部分内容来自成都文明网，选入时有改动。

3. 岗位选择。在校大学生登录系统在线选择岗位，用人单位对申请同一岗位的大学生进行选择，确定实习的在校大学生。

4. 上岗实习。大学生持有效身份证件到实习单位报到，并与实习单位签订实习协议。按照岗位属地化管理原则，县(市、区)团委对辖区范围内的实习学生进行常态化联系，并建立相关管理制度。

5. 实习鉴定。实习结束后，大学生、用人单位在网上完成互评，用人单位出具实习鉴定(一式三份)，大学生、用人单位、高校各保留一份。

(五) 大学生志愿服务社区行动

大学生志愿服务社区行动(CS Volunteering for Community，CSVC)简称“社区行动”，是在四川省委、省政府领导下，由共青团四川省委与四川省精神文明办公室、四川省教育厅、四川省民政厅共同发起的专项行动。该行动通过发动全省大学生志愿者利用周末、课余时间走进社区，发挥知识技能特长，为社区百姓提供包括参与社区治理、扶弱济困、政策宣传、社会实践在内的各类服务，让大学生在服务他人、奉献社会中收获成长和进步，积极助力社会治理创新和社会和谐，让“奉献、友爱、互助、进步”的志愿精神蔚然成风。

社区行动统筹安排，分步实施。按照由点到面、由少及多的原则，选取成都、德阳、绵阳、南充、泸州、宜宾等高校较为集中的区域为第一批实施地区。在不断总结优化的基础上，逐步在全省高校推广，实现全覆盖。同时，坚持“就近就便、精准服务”和“用好网络、灵活便捷”原则，结合高校周边社区实际，综合考虑交通、安全等因素，实现高校与公共交通覆盖的社区就近结对。

在社区行动的推进过程中，将通过青年信用体系建设，把志愿服务时长纳入信用数据统计范围，实现青年志愿大数据沉淀。同时，在教育、金融等多方面开展针对优秀志愿者的正向激励，提升志愿者的获得感和积极性。对参加社区行动的志愿者，将在纳入星级志愿服务评定、四川省大学生综合素质“A级证书”等方面给予倾斜。对表现特别突出的志愿者，将优先吸纳参加“志愿者骨干成长营”和“大学生志愿服务西部计划”。同时，还鼓励探索志愿服务兑换学分(计入第二课堂成绩单)、志愿服务与奖学金挂钩及“推优入党”等措施。

延伸阅读

党的二十大报告指出，提高全社会文明程度，要“统筹推动文明培育、文明实践、文明创建，推进城乡精神文明建设融合发展，在全社会弘扬劳动精神、奋斗精神、奉献精神、创造精神、勤俭节约精神，培育时代新风新貌。加强国家科普能力建设，深化全民阅读活动。完善志愿服务制度和工作体系”。这些重要论述为新时代的志愿服务发展指明了前进方向和工作路径。

近年来，随着文明实践、文明培育、文明创建工作的持续全面深入推进，我国志愿服务蓬勃发展，志愿服务已经深入我国经济、社会、文化、生态文明建设的方方面面，成为新时代推进社会主义现代化建设、提升社会文明程度不可忽视的新兴力量。据中国志愿服务网统计，截至2023年5月25日，全国已有实名注册志愿者2.31亿人、志愿服务队伍135万个、发布志愿服务项目1096万个、志愿服务时间总数达531814万小时。新时代的志愿服务秉持“奉献、友爱、互助、进步”的精神，不断丰富服务内容、创新服务形式，在服务国家战略、服务民生大计、推动构建共建共治共享的社会治理格局等方面发挥了重要作用。

党的二十大报告强调“青年强，则国家强”，指出“当代中国青年生逢其时，施展才干的舞台无比广阔，实现梦想的前景无比光明”，对广大青年提出了“立志做有理想、敢担当、能吃苦、肯奋斗的新时代好青年”的重要要求，充分体现了党对青年一代的亲切关怀和殷切期待，为青年一代健康成长指明了努力方向。

志愿服务作为高校实践育人的重要方式，在大学生健康成长中发挥着重要作用。如今，大学生主体意识不断增强，高校更应将课堂理论等显性教育与志愿服务等隐性教育紧密结合，提高育人效果。中央文明委在《关于深入开展志愿服务活动的意见》中指出，要把志愿精神作为未成年人思想道德建设和大学生思想政治教育的重要内容。要切实加强对大学生志愿服务活动的领导，建立健全学生志愿服务活动长效机制。习近平总书记在给华中农业大学“本禹志愿服务队”的回信中也说：“希望你们弘扬奉献、友爱、互助、进步的志愿精神，坚持与祖国同行、为人民奉献，以青春梦想、用实际行动为实现中国梦作出新的更大贡献。”

实践活动

一日志愿者

实践目的

通过参加一日志愿服务活动，让学生感受志愿者工作的意义和重要性，并在实际参与中有获得感。

实践方案

1. 教师宣布实践活动的主题，明确实践要求。

2. 教师将学生分为4个小组，在学校青年志愿者协会的组织下开展一日志愿服务。

3. 志愿服务活动结束后，每个小组围绕活动的准备工作、服务过程和体会完成一份总结并做成PPT，由小组代表在班级进行汇报分享。

4. 教师总结。

任务实施

1. 你平时参加过志愿服务活动吗？你认为当代大学生为什么有必要参加志愿服务活动？
2. 你参加过哪些类型的志愿服务活动？在活动过程中遇到过哪些问题？
3. 对于高校开展志愿服务活动，你有什么建议？

第十章　社会实践

【学习目标】

知识目标

1. 了解社会实践的类别和参与途径。

2. 熟悉社会实践报告的写作方法。

3. 了解学校的社会实践考核评价和反馈体系。

素质目标

1. 树立参与社会实践的意识。

2. 能够对照考核评价体系针对性开展社会实践策划、执行及成果呈现，确保社会实践实效性。

3. 能够按照社会实践反馈流程及时收集反馈信息并修订问卷、调整方向，提高社会实践活动的质量。

课程导入

暑假，小王和学院的多名同学参加了学院暑期的“三下乡”“美丽中国实践团”，进行了为期30天的社会实践活动，实践团队还被评为社会实践优秀团队。在找工作时，很多用人单位都会翻看他们的社会实践成果小册子，并仔细询问小王在社会实践中承担了什么工作，起了何种作用。最后小王在实习时就非常顺利地找到了工作。小王说，自己正是由于主动参加了社会实践活动，将理论知识进行转化和拓展，增强运用知识解决实际问题的能力，才能被单位录用。可见，开展社会实践是促进学生就业的重要举措，社会实践经历已成为高校毕业生就业的“敲门砖”。

第一节 社会实践的概念和意义

一、社会实践的概念

实践是指人类能动地改造自然和改造社会的全部活动。大学生社会实践从属于人类的实践活动，一般有广义和狭义之分。狭义的大学生社会实践是指教学计划以外学生参与的社会中的各种实践活动，它不包括配合于课堂学习的教学实践以及各类校园实践活动，对于在校大学生具有加深对本专业的了解、确认适合的职业、为向职场过渡做准备、增强就业竞争优势等多方面作用。

大学生社会实践是大学生在高等学校结合其培养目标的引导下，以大学为依托，以社会为舞台，开展的接触社会、了解社会、服务社会，并从中接受教育、培养综合素质的一系列有组织、有计划活动的总称。大学生是社会实践的主体和实际运作者。故实践的开展既要充分激发大学生的主观能动性，也要以高校为依托，在教师和家长的引导下进行。

社会性是大学生社会实践的一个重要特点。社会是大学生社会实践的客体。社会实践是以社会科学方法论为指导的。

大学生社会实践本质上是实践的，它有别于理论学习，是课堂教育的补充、完善和提高。

小贴士

全部社会生活在本质上是实践的。凡是把理论引向神秘主义的神秘东西，都能在人的实践中以及对这个实践的理解中得到合理的解决。……人的思维是否具有客观的真理性，这不是一个理论的问题，而是一个实践的问题。① （马克思《关于费尔巴哈的提纲》）

劳动是一切财富的源泉。其实劳动和自然界一起才是一切财富的源泉，自然界提供劳动以材料，劳动把材料变为财富。但是劳动还远不止于此。它是一切人类生活的第一个基本条件，而且达到这样的程度，以致我们在某种意义上不得不说：劳动创造了人类本身。② （恩格斯《劳动在从猿到人转变过程中的作用》）

有什么办法使这种仅有书本知识的人变为名副其实的知识分子呢？唯一的办法就

---

① 《马克思恩格斯选集》第 1 卷，55～56 页，北京，人民出版社，1995。

② 《马克思恩格斯选集》第 4 卷，373～374 页，北京，人民出版社，1995。

是使他们参加到实际工作中去，变为实际工作者，使从事理论工作的人去研究重要的实际问题。[1]（毛泽东《整顿党的作风》）

二、社会实践的指导方针

习近平总书记多次强调，社会实践是青年学生练就过硬本领的“大熔炉”，青年要成长为国家栋梁，要读万卷书、行万里路，既多读有字之书，也多读无字之书，注重学习人生经验和社会知识，注重在实践中加强磨炼、增长本领；要不怕困难、攻坚克难，到基层、到西部、到祖国最需要的地方去，做成一番事业、做好一番事业。习近平总书记指出，要重视和加强第二课堂建设，重视实践育人，坚持教育同生产劳动和社会实践相结合，广泛开展各类社会实践，让学生在亲身参与中认识国情、了解社会，受教育、长才干。这些重要论述，为当代青年成长成才道路标注了鲜明的时代坐标和基层导向；发挥社会实践的育人功能，就是要不断拓展学生社会实践的平台和路径，为学生参与社会实践创造更多的机会，提供更好的条件。[2]

三、社会实践的特点

社会实践是实施素质教育的必然要求，是参与社会主义市场经济建设、促进教育改革的积极因素；是德育的重要组成部分，是引导广大学生健康成长的有效途径。社会实践活动可以引导学生了解社会，了解国情，坚定走有中国特色社会主义道路的信念；引导学生增强责任感和使命感，树立正确的世界观、人生观、价值观，提高学生的综合素质；充分发挥学生的知识和智力优势，为人民群众生产和生活基本需求服务，有利于培养学生的劳动观念和奉献精神，引导学生积极参与社会政治、经济、文化生活。社会实践的特点主要表现在以下五个方面。

（一）双重性

社会实践是一种教育活动，是中国特色社会主义高等教育的一个有机组成部分。它既有学校教育的属性，又有社会教育的属性，是连接学校教育和社会教育的重要纽带。大学生参与社会实践，可以丰富对国情的感性认识，加深对社会、对人民群众的了解，从而增强拥护和执行党的基本路线的自觉性；可以在接触社会生活实际的过程中巩固和深化课堂知识，锻炼和增强解决实际问题的能力。

（二）综合性

社会实践的教育目标或价值，既可以体现在认知发展、技能形成方面，也可以体现在情感体验、品德与态度的确立等方面。在具体的实践活动中，既可以对学生主体

---

① 《毛泽东选集》第3卷，816页，北京，人民出版社，1964。

② 中共教育部党组：《深入学习贯彻习近平总书记关于青年学生成长成才重要思想　大力培养中国特色社会主义建设者和接班人》，载《光明日报》，2017-09-08。

进行德育，也可以进行智育、体育、美育、劳动技术教育和心理教育等，进而达到和完成综合而不是单一的教育目标和任务。社会实践作为素质教育的重要途径，正是通过其所具有的多功能性或综合性特点表现出来的，这一特点在学校教育的其他方面是不多见的。

（三）参与性

大学生作为社会政治生活、经济生活、文化生活的一员，广泛地参与到广阔的大自然改造和丰富的社会生活之中，接触和感知各种人和事，了解社会，有利于增加其对社会的生活积累，并获得对社会物质文化、精神文化和制度文化的认知、理解、体验和感悟。在参与中，大学生的主体地位也能得到充分的展现。

（四）开放性

社会实践的这一特征，要求教育者彻底改变一切从书本出发、从教室出发、以教师为中心的传统教学观念，在理论与实践间架设起沟通的桥梁，引导学生关心书本之外、教室和学校以外的事情，使之热爱生活、热爱集体、热爱国家。社会实践的开放性包括活动内容的开放性、活动时空与形式的开放性、活动评价的过程和活动开展的开放性等。

（五）协同性

由于社会实践还具有课程的开放性、跨学科性、互动性等特点，故不仅要求各类学校、各科教师之间、学校教师与家长及社会有关机构人员之间相互配合，家庭、学校、社会形成合力，协同完成任务，而且要求学生充分发挥自主性，自己参与设计、自己选择主题、自己组织实施、自己进行评价，同时充分利用与合作伙伴相互交流、分享成果的机会，培养锻炼人际交往能力和团结合作的精神。社会实践是在课余时间进行的特殊教育活动，是教育实践环节的必要补充。同教学实习不同，它主要在教学计划外的课余时间进行，而前者则在教学计划内进行，是课堂教学的延伸。

四、社会实践的工作原则

1. 坚持育人为本，牢固树立实践育人的思想，把提高大学生思想政治素质作为首要任务。

2. 坚持理论联系实际，提高社会实践的针对性、实效性、吸引力和感染力。

3. 坚持课内与课外相结合、集中与分散相结合，确保每一名大学生都能参加社会实践，确保思想政治教育贯穿于社会实践的全过程。

4. 坚持受教育、长才干、作贡献，保证大学生社会实践长期健康发展。

5. 坚持整合资源，调动校内外各方面的积极性，努力形成全社会支持大学生社会实践的良好局面。

五、开展社会实践的意义

社会实践作为我国高等教育的一个重要组成部分，在我国高等教育中发挥着不可替代的重要作用，是大学生在理论和实践相结合的过程中增长才干、健康成长的重要途径，对促进大学生全面发展，提高自身素质、服务社会、奉献社会具有十分重要的意义。

（一）社会实践是思想政治教育的重要载体

大学生不仅要掌握丰富的科学文化知识，还应具备高尚的道德品质和过硬的政治素质。社会实践丰富了思想政治教育的内容，可以使大学生走出校园参与到社会政治、经济、文化生活中去，有助于提高大学生的道德修养，使之明事理、知荣辱、关爱他人、回报社会。社会实践是素质教育的必然要求，有助于大学生了解社会、了解国情，加深对党的基本路线的认识，坚定正确的政治方向，增强爱国情感和社会责任感、使命感，帮助大学生形成积极向上的生活态度，树立正确的世界观、人生观、价值观。

（二）社会实践有利于增强大学生认识、解决实际问题的能力

教育与生产劳动和社会实践相结合是党的教育方针的重要内容，理论教育和实践教育相结合是大学生思想政治教育的根本原则之一。大学生以课堂学习为主，这对大学生来说非常重要，但在课堂上获得理论知识并不意味着大学生掌握了可以直接运用于现实生活中的实际技能。而社会实践可以使大学生接近社会和自然，获得大量的感性认识和许多有价值的新知识。通过社会实践，大学生能够了解社会、认识国情，增长才干、奉献社会，锻炼毅力、培养品格，同时能够把自己所学的理论知识与接触的实际现象进行对照、比较，对理论知识进行转化和拓展，增强认识和解决实际问题的能力。

（三）社会实践可以促进大学生的全面发展

社会实践是课堂教学环节的有益延伸和补充，可以帮助大学生巩固和深化在课堂上学到的理论知识，并促使大学生把这些理论知识运用于实践中，锻炼和增强其解决实际问题的能力，同时帮助大学生开阔视野，学习新的知识，激发其学习积极性和主动性。通过广泛的社会实践活动，大学生也能发现自身知识水平和综合能力的不足之处，从而比较客观地去重新认识、评价自我，主动调整知识结构，不断挖掘自身潜力，有利于其优质成才、全面成才。社会实践活动有利于大学生的成长，也是大学生成才的需要。当前，“学习社会、助困扶贫、服务社会、实践成才”已成为多数青年大学生的自觉行动。每逢假期，学生们往往走出校园，下农村、下厂矿、到学校、访军营、进商店，以社会为课堂，以实践为教材，全身心投入社会实践，接受教育和锻炼。社会实践活动因有利于大学生的全面发展，正日益成为大学生的自身需要，受到大学生的高度重视。

（四）社会实践有利于推动大学生的顺利就业

就业能有效帮助大学生实现自身的价值和社会价值。大学生因生活环境相对封闭，缺乏对外界的了解。学校可有针对性地组织大学生进行社会实践。社会实践可以展现大学生的个人能力，提高其专业知识技能和综合能力，使之在实际的职场情境中增进对企业、行业、职业的了解，明晰自身的能力、兴趣、性格等，尽早作出适合自身的职业生涯规划，合理安排大学的学习和生活。社会实践有利于大学生了解和认识国情，认清就业形势，了解社会对毕业生的需要，从而结合自身实际树立正确的择业观念，实现个人志愿与祖国需要的有机结合。

（五）社会实践是大学生服务社会的重要途径

高校以为社会培养合格人才为目的，社会实践是理论和实际相结合的重要途径，它拓宽了高校教学和思想政治教育工作的空间，有利于促进高校在新形势下与时俱进，及时调整课程设置、教学、培养方案、管理办法中与社会需求相脱节的地方，为高校工作注入生机和活力。社会实践活动的开展既有利于大学生深入基层、了解国情，分析社会的现实需要、发现自身的不足，也有利于促进高校“两课”（马克思主义理论课和思想政治教育课）的教学，较大地提高“两课”的教学实效，较好地解决“两课”教学中存在的理论不能很好联系实际的问题，使学生在理论与实践的结合上学懂理论，在社会实践中充分发挥知识和智力优势，服务于人民群众生产和生活需求，服务社会、回报社会，传播社会新风尚，促进“两个文明”建设。社会实践架起了学校和社会之间的桥梁，实现了校外生活和高等教育之间的有效衔接，也能增进大学生的生产劳动体验，加强其同人民群众的结合与联系，有助于大学生坚定建设中国特色社会主义道路的信念。

任务实施

谈谈什么是大学生社会实践，利用假期尝试拟订一份参与社会实践活动的计划。

延伸阅读

上好大学社会实践“必修课”①

寒假将至，各地高校纷纷着手开启社会实践活动。社会实践是高校促进课堂教学

① 选自《人民日报》，2019-12-26。选入时有改动。

与社会实际相结合、全方位培养高素质人才的重要方式，但在一些地方，务虚不务实、形式大于内容等现象也时有发生。

让社会实践“实”起来

对大学生来说，通过社会实践，可以获得知识的增长、责任意识的养成、职业能力的提升等。然而，在现实中，社会实践的效果还有待进一步增强，我们尤须警惕“脱实向虚”的倾向。比如，实践内容不实，一些实习岗位与专业不对口，存在“放养”“注水”等现象；实践导向不实，一些学校不重视实践课程，配套设施和管理服务跟不上；等等。

社会实践被视为“第二课堂”，是全面提高大学生素质的切入点和突破口。增加社会实践的“含金量”，一方面要明确实践教学质量标准，科学合理安排实践教学内容，加强实践教学基地建设，积极改善实践教学条件；另一方面要优化绩效考核指标体系，向实践教学工作扎实、实践教学改革与研究成效显著、实践教学成绩突出的教师倾斜。树立实干导向，就要创造实干环境，让实践课真正“实”起来。

缩短供需之间的距离

当下，单位对人才实践能力的要求越来越高，但校园里一些实践方面的课程却与现实结合不紧密。归根结底，是需求侧和供给侧的对接出现了偏差。

解决供需偏差，必须缩短教育教学与实践的距离。一方面，积极推进校企、校地、校所、校校深度合作，建立产教融合、协同育人的人才培养模式，将企业等机构的能力标准引入教学过程；另一方面，可以聘请行业优秀专业技术人才、管理人才和高技能人才担任专兼职教师，开设应用型课程，指导学生进行专业实践。惟其如此，才能促进专业和行业协同发展、教学和实践良性互动。

搞好社会实践，还要精准对接技术前沿、把握发展趋势。要结合新一代信息技术、高端装备、新能源新材料、文化创意等产业快速发展的实际，开设学生感兴趣、行业有需求、学校有特色的实践课程，培育一批特色鲜明、优势突出、对接产业、适应需求的重点专业人才，让适应新旧动能转换要求的高素质应用型人才脱颖而出、茁壮成长。

用心做好管理服务

一些社会实践活动在大学生中“遇冷”，其中一个重要原因是管理不到位。比如，有的课程全程走过场，事前无对接，事中无指导，事后无反馈。这样一来，学生往往就会“身至心不入”，草草了事、收获无几。反观那些受学生欢迎、被企业称赞的社会实践项目，背后则是良好的沟通、细致的服务。

社会实践是学生进入社会前的体验和锻炼，绝不能成了“断线的风筝”。因此，高校有关部门应形成合力，落实责任。比如，在学生参加实践前，认真做好准备工作，打通供需信息通道，搞清楚学生的专长是什么、接收单位的人才需求在哪里，努力做到无缝对接。又如，实践活动结束后，对于效果好不好、收获大不大，不能只从实践报告中“找答案”“做总结”，还应请接收单位“把把脉”“画画像”，虚心接受改进意见。在此基础上，不断完善管理服务保障机制，让实践课更有价值、更有吸引力，从而用当下的耕耘，收获未来的一片绿荫。

第二节 社会实践的内容、形式、类型和途径

一、社会实践的内容

社会实践的范围十分广泛，可根据课程内容、学校特点以及受教育者存在的年龄、性别、知识和经验等方面的差异，从以下两个角度归纳社会实践活动的内容。

（一）与现行教学计划的关系

教学计划内的社会实践活动有教学实验、生产实习、军事训练、公益劳动等；教学计划外的社会实践活动有勤工俭学学生社团、社会调查、咨询服务、社区服务等。

（二）受教育者的个体差异

社会实践在内容上可以划分为调查研究、公益服务和职业发展三类。适合大学生的社会实践教育活动有社会调查、勤工俭学、公益劳动、生产或教育实习(包括校办工厂、农牧场劳动)、社会服务(包括“三下乡”青年志愿者服务队活动)、军事训练、科技攻关小组活动、主题党团活动、科技实验、美术、征文、远足等。

二、社会实践的形式

根据参与人数的不同，社会实践可分为个人实践和团队实践(表 10-1)。团队实践是大学生社会实践的主要形式。

表 10-1 个人实践和团队实践的对比

项目	个人实践	团队实践
概念	在没有同伴的情况下单独参与社会实践	围绕共同兴趣、主题组建团队开展实践
组织	灵活自由，实施过程较为简单	精心准备，凝聚团队成员做好同一件事情，需付出更多精力
成果	规模、影响力较小，不易出成果	规模、影响力较大，成果相对丰硕
能力锻炼	自理能力、独立意识、文字撰写	团队合作、组织管理、分工协调、安全责任、文字撰写、沟通交流
学校要求	前期向课程组报备实践内容，后期提交报告、登记表、微记录等	前期向课程组提交项目申报书，中期提交中期小结，后期提交团队报告、登记表、微记录、答辩材料等

三、社会实践的类型

学校社会实践类型可以概括为以下 8 种，开展具体活动时可有所交叉。

（一）理论宣讲

包括到农村开展送科技知识下乡；通过报告会、座谈会、图片展示、文艺演出、宣传板报等形式，深入城市社区、乡镇农村、学校企业等地，广泛宣传文化知识；举办法律咨询活动；等等。

（二）环境保护

通过报告会、座谈会、宣传板报、图片展等形式进行低碳环保理念的宣传，提高公众的环保意识，引导公众养成绿色的生活方式；联合媒体及各类公益组织对高污染、高耗能企业进行监督，推动其进行绿色科技类改革，摒弃“先污染，后治理”的发展模式；利用自身专业优势，积极参与低碳环保类科技类项目，推动低碳环保类技术在企业中的推广；深入各地开展低碳环保类主题调研，掌握企业、居民的生产、生活方式，为进一步深化低碳环保成效提出建设性建议；参加植树、清扫公共设施、社区宣传等活动，如组织打扫楼道、捡拾一些“白色”垃圾或者回收一些废旧电池等。

（三）学习参观

采用校外实训教师指导和讲解的方式，要求学生围绕参观内容收集有关资料，质疑问难，做好记录，参观结束后，整理参观笔记，写出书面参观报告。例如，针对西部地区、乡镇农村地区中小学师资不足、教育水平偏低的状况，可对当地教师进行专业化培训；也可在当地推广普通话，指导中小学生学习现代汉语的基本知识，促进语言文字的规范应用。又如，参观“学习科研机构”等。也可以参加一些课外的学习小组，提高沟通能力，如同校或者同班的同学一起参加书法、乐器等方面的兴趣小组，丰富课余生活。

（四）生产助困

包括参加工农业生产劳动，环卫清洁劳动，参加帮助孤寡老人、救助儿童等义务活动，等等。例如，组成小组，去敬老院慰问老人，表演各种各样丰富多彩的节目；利用身边各类资源开展书籍下乡捐赠活动，巩固乡村图书室（站）建设，通过读书活动和文明新风宣传，传播科学知识，倡导健康生活方式；通过各种募集形式，为教学资源不足的中小学提供电脑、图书等教育设备；在乡村小学开展心理健康教育课，帮助当地学生了解心理学和心理健康知识，引导其树立正确的世界观、人生观与价值观；等等。

（五）挂职锻炼

包括参与“三下乡”青年志愿者服务队活动，组成大学生支教团队进入定点联系村，对中小学生特别是留守儿童进行学业辅导等。也可在帮助当地学生强化课堂文化知识的同时，在支教地积极进行“团队活动”等，拓展学生的组织协调能力、交流表达能力、创新能力等综合素质。还可以开展流行性疾病防治宣传、基本医疗卫生知识普及活动；结合所学，赴基层开展短期医疗服务，为农民进行健康普查、健康咨询、免费体检等活动，缓解基层人民群众看病难、看病贵等问题。

（六）社区服务

开展科技文体法律卫生“四进社区”活动，举办科普教育宣讲、文体娱乐活动、普法宣传、卫生医疗义诊活动等。可结合自身专业，通过宣讲、知识竞赛等形式耐心为社区居民讲解消防、饮食、疾病预防等方面的安全知识，以及现场展示灭火器的使用方法和电梯事故的处理方法等。

（七）社会调查

社会调查指组建团队在一定地域范围内就相关问题进行调研。例如分析我国教育资源分布、大学生就业难等现象及问题的成因，虚拟 VR 技术的文化产品设计与研究，等等。大学生可结合自身专业知识，形成专业的、可供有关部门参考的报告。

（八）创新创业

高校可开展创新人才培养探索实践活动。例如，鼓励大学生根据市场调研，听取导师、相关专家建议，撰写和完善创业计划；鼓励大学生赴知名企业开展暑期实习，通过积累职场工作经验，为个人日后创业打下扎实基础；鼓励大学生积极进行有市场潜力的科技创新类项目研究，寻求与相关企业对接，使科技类项目市场化，创造经济利润；鼓励学生深入政府部门开展创业创新类主题调研，深入各类国有企业、民营企业、外资企业开展广泛调研，就其运营现状、管理模式展开分析研究，提出创新性意见。

四、开展社会实践的有效途径

（一）做好组织工作

高校领导要认识到社会实践对于大学生成长成才的重要意义，高度重视大学生的社会实践，在人员、经费上予以充分保障，确保社会实践顺利开展。组织开展社会实践，要不断创新，长期坚持，完善自上而下的组织机构，明确各自的职责、权限、利益，建立健全相应的考核、监督和奖惩制度，及时总结经验和不足。只有这样，才能充分调动各方积极性，共同做好大学生社会实践这一系统工程。

（二）加大宣传力度

部分学生对参与社会实践热情不够，这与学生对参加社会实践的重要意义在认识上不足有直接的关系。对此应加大宣传力度，扩大参与面，对效果好、学生和实践单位都满意的活动要坚持长期开展，并对活动取得的成果及时进行宣传报道，吸引更多的学生参与其中。

（三）丰富社会实践的内容

根据大学生的特点，与时俱进，开拓创新，广开渠道，开展内容丰富、形式多样、学生乐于参与的社会实践；增强其趣味性，提高学生的参与兴趣和热情；要按照“按需设项，据项组团，双向受益”的原则，开展社会急需、学生可为的社会实践，增强实践的针对性和实效性；同时在实践活动中不要忽视对大学生的思想政治教育，尤其是爱党、爱国教育以及和平教育，以帮助大学生树立正确的世界观、人生观、价值观。

（四）创新社会实践的形式

社会实践应根据不同年级的特点有针对性地开展。例如，大一、大二的学生活动内容要丰富，侧重于综合能力的提高；对于大三的学生，可鼓励其利用课余时间到自己想从事的行业、企业、职业中寻找实习锻炼机会，在实践中了解职业人应具备的素质，找出自身差距和不足，调整自己的知识结构，培养与自己理想职业相适应的能力。可以把大学生社会实践与教师社会实践结合起来，选拔优秀教师参加、指导社会实践，这样就可以把学生的专业知识学习和社会实践很好地结合起来。

任务实施

完成以下问题。

1. 你觉得对大学生来说参加社会实践有必要吗？（　　）

A. 有必要　　B. 没有必要　　C. 无所谓　　D. 有机会也愿意尝试

2.（多选）你认为参加社会实践的途径有（　　）。

A. 学校组织　　B. 协会组织　　C. 自己参与　　D. 其他

3.（多选）你是通过哪些方式了解社会实践的信息的？（　　）

A. 网络　　B. 电视　　C. 朋友或同学的推荐　　D. 中介所　　E. 学校老师

F. 其他____

4.（多选）参与社会实践，你最想去的地方是（　　）。

A. 学校、教育机构等　　B. 企业单位　　C. 农村　　D. 机关单位

E. 离家较近的任何单位

5.（多选）你觉得参加社会实践的意义在于（　　）。

A. 提高综合素质，做实用型人才

B. 增加社会阅历，积累工作经验

C. 培养创业观念

D. 提高适应新环境的能力

E. 其他____

6. 你觉得大学生应该在什么阶段进行社会实践？（　　）

A. 大一　　　B. 大二　　　C. 大三

7.（多选）你认为当前大学生参加社会实践的困难在于（　　）。

A. 天天满课，没时间去　　　B. 受到外部环境的影响（如经济、法律等）

C. 很难确立项目　　　D. 家长不支持　　　E. 个人觉得不必要

8.（多选）你认为当代大学生的社会实践存在哪些问题？（　　）

A. 组织管理水平有待提高

B. 活动时间太短

C. 活动操作性不强

D. 活动不务实，过于追求媒体效益

E. 活动创新性不强

9. 为了提高大学生参加社会实践的比例，你有什么建议？

延伸阅读

不忘初心"甬"相伴，乡村振兴永灿烂[①]

——浙江工商职业技术学院经济管理学院"薪火"小分队龙观乡社会实践调研

为加强对国情、社情、民情的了解，进一步落实"乡村振兴"战略，2020 年暑假，浙江工商职业技术学院经济管理学院"薪火"小分队的 15 名同学来到宁波市海曙区龙观乡展开了两天社会调研，这次社会实践活动也受到了龙观乡政府的大力支持。

7 月 2 日，小分队到达李岙村。妇联的王主任热情地接待了队员，并举行了李岙村"乡村振兴"介绍会。她从李岙村的地理位置、人口、主要产业、红色文化等方面向队员介绍了该村的基本发展情况，重点介绍了以桂花产业和光伏技术为抓手引导李岙村致富、落实"乡村振兴"战略的工作布局、取得的成就以及未来发展蓝图。她说，以前村里非常贫困，在实施"乡村振兴"战略后，村民的收入迅速增长，现在比龙观乡其他村已经高很多了。

紧接着，王主任带领队员参观了"桂花园"。她介绍，1994 年，海曙区进行农业结构调整，为贯彻落实上级政府的农业产业结构调整后的有关政策，在区、乡两级政府的大力支持下，李岙村开始因地制宜发展桂花种植。在优惠政策的鼓励下，桂花种植

---

① 本部分内容来自大学生网报网，http://www.dxswb.com/shijian/284062.html，访问日期：2023-06-27。选入时有改动。

户从原有的几十户猛增到几百户，同时积极引进先进技术和优良品种，使桂花的年销售额从1998年的几十万元增加到如今的数百万元。李岙村花卉种植得到了长足发展，农户的生活因此而更加富裕。

在途经那一栋栋外观美观的住房时，王主任还介绍了该村的另一大收入来源，就是家家户户屋顶上都安装的光伏板。这些光伏板每年可发电60多万千瓦时。村民每月享受50千瓦时的用电补贴，村集体经济每年可获益60万元。

为更深入了解村民们对“乡村振兴”的感受，“薪火”小分队对当地村民进行了实地采访和问卷调查。采访对象李爷爷经历了整个乡村改革过程。他说实施“乡村振兴”后村里的医疗变得更优质，交通变得更便利，环境变得更优美了。队员整合分析调查数据后发现，村民们对“乡村振兴”是非常满意的，他们感谢国家、感谢政府，幸福感指数越来越高，生活越来越美好。同时，他们对李岙村如何能够更好地发展也提出了建议，如教育资源可以更加丰富等。

7月3日，“薪火”小分队前往龙观乡龙飞水果专业合作社，这是海曙区少数几家拥有海关达标登记与农林达标登记的合作社。李社长带队员们参观了生产基地。据李社长介绍，当地以水蜜桃种植为主。由于目前水果市场处于饱和状态，本地生产的水果在进口水果的冲击下，销售方面比较困难。但是李社长有信心能将合作社发展得更好，让属于龙观乡的特色无公害水果“走出去”。

随后，小队前往龙观乡五龙潭风景区。景区旅游办的林主任从地理位置、主要景点、客容量等方面向队员们介绍了该景区的基本情况，景区主要靠独特的观瀑水景玻璃桥门票获取收入，促进景区乡村旅游业的发展。五龙潭也带动了周边住宿、餐饮等产业的发展，为村民们带来了经济效益。队员们还特地为五龙潭景区拍摄了小视频，并将视频上传至视频平台，该视频点击量超过1万人次。

通过实地调研，队员们一致认为收获满满，深刻认识到除了政府扶持外，产业致富和技术致富是新农村发展的动力，发展乡村旅游助推乡村振兴，要更加注重保护、传承和弘扬乡村特色。同学们也表示作为新时代大学生，应该学好知识，扎根基层，服务百姓，为祖国的美丽乡村建设添砖加瓦！

知识链接

第二课堂成绩单

第二课堂是相对于传统课堂教育而言的。作为第一课堂的延伸和补充，第二课堂是激发学生学习兴趣、培养学生能力、提高学生综合素质的有效途径，是实践育人、创新育人、文化育人的重要载体和环节，是学校人才培养的重要组成部分。

"第二课堂成绩单"制度是高校共青团培养大学生综合素质、深度融入教育改革发展、服务国家经济发展大局的一项举措。第二课堂成绩单主要包括学生在校期间社会实践、志愿服务、创新创业、文体活动、工作履历、技能特长、思想成长等方面的经历和成果。"第二课堂成绩单"制度的实施，有利于推进第二课堂与第一课堂互动互补、互相促进，服务学校立德树人中心工作，为学生在校期间打造一份课业成绩之外的"第二课堂成绩单"，形成每名同学在校期间的"足迹"记录。第二课堂成绩单已逐步成为学校人才培养评估、学生综合素质评价、单位选人用人的重要参考依据。

第二课堂成绩单的主要功能和作用体现在以下四个方面。

一是客观记录。通过设置覆盖面广、内容模块全的课程体系，真实、客观地记录学生在校期间参加各项课外活动、从事团学工作等情况和取得的各类成绩。

二是科学评价。对学生在校期间的综合表现进行专业化的准确评价，帮助学生正确了解自身优势、弥补自身不足。

三是促进成长。利用信息化系统和网络平台对学生参与各类活动的情况进行统计和分析，通过第二课堂成绩单的反馈，激励学生广泛参与各类活动，促进其能力素质的均衡发展，提升其就业竞争力。

四是融入社会。通过第二课堂成绩单，为社会用人单位选人、用人提供科学参考，搭建学生、学校、社会之间的有效连接平台。

第三节　社会实践报告的写作方法

大一学生小雨第一次参加学校组织的暑期"三下乡"社会实践活动。这次活动以"××市本地老年人居家安全环境现状调查"为主题，在教师的带领下对照"居家安全环境评估量表"对70岁及以上居家养老的老年人家庭环境安全隐患进行评估和排查。这次社会实践活动历时5天，团队一行20名同学走访了××市多个社区，收集了大量的数据资料。学生积极主动的工作态度也得到老人们和社区工作人员的一致认可。活动结束时，指导教师提出要求：请同学们尽快完成资料的收集整理和数据统计分析，并撰写社会实践报告，下学期开学时提交。小雨一头雾水，什么是社会实践报告？怎样才能写出一份优秀的社会实践报告呢？

一、社会实践报告的含义

社会实践报告又叫调查研究报告，要求围绕社会实践活动目标，运用辩证唯物论观点，对某一现象或问题进行深入、细致、周密的调查研究和分析，并将调查分析结果系统、如实地整理成书面文字。"××考察报告""关于××的调研报告""××调查"等都是常见的社会实践报告题目。

二、社会实践报告的特点

1. 真实性。真实性是社会实践报告首要的、最大的特点。所谓真实性，就是尊重客观事实，靠事实说话。只有秉持严谨的科学态度和认真求实的精神，客观评述现状、分析问题，才能写出真实、可靠、有意义、有内涵的社会实践报告。

2. 针对性。社会实践报告的写作须突出中心，明确提出所针对的现状或问题，明确交代在调查这一现状或问题时所获得的事实材料，分析出其症结所在，并提出具体可行的建议或对策。

3. 典型性。典型性是指在社会实践报告的写作过程中，所采用的事实材料和所揭示的问题要有代表性。这种典型性特点在总结经验和反映典型事件的调查中表现得尤为突出。

4. 系统性。社会实践报告的系统性或完整性是指由调查材料所得出的结论必须具有说服力，把被调查的情况完整地、系统地呈现清楚，不能疏漏事实过程和必要环节。

三、社会实践报告的类型

1. 综合型和专题型。综合型社会实践报告是以综合调查较多对象及其基本情况为内容，进行全面系统调查和反馈的报告，具有全面、系统、深入和篇幅较长的特点。专题型社会实践报告是指侧重某个问题或现状进行较深入的调查后形成的报告，它能及时揭露现实生活中的矛盾，反映群众的意见和要求，研究急需解决的实际问题，并根据调查结果提出处理意见建议或对策。

2. 理论研究型和实际建议型。理论研究型社会实践报告是在以学术研究为目的而开展的社会实践活动后撰写的，通常以收集、分类、整理资料并提出问题、报告结论为特点。实际建议型社会实践报告是在结合实际工作困难、问题和需要而开展的调查后形成的，其主要内容是为预测、决策、制定政策、处理问题等进行调查所获得的材料及有关的建议。

3. 历史情况型和现实情况型。历史情况型社会实践报告是根据需要以历史情况为对象进行调查而形成的，它可供人们了解某一事物或问题的历史资料和历史真相。现实情况型社会实践报告是以正在发生、发展的一些现实生活为对象进行调查后所形成的，人们可以通过它了解和认识某些事物和问题的客观现实情况，以作为其他认识活动的依据或参考。

四、社会实践报告的写法

（一）社会实践报告的结构和内容

一般来说，社会实践报告的内容包括标题、导语、概况介绍、资料统计、理性分析、总结和结论或对策、建议以及所附的材料等。由此形成的社会实践报告结构包括标题、导语、正文、结尾和落款。

1. 标题。社会实践报告的标题有单标题和双标题两类。所谓单标题，就是一个标题，通常为“事由＋文种”结构，如“××市 70 岁及以上老年人居家养老环境安全现状调查报告”。所谓双标题，就是两个标题，即一个正标题、一个副标题，如“为了造福子孙后代——××县封山育林调查报告”。

2. 导语。导语又称引言，它是社会实践报告的前言，其作用是简洁明了地介绍调查情况或引出全文，为正文写作作铺垫。常见的导语有：①简介式导语。简明介绍调查的主题、对象、时间、地点、方式、经过等。②概括式导语。概括说明社会实践报告的内容(包括主题、对象、调查内容、调查结果和分析的结论等)。③交代式导语。简要介绍和说明主题产生的由来。

3. 正文。正文是社会实践报告的主体，其内容主要包括叙述调查得来的事实和材料，分析数据、现状和问题，论述调查研究的结果和结论，等等。

社会实践报告类型不同，正文也会有不同的结构。①根据逻辑关系安排材料的结构有：纵式结构、横式结构、纵横式结构。这三种结构中，纵横式结构最常用。②按照内容表达的层次组成的结构有：“情况—成果—问题—建议”式结构，“成果—具体做法—经验”式结构，“问题—原因—意见或建议”式结构。

4. 结尾。社会实践报告的结尾主要有补充式、深化式、建议式、激发式等。

5. 落款。社会实践报告的落款要写明学校名称、个人姓名和完稿时间。如果封面或标题下面已注明调查者，则落款处可省略。

（二）社会实践报告的写作步骤

一般来说，社会实践报告的写作可分为五个步骤。

1. 确定主题

主题是社会实践报告的灵魂，对社会实践报告写作的成败具有决定性作用。确定主题时要注意：①报告的主题应与实践主题一致。②要根据调查和分析的结果明确报告主题。③主题宜小，且宜集中。④报告标题应与主题协调一致，避免文题不符。

2. 收集资料和选择材料

资料是实践报告写作的基础。收集资料的途径主要有实地调查、问卷收集、文献查阅等。经过收集整理与统计分析后得到的“调查资料”，在组织社会实践报告时仍需精心选择，因其不必也不可能都写入报告，故要注意取舍。选择材料时要注意：①选取与主题密切相关的材料，去掉无关的、关系不大的和次要的、非本质的材料，使主题集中、鲜明、突出。②注意材料点与面的结合，材料不仅要支持报告中某个观点，而且要相互印证，前后统一。

3. 拟定提纲

提纲既是文章的“骨架”，也是社会实践报告写作的关键。拟定提纲的过程实际上就是把材料进一步分类、构架的过程。其原则是围绕主题，层层递进，环环相扣。提纲须明确内在逻辑，做到层次分明。

实践报告的提纲有两种。一种是观点式提纲，即将调查者在调查研究中形成的观点按逻辑关系一一列出来；另一种是条目式提纲，即按层次意义表达上的章、节、目逐一地写成提纲。在具体操作中可以将这两种结合起来。

4. 起草社会实践报告

这是社会实践报告写作的行文阶段。要根据已经确定的主题、选好的材料和列好的提纲有条不紊地行文。写作过程中要从实际需要出发，灵活地选用语言和划分段落。

行文时要注意做到：①结构合理(标题、导语、正文、结尾、落款)；②报告文字规范，具有可读性与审美性；③通俗易懂。此外，还应注意数字、图表、专业名词术语的使用，做到深入浅出，语言准确、鲜明、生动、朴实。

5. 修改社会实践报告

社会实践报告写好以后要认真修改，主要是对报告的主题、材料、结构、语言文字和标点符号进行检查，加以增、删、改、调。在完成这些工作之后，才能定稿向上报送或发表。

小贴士

一般而言，要想写出一篇优秀的社会实践报告，需要做到以下几点。

1. 掌握大量的第一手材料。实践者要深入群众，了解调查对象各方面的材料，包括正面的、反面的，直接的、间接的，历史的、现实的，弄清它们的来龙去脉，为后续的分析研究提供大量的、可靠的事实依据。

2. 认真分析与研究。对掌握的大量材料应去伪存真、去粗取精。分析材料时应做到由此及彼、由表及里，要透过表面现象看到事物的真面目，抓住它的本质，从而得出正确的判断和结论。

3. 选用切实、可靠的材料说明观点。社会实践报告的结论必须是对具体情况、具体事实做客观叙述和分析后得出的，要善于用精确、充足的材料来说明观点，既不能脱离材料空发议论，也不能只摆一大堆材料而不提出明确的观点和结论。

4. 社会实践报告的文字要朴素、明确、实在。要注意把说理和叙事有机结合起来，要善于用简要的议论总结经验、阐明规律、说明政策，还要注意运用可靠的统计数据和群众语言来印证观点。

任务实施

结合你所参与的暑期社会实践，按照上述步骤和方法完成一份规范的社会实践报告。

延伸阅读

江畔行者——南京外秦淮河环境保护改造现状调研

该项目以南京外秦淮河环境保护现状调研为题，紧扣党的十九大报告中对于生态文明建设的要求，追随城市热点话题。通过对南京滨水空间建设情况及其对城市居民日常生活的影响进行走访调研，结合线上调查、宣传，希望在了解外秦淮河环境保护现状的同时，将专业知识运用到城市规划建设等为人民生活带来益处的实践活动中，为建设美丽中国贡献力量。

知识链接

如何设计一份好的调查问卷

在社会实践的进行过程中，很多时候需要用到调查问卷对某一事件、现象或问题进行调查。问卷设计的好坏会直接影响到问卷的回收率，调查资料的真实性、科学性，以及预测的准确性。怎样才能设计出一份好的调查问卷呢？

1. 问卷标题

问卷的标题要能概括说明调查的主题，应言简意赅，不能太长，要能引起被调查者的兴趣。

2. 调查说明

调查说明是用一段简短的话简要说明调查目的、调查单位、调查意义、调查所占用的时间、调查结果的保密等。调查目的一般用“为了……”的形式，如“为了了解人们对线上教育的看法”。调查单位要说明调查的组织者，让被调查者明白是谁在进行调查，一般高校或研究机构的名称会提高问卷的回收率。调查意义是指要向被调查者阐明其作答的社会意义，体现出作答会为被调查者带来哪些益处。调查所占用的时间要预先说明，让被调查者做好心理准备，一般几分钟即可，不能太长，否则会影响被调查者回答问题的积极性。调查结果的保密是指调查组织者要对调查结果作出保密的承诺，它既是职业道德和社会公德的体现，也是调查工作顺利进行的有力保证。

3. 问卷题目

问卷题目有开放式题目、选择式题目、顺位式题目、赋值式题目、回忆式题目、量表式题目、比较式题目、矩阵式题目等。其中最常见的是开放式题目和选择式题目。开放式题目就是填空式题目，问一个问题，后面留有空白，让被调查者回答。选择式题目又分为单选式和多选式，这种题目设计形式在问卷设计中的应用最多，因其便于被调查者回答，被调查者也乐于回答，但是如果这种题目设计形式用得太多，则容易导致被调查者视觉疲劳，出现随意选填的行为，导致调查结果的不真实。

顺位式题目主要用于确定位置和顺序。当需要根据被调查者在选择过程中考虑因素的先后顺序，以确定对研究对象的主要影响因素和次要影响因素时，就可采用这种形式的题目。这种形式的题目能反映出影响事物发展的主要矛盾和次要矛盾，为决策者把握大方向提供依据。

赋值式题目是设计一组具有两个相反选项的问题，并将其作为极端情况，在两个极端之间指定等距分值，要求受访者从每个问题的两个极端之间选择一个分值作为答案。

当我们要测试被调查者对某种现象或行为的知晓程度的时候，可以设计回忆式题目。当我们的研究对象被提及的频率较高的时候，说明知晓程度较高。

当我们测量被调查者态度的时候，可以采用量表式题目。常用的量表有评比量表和数值分配量表。评比量表是针对提出的问题以两种对立的态度为两端点，在两端点间按程度顺序排列不同的态度，由被调查者从中选择一种适合自己的态度表现。数值分配量表又叫固定总数量表，由调查者规定总数值，由被调查者分配数值，通过分配数值的不同来表明不同态度的测量值。

比较式题目把若干可比较的事物整理成两两对比的形式，要求被调查者进行比较并作出肯定回答。这种方法采用了一一对比的方式，使受访者易于表达自己的态度。

矩阵式题目由多个问题和相同选项构成，呈现为一个矩阵形表格。矩阵式题目从问卷的编排上讲属于一个问题，所占用的问卷篇幅比较少，而获得的信息量较多。

设计问卷题目时，应尽量多用不同的形式，从而使问卷显得更美观，被调查者回答的积极性也更高。

4. 问卷结束语

在问卷的结尾部分要对被调查者的配合表示感谢。

总而言之，只有在问卷设计过程中站在被调查者的角度，运用问卷设计技术，设计出被调查者愿意回答、乐于回答的问题，才能提高问卷的回收率，才能更有效地获得真实的材料。也只有在问卷设计过程中充分考虑问卷后期的数据加工和整理工作，设计的问卷才有价值。因此，问卷设计的过程既是调查者和被调查者相统一的过程，也是问卷内容设计和形式编排相统一的过程，只有充分运用问卷设计的技术，才能使得问卷调查更加有效地为我们服务。

第四节　社会实践的考核评价与反馈

新学期开学了，“××市本地老年人居家安全环境现状调查”社会实践小分队按教师要求提交了社会实践报告。经过考核评估，该团队获得了社会实践优秀团队称号，小雨被评为社会实践优秀个人，另一名成员撰写的报告被评为优秀社会实践报告。

社会实践考核评价是指高校、社会实践单位等多元主体依据社会实践考核评价标准，对大学生参与社会实践活动的过程和结果作出价值判断的过程。

一、社会实践考核评价的作用

（一）鉴定作用

对社会实践活动进行鉴定是社会实践考核评价的基本作用，即对大学生参加的社会实践在考查认定的基础上作出是否合格以及成绩高低的判断，进而对参加社会实践各单独个体的表现进行区分辨别，根据不同情况开展有针对性的指导。这有利于提升社会实践活动的质量，促进大学生社会实践取得实效。

（二）导向作用

社会实践考核评价的另一重要作用就是导向作用。评价主体在设置评价体系时选取的评价指标和权重将会引导大学生朝预设目标努力，也就是通常所说的发挥“指挥棒”作用。

（三）激励作用

激励作用是社会实践考核评价的必然结果，人们都有希望得到好的评价和实现自身价值的心理趋向。对大学生参与社会实践活动进行考核评价并进行分等评定，对于得到好的评价的大学生来说将会获得心理满足感，将使他们在以后的社会实践活动中更加努力，以取得更好的成绩；而对于未获得好的评价的大学生来说，这对他们将是一种鞭策，促使他们在下次活动中有所改进，争取更好的评价。

（四）反馈调节作用

社会实践考核评价是贯穿社会实践活动全过程的。每次活动结束后的考核评价反馈，可以使学生及时发现问题，并在下次活动中采取措施予以解决。而对于组织者来说，通过对大学生社会实践的考核评价，也可及时发现考核评价指标、权重、指导方法等方面的问题，进而进行改进。考核评价的反馈调节作用有利于大学生社会实践活动取得更好的效果。

二、社会实践考核评价的基本原则

社会实践考核评价是调动大学生参与社会实践的积极性和主动性的重要方法，其在实施过程中需遵循以下几个原则。

（一）知行统一原则

当前，大学生参与社会实践是一个自身所学理论与实际岗位技能相结合的过程，其目的是进一步完善知识结构，提升大学生的创新与实践能力。因此，大学生社会实践在评价上务必与高等院校人才培养的目标相一致，与社会的实际需求同专业学习相结合。

（二）系统性原则

社会实践是一个多位一体的有机系统，涉及学生本人、高等院校以及社会机构等多个方面。因此，对社会实践的考核评价也必须从全局出发，采用系统论的方法与观点，全面整合社会实践过程中的不同要素，使之形成有机的整体，从而对大学生社会实践进行全面的科学评价。

（三）可把握性原则

社会实践在内容上十分丰富，形式上也较为多样，有着很大的灵活性，因此在评价数据、语言方式等方面都必须准确、清晰和具体。同时对于大学生社会实践活动要进行过程性和阶段性评价，坚持公平与真实，通过对各阶段实践情况与材料的分析，真实地反映大学生社会实践的整体过程，从而作出正确、理性的评价。

（四）主体性原则

在大学生社会实践中，大学生无疑是不可替代的主体，其积极性和能动性贯穿于社会实践的全过程。因此，社会实践的评价必须要凸显学生的主体性，必须要始终坚持主体性原则，使学生参与到评价中来，激发学生的主体意识，从而使大学生社会实践的考核评价机制更加完善、更具实效性。

三、社会实践的反馈

社会实践活动可以分成实践启动、实践策划、实践实施、实践完成4个阶段。指导教师可以通过每个阶段的反馈信息，随时掌握实践团队的相关情况，把握社会实践的方向。

（一）实践启动阶段的反馈

实践启动阶段的反馈信息包括实践的内容、所组建的实践团队人员情况、所确定的实践团队负责人信息等。反馈信息的关键是实践团队人员情况。通过这些反馈信息，可以了解实践内容是否具有可行性，队员是否对实践内容有认同感并且能够积极参与到实践中来，团队负责人是否能够取得队员的信任与支持并且有能力领导团队开展和实践有关的活动，等等。

（二）实践策划阶段的反馈

实践策划是在实践团队成立之后开始的。实践策划阶段的反馈信息包括实践计划、实践范围和主题、实践风险分析、实践预算表、实践质量保证计划等。反馈信息的重点应是实践计划。从反馈信息中可以了解到实践计划的细节是否考虑周全，实践需要调查的范围和主题是否经过队员的认真调研和讨论，队员对于实践计划和调研内容有什么样的反应，是否有队员还对此有异议，等等。

（三）实践实施阶段的反馈

当启动和策划的前期条件完备后，社会实践方可开始实施。在实施过程中，指导教师和实践团队都应根据反馈信息对实践进行跟踪与控制。在此阶段，反馈信息的来源是实践团队对每天实践内容作出的交流、总结与讨论。实践团队应将反馈信息和实践质量保证计划进行对比，如果出现偏差要及时纠正。

（四）实践完成阶段的反馈

实践完成阶段的反馈信息包括实践移交、实践报告验收、考核评审等。实践完成回到学校后，实践团队要完成社会实践报告，展览、汇报实践成果，参与实践先进个人、优秀报告、优秀团队、优秀汇报团队等的评比和表彰。分析成果汇报和成果呈现的影响度、学生的评价、评优的结果等，可有效评估社会实践的实际效果，促进社会实践质量不断提高。此时，反馈信息的重点是实践的效果。

建立规范的反馈流程，可以将社会实践的每一步进展及时反映给学校、指导教师和实践团队。通过对这些反馈信息的掌握和分析，学校和指导教师可以进一步指导学生的社会实践，把握其方向，指出其不足，帮助其改进。

社会实践反馈不仅可以起到对社会实践流程的监控作用，以确保社会实践考核评价的公平、客观，还可以给下一次社会实践活动的改进提供实质性的帮助，使实践后评价的成果真正落到实处。

任务实施

结合社会实践的考核评价体系及反馈机制，有针对性地制订一份暑期社会实践计划，以保证社会实践活动优质、高效开展。

延伸阅读

1990年7月下旬，北京大学30多名学生赴福州开展为期10天的社会实践活动。时任福州市委书记的习近平获悉后非常重视，利用晚上休息时间到实践团驻地看望大家并同大家座谈。习近平同志认为，“年轻一代应该结合中国的特点把握好自己的路，否则只能牢骚满腹、空悲叹”。他语重心长地告诉同学们，“只有在实践中才能不断提炼自己狂热、浪漫的想法”，“不要认为学校中学到的知识是高超、万能的，只有到社会中与群众打成一片、扭到一起后，产生了社会责任感，才能获得真知灼见”。他深情寄语：“同学们的忧国忧民，只有到基层中去、到实践中去、到人民中去，才能真正知道所学的知识如何去发挥、如何去为社会作贡献。”他主张，“应该多创造机会让青年学生们认识社会，在实践中把握自己”。①

① 《习书记傍晚与我们社会实践团座谈》，载《中国青年报》，2020-05-18。选入时有改动。

第十一章　创新创业

【学习目标】

知识目标

1. 认知新时代创新创业的机遇和挑战。
2. 了解国际大学生创新创业的“奥林匹克”盛会。
3. 了解参与红色筑梦之旅的方式。

素质目标

1. 培养大学生创新意识和创新精神。
2. 懂得创新创业能力是当代大学生的素质要求。

课程导入

“90后”女孩有点“田”①

“90后”女孩丁蓉蓉生活在江苏淮安，从小在父亲经营的蔬菜大棚里长大，对农业有着不同寻常的感情。2013年暑假，丁蓉蓉去日本旅游，吃到一种嫩脆爽口的蔬菜。她随后了解到，这种蔬菜叫冰草，营养丰富。虽然当时冰草价格在日本折合人民币每斤七八十元左右，但随着中国老百姓越来越富裕，丁蓉蓉觉得冰草在中国还是很有市场的。于是，她竭力说服父亲试种冰草。

① 本部分内容选自《90后女大学生有点“田”——扬州工业职业技术学院学生丁蓉蓉的创业故事》，载《中国教育报》，2012-12-11。选入时有改动。

丁蓉蓉费了很大周折将冰草种子引进国内。但冰草发芽率极低，品质还不稳定，父亲试种冰草一年，反复实验都没有成功。进口冰草种子价格昂贵，眼见投资打了水漂，一向不服输的丁蓉蓉做出了一个决定：休学回家，专心研究冰草。她天天吃住在大棚里，还上网查找各种资料、到处请教农业专家。经过反复实验，在2014年冬天，丁蓉蓉终于找到了适合冰草生长的温度、湿度、土壤酸碱度、光照强度等环境数据，不久便成为江苏规模化种植冰草的第一人。

经过长期大量实验，丁蓉蓉于2016年5月实现冰草的引种驯化，培育出了新品种——“大叶冰草”，打破了国外对冰草种子的长期垄断。

丁蓉蓉的种植基地面积迅速扩大，成为华东最大的冰草种植基地，同时被评为“全国供销合作社系统农民专业合作社示范社”“江苏省省级园艺作物标准园”。南京市江宁区政府将她的冰草项目引进南京谷里国家现代农业示范园，提供4000万平方米国际标准的大棚给她从事冰草研究和种植。此后，南京江宁谷里国家现代农业示范园区、淮安码头镇国家农业科技园区里都有她的智能化现代农业设施。

丁蓉蓉的农业基地也带动了当地农户的就业，增加了他们的收入。但丁蓉蓉的理想还不止这些，她不仅要做生态农业，更要努力改变农业的生态，促进当地农业结构的转型升级，建设美丽新乡村。

【想一想】

关于乡村振兴、社区治理、农产品电商销售等，我们大学生都能做些什么？

第一节　创新创业的时代际遇

党的十九大报告指出：“经过长期努力，中国特色社会主义进入了新时代，这是我国发展新的历史方位。”党的二十大报告指出，“必须坚持科技是第一生产力、人才是第一资源、创新是第一动力”，要“加快实施创新驱动发展战略”，就要“加快实现高水平科技自立自强”。进入新时代，在立足新发展阶段、贯彻新发展理念、构建新发展格局的新形势下，传统的经济发展方式已难以为继，新常态下经济发展的规模和速度要求经济发展方式必须以创新驱动为主。创新是引领发展的第一动力，是建设现代化经济体系的战略支撑。

对国家而言，新时代表明我国战略任务的变化、发展坐标的前进、国际影响的增强。那么，这个新时代是什么样的时代呢？

一、认知时代

（一）高度自信的时代

1. 经济保持中高速增长，在世界主要国家中名列前茅。国内生产总值稳居世界第二，对世界经济增长贡献率超过30%。

2. 经济结构不断优化。数字经济等新兴产业蓬勃发展，高铁、公路、桥梁、港口、机场等基础设施建设快速推进。农业现代化稳步推进，粮食生产能力不断提升。城镇化率年均提高1.2个百分点，8000多万农业转移人口成为城镇居民。区域发展协调性增强，京津冀协同发展，成渝地区双城经济圈建设、长江经济带发展成效显著。开放型经济新体制逐步健全，对外贸易、对外投资、外汇储备稳居世界前列，全面深化改革取得重大突破。

（二）技术飞速发展的时代

当前，我国经济稳中向好，各种技术飞速发展，新材料、新能源、新技术层出不穷，新能源、新材料、新技术将是未来经济的主要发展方向。创新驱动发展战略大力实施，创新型国家建设成果丰硕，"天宫""蛟龙""天眼""悟空""墨子"等重大科技成果相继问世。

（三）互联网渗透各领域的时代

如今，互联网已经走进人们的生活，成为每个人生活中的必需品。互联网无处不在，连接一切。移动互联网的快速发展也带来了很多新机遇。

（四）创新创业最好的时代

大学生创业要想成功，需要发展机遇和教育引导，更需要国家政策的大力支持、优良环境的充分营造。习近平总书记在2013年的全球创业周中国站开幕式的贺信中明确指出，"全社会都要重视和支持青年创新创业，提供更有利的条件，搭建更广阔的舞台，让广大青年在创新创业中焕发出更加夺目的青春光彩"。这为青年创业提供了良好的社会舆论环境。2014年，国务院办公厅下发《国务院办公厅关于做好2014年全国普通高等学校毕业生就业创业工作的通知》，指出要"着力改革创新，完善政策措施，强化就业创业服务，改善就业创业环境"，要求2014—2017年，在全国范围内实施大学生创业引领计划，推动创新高校人才培养机制，要求各高校自2014年起发布高校毕业生就业质量年度报告，从宏观上部署创业环境建设工作。随后，教育部办公厅分两批培育了100个"全国高校实践育人创新创业基地"，走出了完善大学生创新创业环境的重要一步。

1. 国家出台大量鼓励双创的政策

国家出台大量鼓励双创的政策，特别是2015年国务院印发《国务院关于大力推进大众创业万众创新若干政策措施的意见》，从9大领域、30个方面明确了96条政策措施，鼓励创新创业。2018年，《国务院关于推动创新创业高质量发展打造"双创"升级版的意见》印发，从9个方面、34个小项进一步就加快培育发展新动能、推动创新创业高质量发展作出了安排部署。为提升大学生创新创业能力、增强创新活力，坚持创新引领创业、创业带动就业，2021年，国务院办公厅印发《国务院办公厅关于进一步支持大学生创新创业的指导意见》，从9个方面提出了18条举措，进一步支持高校毕业生创业就业，有利于提升人力资源素质，促进大学生全面发展，实现大学生更加充分、更高质量的就业。在“互联网＋”背景下，大学生的创新创业热情不断高涨，国家对该方面的关注度也在不断提升，出台了相应的大学生创新创业的优惠政策，为大学生创新创业发展提供了更大的推动力。高校毕业生申请创业，国家会提供一定的行政管理费用，并且根据不同地区给予不同的优惠政策，这对于大学生创业来说是非常重要的。

2. 全社会对双创的支持力度空前

2015 年 3 月 5 日，政府工作报告提出：“推动大众创业、万众创新，既可以扩大就业、增加居民收入，又有利于促进社会纵向流动和公平正义。”“大众创业、万众创新”被定义为实现经济提质增效升级的新引擎。

2015 年 10 月 21 日，国务院常务会议确定完善研发费用加计扣除政策，推动企业加大研发力度，决定在全国推广国家自主创新示范区部分所得税试点政策，推进结构调整，助力创业创新。此次国务院会议增加了更多的积极信号，让“大众创业、万众创新”受到高度重视，成为激发市场活力、潜力和社会创造力，打造发展新引擎的重要战略。

时代呼唤“大众创业、万众创新”，在中国现阶段有其迫切性和必然性：未来发展需辟新路，能否通过改革提升存量资源效率，特别是通过激发大众的创新精神及创业动力以提升存量人口资源效率，对中国经济能否从高速增长过渡到有质量的中速增长而言，将是关键变量。

3. 职业选择高度自由

成长于新时代的青年人，个性鲜明、思维活跃，自主意识较强，敢于突破传统择业思维的束缚，更追求自由、自主择业，更强调自我人生价值的实现。同时，我国经济社会的飞速发展和“企业单位和个人双向选择、自主择业”就业体制的构建，都为大学生提供了新的就业机遇。

随着家庭经济收入水平和文化水平的提高，择业、就业出现了“以儿女为中心”的趋势，家庭对大学生自主创业、基层就业等选择多了支持和鼓励。大学生的择业意向呈现出多元化的特征，职业选择自由度高，更多倾向自主化。

4. 创业门槛大大降低

2008 年 9 月，国务院办公厅转发了人力资源和社会保障部等部门制定的《关于促进以创业带动就业工作的指导意见》，指出按照法律、法规规定的条件、程序和合约约定，允许创业者将家庭住所、租借房、临时商业用房等作为创业经营场所。

创业者们最明显的感受就是，创业门槛在不断降低。越来越多的创业孵化和辅导机构在我国出现，这些机构对创业者的帮助不仅仅在于金钱，更重要的是帮助创业者降低了创业风险。这些创业孵化和辅导机构的团队通常有着丰富的创业经验，能为创业者提供创业支持，帮助其明确商业方向，甚至在产品、财务、法务等多方面提供协助。大量怀揣创业梦想的年轻人可以由此开启创业之路。

延伸阅读

2006年诺贝尔经济学奖得主埃德蒙·费尔普斯在《大繁荣》中指出，“创新”是一个基于大众的、自下而上的进程。大多数创新并不是亨利·福特类型的孤独的梦想家所带来的，而是由千百万普通人共同推动的，他们有自由的权利去构思、开发和推广新产品与新工艺，或对现状进行改进。

彼得蒂尔在《从0到1》中提出，只有从0到1的垂直创新才是创新。但对许多人来讲，不可能都探索从0到1，在从1到N的过程中，其实也有大量创新创业机会。

在过去很长一段时间内，人们以为创新只是科学技术的创新，但实际上，创新不仅仅是科技的事情，更不仅仅是国家的事情，每个企业、每个人、每个环节都在创新过程中扮演着重要的角色。

创新不单单指技术革新，更意味着商业模式、服务方式等的调整与改变。通过这些调整与改变，也可以不断创造、开发出新的产品，实现经济和商业上的创新。这种自下而上的创新对于未来经济发展和社会繁荣也是至关重要的。

中国有着悠久的历史，人民群众富有创业进取的精神。但寻找机会和创造机会并不是一回事。中国政府已在有意识地培养和鼓励本土创新，这对于中国经济转型和找寻新的经济增长点大有益处。

近年来，中国企业越来越多地开始思考如何创新并付诸实践，这将非常有利于构建创新生态圈。

中国的社会和经济创新，不仅提供了新产品、商业机会和解决未知的平台，也许还能提供不少成功的世界范例。中国将开启从贸易商向创新者、从商业经济向现代经济的转轨，这一转轨可能需要一两代人的时间，但相信没有什么困难能阻止中国完成这个过程。

5. 创业风险大大降低

“80后”“90后”整体受教育水平的提高，使新一代创新创业者有更好的系统分析能力和资讯掌控能力，可以回避一些初级的风险。社会资金是巨大的，而且都在寻找营利和投资机会，这使得今天的创新创业与以往有很大不同。好的创新创意出来，就往往会迅速被资本市场发现，而创新创业者的财富故事又会吸引更多人投身其中。

二、新时代的新机遇和新挑战

在这样一个时代，青年大学生应该怎样去发现机会、接受挑战呢？

（一）新时代国家发展战略给大学生提供的机会

1. 国家创新驱动发展战略带来利好

党的十八大提出“实行创新驱动发展国家战略”，要“鼓励青年创业”“以创业带动就业”。在国家的号召与引领下，教育部进一步把创新创业教育战略定位为“作为培养创新型人才的重要途径”，要求高校“全面推进大学生创新创业工作，力争实现创业人数进一步增加”。

2. 文化大发展的机会

文化具有认识、教化、审美、娱乐、交流、传承等功能，对于陶冶人的情操、提高人的素质、实现人的全面发展具有不可替代的重要作用。“十三五”时期是全面建成小康社会的决胜阶段，也是促进文化繁荣发展的关键时期。在这一时期，文化产业规模不断扩大。从 2013 年到 2020 年，文化产业占 GDP 的比重明显呈现出逐年增加的态势。文化产业也加速转型，文化服务业呈现出较快增长的态势。文化产业包括文化批发零售、文化制造业、文化服务业三个板块，其中，文化服务业的增幅是最明显的。但文化企业的类别不同，其发展情况也存在很大的差别。从文化制造业来看，呈现出规模以上企业减少的态势，文化批发零售业规模以上企业的增幅也在下降，只有规模以上文化服务业企业增长的势头非常明显。此外，文化发展优势明显。庞大的消费人群、丰富多样的文化资源、传统民间—都市文化、新媒体等类别繁多的文化业态和文化企业旺盛的创业热情是我国文化发展的明显优势。

3. 老龄化社会到来提供的机会

如今，我国人口的主要矛盾之一就是人口老龄化。“我们正在变老。不是作为一位父亲或母亲、一个群体甚至一个国家，而是整个世界都在变老。”与此同时，越来越多的投资创业机会不断涌现，甚至有了一个专有名词“Silver Economy”(银发经济)。

PGIM 首席战略官 Taimur Hyat 的团队曾发布《老龄化时代投资预示报告》，在他看来，“长期投资者往往需要关注影响巨大的结构性的趋势，而老龄化就是其中之一”。

可见，不管是为老年人提升生存质量的医疗、保险领域，还是在劳动人口减少的压力下提升效能的新兴科技，都可能会成为下一个十年里的创投关键词。

4. 工业 2025 与工业 4.0 提供的机会

2015 年 5 月，国务院签发《中国制造 2025》，涉及包括提高国家制造业创新能力等 9 大任务，机器人、生物医药等 10 大重点领域以及智能制造等 5 项重大工程。这些任务、领域和工程目标的实现，不仅需要科技型领军人才，更需要大量高水平的技工队伍。

工业 4.0 即工业生产的数字化。19 世纪的蒸汽机、20 世纪初期的电力、20 世纪 70 年代的自动化技术都为工业生产带来了翻天覆地的变化，而且每次技术革命的大潮并没有减少总体的就业机会。尽管制造类岗位的数量会有所减少，但新的工作岗位不断涌现，随之而来的是对新技能的需求。如今，制造业正在经历新的变革——新型数字化工业技术的崛起(工业 4.0)，同时也将带来更多的就业机会。

（二）专业优势必须成为大学生创新创业的主要依托因素

大学生创新创业能力是其谋求生存和发展的基础之一。随着现代社会物质资料的丰富和生产力的提高，人们就业的主要动力逐渐转变为追求自我价值和社会尊重。在知识经济时代，大学生想通过自我发展充分展示自身才华，必须有创新和创造能力。在创业活动中，只有选择自己适合的领域去发展，超越、突破、创新，才能最终实现自己的人生价值。这就需要大学生充分利用自身专业优势。

专业优势要求大学生学好自身的专业，而学好专业的标志是能够运用自己所学的专业知识和技术。利用专业优势是说既可以进行知识型或智慧型创新创业，也可以利用学院以及教师的专业优势来选择项目。

（三）现代技术，尤其是“互联网+”技术成为大学生创新创业的主要工具

我们正身处新一轮科技革命和产业变革浪潮之中。技术革命的到来使人类面临空前的变化和机遇，如互联网和智能化技术。创新和创业都是和机遇连在一起的。

1. 要学会利用现代技术作为创新创业的手段

随着现代技术的快速发展，网店的开设成为目前主要的创业途径之一。部分大学生在校期间就开始利用现代技术进行创业，在网上进行创业，最主要的方式就是开网店、信息技术创业、建立门户网站等。相对而言其管理上操作较为简单，风险较低，存活率比较高，在大学生承受范围内。较之于传统的创业而言，其优势在于门槛低、知识含量高、创业前景广阔等，同时也解决了很多大学生创业资金不足、经验不足等难题。

2. 要学会利用互联网技术和思维进行创新创业

“互联网+”和经济新常态的背景为各行业带来了新机遇。大学生可以抓住这一机遇，积极参与互联网在线创业，打破传统的创业模式，实现新突破。

小贴士

创新创业往往和技术进步有关，但又不完全依赖技术，而是更多依赖创意。高科技会带来一些创新创业的机会，但更多的创新创业往往发生在已有技术的组合上。

自主创新主要有三种模式：一是原始创新，需要大量人力和财力，一般要由国家的大学、科研院所和大企业研究院来做。二是引进、消化、吸收再创新。三是集成创新，即把各种创新要素集成起来完成新的创新，就是“把做面包的技术用在蒸馒头上”。集成创新目前正成为我国企业的重要创新模式。

（四）跨界融合是创新创业项目选择的主要途径

跨界是指各个不同领域跨越原来区域划分，相互渗透融合，实现资源共享，创造出新的方式或价值。跨界可以产生大量新的信息，在此基础上对各要素进行重组、整合，产生新的知识、新的模式、新的体系等，其本质就是创新。

战“疫”背景下，一些企业的跨界转身让人耳目一新。据媒体报道，一些国有大型加油站发挥自身点多面广的优势，开通“安心买菜”业务，实现安全无接触购物，不仅助力疫情防控、解决物资短缺难题，而且有利于推动复工复产、提升企业形象，可谓一举多得。疫情防控期间，不少餐厅暂时停工，大量员工待业，而物流、商超等行业却人手紧缺，为缓解困境，“共享员工”的跨界合作成了双赢之举；一些景区、博物馆同网络直播平台合作，让大众足不出户就能看美景、赏文物；一些餐饮企业联手电商、微商，推出外卖送餐服务……转型升级，跨界而生。敢于跨界，方能跨越。非常时期的跨界之举，让看似毫不相关、实则紧密相连的各行各业亲密“并肩”，产生了奇妙的“化学反应”，也给人们带来了深刻的启示与思考。对大学生而言，在跨界的同时，应尽量结合自己所学专业，发挥所长。

第二节　创新创业的时代舞台

创新是一个民族进步的灵魂，是一个国家兴旺发达的不竭动力。习近平总书记深刻指出，当今世界正面临百年未有之大变局，新科技革命和产业变革的时代浪潮奔腾而至，如果我们不应变、不求变，将错失发展机遇，甚至错过整个时代。

2015 年 5 月，国务院办公厅印发了《关于深化高等学校创新创业教育改革的实施意见》，提出了完善人才培养质量标准、创新人才培养机制、健全创新创业教育课程体系、改革教学方法和考核方式、强化创新创业实践等一整套任务措施。2021 年 10 月，国务院办公厅印发了《国务院办公厅关于进一步支持大学生创新创业的指导意见》，进一步就提升大学生创新创业能力、优化大学生创新创业环境、加强大学生创新创业服务平台建设、推动落实大学生创新创业财税扶持政策、加强对大学生创新创业的金融政策支持、促进大学生创新创业成果转化、加强大学生创新创业信息服务等方面提出了 18 条具体举措。

一、创新创业类比赛是青年学生成长的平台

近年来，为落实习近平总书记重要指示精神和党中央、国务院的决策部署，教育部实施了一系列有力举措，建基地、办大赛、强实践，创新创业教育改革取得显著成效。教育行政主管部门、电子商业等行业举办了一系列创新创业类比赛（表 11-1）。

表 11-1　大学生创新创业竞赛(部分)基本情况一览表

序号	大赛名称	主办单位	作品类型及要求	大赛网址
1	中国国际"互联网+"大学生创新创业大赛	教育部、中央统战部、中央网络安全和信息化委员会办公室、国家发展改革委、工业和信息化部等	商业计划书、路演PPT、一分钟视频简介等	https://cy.ncss.cn/
2	"创青春"中国青年创新创业大赛	共青团中央、商务部、农业农村部等	商业计划书、路演PPT、项目介绍视频等	http://cqc.casicloud.com/
3	"中国创翼"创新创业大赛	人力资源和社会保障部、国家发展改革委、科技部、国家乡村振兴局、共青团中央、中国残联	商业计划书、路演PPT、实物类需要使用说明书以及视频等	http://zgcyds.newjobs.com.cn/
4	中英"一带一路"国际青年创新创业技能大赛	全国高职院校创新创业教育联盟IEEAC-HVC和英国国家创新创业教育中心NCEE(China)	网络模拟运营(现场实战)	
5	中国创新创业大赛	科技部、财政部、教育部、中央网信办、全国工商联	详见大赛通知文件	http://www.cxcyds.com/
6	全国大学生电子商务"创新、创业及创意"挑战赛	教育部高校电子商务类专业教学指导委员会	详见大赛通知文件	http://www.3chuang.net
7	中国大学生服务外包创新创业大赛	教育部、商务部等	详见大赛通知文件	http://www.fwwb.org.cn/
8	全国财经院校创新创业大赛	中国高等教育学会财经分会、中国金融教育发展基金会	详见大赛通知文件	
9	中美青年创客大赛	教育部	详见大赛通知文件	http://www.chinaus-maker.org/

二、国际大学生创新创业的“奥林匹克”盛会——中国国际“互联网＋”大学生创新创业大赛①

中国国际“互联网＋”大学生创新创业大赛是我国规模最大的大学生双创赛事。2017年8月15日，习近平总书记给第三届大赛“青年红色筑梦之旅”大学生回信，勉励同学们扎根中国大地了解国情民情，用青春书写无愧于时代、无愧于历史的华彩篇章。

（一）大赛目标与任务

1. 总体目标

更中国、更国际、更教育、更全面、更创新、更协同，落实立德树人根本任务，传承和弘扬红色基因，聚焦“五育”融合创新创业教育实践，开启创新创业教育改革新征程，激发青年学生创新创造热情，打造共建共享、融通中外的国际创新创业盛会，让青春在全面建设社会主义现代化国家的火热实践中绽放绚丽之花。

(1)更中国。更深层次、更广范围体现红色基因传承，充分展现新发展阶段高水平创新创业教育的丰硕成果，集中展示新发展理念引领下创新创业人才培养的中国方案，提升新时代中国高等教育的感召力。

(2)更国际。深化创新创业教育国际交流合作，汇聚全球知名高校、企业和创业者，服务以国内大循环为主体、国内国际双循环相互促进的新发展格局，搭建全球性创新创业竞赛平台，提升新时代中国高等教育的影响力。

(3)更教育。推动思想政治教育、专业教育与创新创业教育深度融合，弘扬劳动精神，加强学生创新实践能力培养，造就敢想敢为又善作善成的新时代好青年，提升新时代中国高等教育的塑造力。

(4)更全面。推进职普融通、产教融合、科教融汇，鼓励各学段学生积极参赛，形成创新创业教育在高等教育、职业教育、基础教育、留学生教育等各类各学段的全覆盖，打通人才培养各环节，提升新时代中国高等教育的引领力。

(5)更创新。积极开辟发展新领域新赛道，不断塑造发展新动能新优势，丰富竞赛内容和形式，激发全社会创新创业创造动能，促进高校创新成果转化应用，服务国家创新发展，提升新时代中国高等教育的创造力。

(6)更协同。充分发挥大赛平台纽带作用，促进优质资源互联互通，推动形成开放大学、开放产业、开放问题的良好氛围，助推大赛项目落地转化，营造支持青年大学生创新创业、共同合作、互相包容、互相支持的良好生态。

2. 主要任务

(1)以赛促教，探索人才培养新途径。全面提高人才自主培养质量，强化高校课程

① 本部分内容来自《教育部关于举办第七届中国国际“互联网＋”大学生创新创业大赛的通知》。选入时有改动。

思政建设，深入推进新工科、新医科、新农科、新文科建设，深化创新创业教育改革，引领各类学校人才培养范式深刻变革，形成新的人才培养质量观和质量标准，切实提高学生的创新精神、创业意识和创新创业能力。

(2)以赛促学，培养创新创业生力军。着力造就拔尖创新人才，激励广大青年扎根中国大地了解国情民情，在创新创业中增长智慧才干，怀抱梦想又脚踏实地，敢想敢为又善作善成，做有理想、敢担当、能吃苦、肯奋斗的新时代好青年。

(3)以赛促创，搭建产教融合新平台。把教育融入经济社会发展，推动成果转化和产学研用融合，促进教育链、人才链与产业链、创新链有机衔接，以创新引领创业、以创业带动就业，推动形成高校毕业生更高质量创业就业的新局面。

（二）参赛要求

1. 参赛项目能够紧密结合经济社会各领域现实需求，充分体现高校在新工科、新医科、新农科、新文科建设方面取得的成果，培育新产品、新服务、新业态、新模式，促进制造业、农业、卫生、能源、环保、战略性新兴产业等产业转型升级，促进数字技术与教育、医疗、交通、金融、消费生活、文化传播等深度融合。

2. 参赛项目应弘扬正能量，践行社会主义核心价值观，真实、健康、合法。不得含有任何违反《中华人民共和国宪法》及其他法律法规的内容。所涉及的发明创造、专利技术、资源等必须拥有清晰合法的知识产权或物权。

3. 参赛项目只能选择一个符合要求的赛道报名参赛，根据参赛团队负责人的学籍或学历确定参赛团队所代表的参赛学校，且代表的参赛学校具有唯一性。

知识链接

第八届中国国际“互联网＋”大学生创新创业大赛各赛道评审规则

表 11-2　高教主赛道项目评审要点：创意组

评审要点	评审内容	分值
教育维度	1. 项目应弘扬正确的价值观，体现家国情怀，恪守伦理规范，有助于培育创新创业精神 2. 项目符合将专业知识与商业知识有效结合并转化为商业价值或社会价值的创新创业基本过程和基本逻辑，展现创新创业教育对创业者基本素养和认知的塑造力 3. 体现团队对创新创业所需知识(专业知识、商业知识、行业知识等)与技能(计划、组织、领导、控制、创新等)的娴熟掌握与应用，展现创新创业教育提升创业者综合能力的效力	

续表

评审要点	评审内容	分值
教育维度	4. 项目充分体现团队解决复杂问题的综合能力和高级思维；体现项目成长对团队成员创新创业精神、意识、能力的锻炼和提升作用 5. 项目能充分体现院校在新工科、新医科、新农科、新文科建设方面取得的成果；体现院校在项目的培育、孵化等方面的支持情况；体现多学科交叉、专创融合、产学研协同创新、产教融合等模式在项目的产生与执行中的重要作用	30
创新维度	1. 项目遵循从创意到研发、试制、生产、进入市场的创新一般过程，进而实现从创意向实践、从基础研发向应用研发的跨越 2. 团队能够基于学科专业知识并运用各类创新的理念和范式，解决社会和市场的实际需求 3. 项目能够从产品创新、工艺流程创新、服务创新、商业模式创新等方面着手开展创新创业实践，并产生一定数量和质量的创新成果以体现团队的创新力	20
团队维度	1. 团队的组成原则与过程是否科学合理；团队是否具有支撑项目成长的知识、技术和经验；是否有明确的使命愿景 2. 团队的组织构架、人员配置、分工协作、能力结构、专业结构、合作机制、激励制度等的合理性情况 3. 团队与项目关系的真实性、紧密性情况；对项目的各项投入情况；创立创业企业的可能性情况 4. 支撑项目发展的合作伙伴等外部资源的使用以及与项目关系的情况	20
商业维度	1. 充分了解所在产业(行业)的产业规模、增长速度、竞争格局、产业趋势、产业政策等情况，形成完备、深刻的产业认知 2. 项目具有明确的目标市场定位，对目标市场的特征、需求等情况有清晰的了解，并据此制订合理的营销、运营、财务等计划，设计出完整、创新、可行的商业模式，展现团队的商业思维 3. 项目落地执行情况；项目对促进区域经济发展、产业转型升级的情况；已有盈利能力或盈利潜力情况	20
社会价值维度	1. 项目直接提供就业岗位的数量和质量 2. 项目间接带动就业的能力和规模 3. 项目对社会文明、生态文明、民生福祉等方面的积极推动作用	10

表 11-3　高教主赛道项目评审要点：初创组、成长组

评审要点	评审内容	分值
教育维度	1. 项目应弘扬正确的价值观，体现家国情怀，恪守伦理规范，有助于培育创新创业精神 2. 项目符合将专业知识与商业知识有效结合并转化为商业价值或社会价值的创新创业基本过程和基本逻辑，展现创新创业教育对创业者基本素养和认知的塑造力 3. 体现团队对创新创业所需知识(专业知识、商业知识、行业知识等)与技能(计划、组织、领导、控制、创新等)的娴熟掌握与应用，展现创新创业教育提升创业者综合能力的效力	

续表

评审要点	评审内容	分值
教育维度	4. 项目充分体现团队解决复杂问题的综合能力和高级思维；体现项目成长对团队成员创新创业精神、意识、能力的锻炼和提升作用 5. 项目能充分体现院校在新工科、新医科、新农科、新文科建设方面取得的成果；体现院校在项目的培育、孵化等方面的支持情况；体现多学科交叉、专创融合、产学研协同创新、产教融合等模式在项目的产生与执行中的重要作用	20
商业维度	1. 充分掌握所在产业(行业)的产业规模、增长速度、竞争格局、产业趋势、产业政策等情况；具有明确的目标市场定位，充分掌握目标市场的特征、需求等情况；具有完整、创新、可行的商业模式 2. 经营绩效方面，重点考察项目存续时间、营业收入(合同订单)现状、企业利润、持续盈利能力、市场份额、客户(用户)情况、税收上缴、投入与产出比等情况 3. 经营管理方面，是否有清晰的企业发展目标；是否有完备的研发、生产、运营、营销等制度和体系；是否采用先进、科学的管理方法，以确保企业具有较强的竞争力 4. 成长性方面，是否有清晰、有效、全方位的企业发展战略，并拥有可靠的内外部资源(人才、资金、技术等方面)实现企业战略，以建立企业的持续竞争优势 5. 现金流及融资方面，关注项目融资情况、获取资金渠道情况、企业经营的现金流情况、融资需求及资金使用情况是否合理 6. 项目对促进区域经济发展、产业转型升级的情况	30
团队维度	1. 团队的组成原则与过程是否科学合理；团队是否具有独特的支撑项目成长的知识、技能、经验以及成熟的外部资源网络；是否有明确的使命愿景 2. 公司是否具有合理的组织构架、清晰的指挥链、科学的决策机制；是否有合理的岗位设置、分工协作、专业能力结构；是否有良好的内部沟通机制；是否有合理的股权结构、激励制度等 3. 团队对项目的各项投入情况及团队成员的稳定性情况 4. 支撑公司发展的合作伙伴等外部资源的使用以及与公司关系的情况	20
创新维度	1. 项目遵循从创意到研发、试制、生产、进入市场的创新一般过程，进而实现从创意向实践、从基础研发向应用研发的跨越 2. 团队能够基于专业知识并运用各类创新的理念和范式，解决社会和市场的实际需求 3. 项目能够从产品创新、工艺流程创新、服务创新、商业模式创新等方面着手开展创新实践，产生一定数量和质量的创新成果，获得相应的市场回报 4. 项目能够从创新战略、创新流程、创新组织、创新制度与文化等方面进行设计协同，对创新进行有效管理，进而保持公司的竞争力	20
社会价值维度	1. 项目直接提供就业岗位的数量和质量 2. 项目间接带动就业的能力和规模 3. 项目对社会文明、生态文明、民生福祉等方面的积极推动作用	10

表 11-4 “青年红色筑梦之旅”赛道项目评审要点：公益组

评审要点	评审内容	分值
教育维度	1. 项目应弘扬正确的价值观，体现家国情怀，恪守伦理规范，有助于培育创新创业精神 2. 项目体现团队扎根中国大地了解国情民情，遵循发现问题、分析问题、解决问题的基本规律，将所学专业知识、技能和方法应用于解决各类社会问题，展现创新创业教育对创业者基本素养和认知的塑造力和提升创业者综合能力的效力 3. 项目充分体现团队解决复杂问题的综合能力和高级思维；体现项目成长对团队成员创新创业精神、意识、能力的锻炼和提升作用 4. 项目能充分体现院校在新工科、新医科、新农科、新文科建设方面取得的成果；项目充分体现专业教育、思政教育、创新创业教育的有机融合；体现院校在项目的培育、孵化等方面的支持情况	30
公益维度	1. 项目以社会价值为导向，以谋求公共利益为目的，以解决社会问题为使命，不以营利为目标，有一定公益成果 2. 在公益服务领域具有较好的创意、产品或服务模式的创业计划和实践，追求社会效益的最大化	10
团队维度	1. 团队的组成原则与过程是否科学合理；是否具有从事公益创业所需的知识、技术和经验；是否有明确的使命愿景 2. 团队内部的组织构架、人员配置、分工协作、能力结构、专业结构、激励制度的合理性情况；团队外部服务支撑体系完备(如志愿者团队等)、具有一定规模、实施有效管理使其发挥重要作用的情况 3. 团队与项目关系的真实性、紧密性情况；团队对项目的各项投入情况；团队的延续性或接替性情况 4. 支撑项目发展的合作伙伴等外部资源的使用以及与项目关系的情况	20
发展维度	1. 项目通过吸纳捐赠、获取政府资助、自营收等方式确保持续生存能力情况 2. 团队基于一定的产品、服务、模式，通过高效管理、资源整合、活动策划等运营手段，确保项目影响力与实效性 3. 项目对促进就业、教育、医疗、养老、环境保护与生态建设等方面的效果 4. 项目的模式可复制、可推广、具有示范效应 5. 项目对带动大学生到农村、城乡社区从事社会服务就业创业的情况	20
创新维度	1. 团队能够基于科学严谨的创新过程，遵循创新规律，运用各类创新的理念和范式，解决社会实际需求 2. 项目能够从产品创新、服务创新等方面着手开展公益创业实践，并产生一定数量和质量的创新成果 3. 鼓励将高校科研成果运用到公益创业中，以解决相应的社会问题	20
必要条件	参加由学校、省市或全国组织的“青年红色筑梦之旅”活动	

表 11-5 "青年红色筑梦之旅"赛道项目评审要点：创意组

评审要点	评审内容	分值
教育维度	1. 项目应弘扬正确的价值观，体现家国情怀，恪守伦理规范，有助于培育创新创业精神 2. 项目体现团队扎根中国大地了解国情民情，遵循发现问题、分析问题、解决问题的基本规律，将所学专业知识、技能和方法应用于乡村振兴和农业农村现代化、城乡社区发展，展现创新创业教育对创业者基本素养和认知的塑造力和提升创业者综合能力的效力 3. 项目充分体现团队解决复杂问题的综合能力和高级思维，体现项目成长对团队成员创新创业精神、意识、能力的锻炼和提升作用 4. 项目能充分体现院校在新工科、新医科、新农科、新文科建设方面取得的成果；项目充分体现专业教育、思政教育、创新创业教育的有机融合；体现院校在项目的培育、孵化等方面的支持情况	30
团队维度	1. 团队的组成原则与过程是否科学合理；团队是否具有支撑项目成长的知识、技术和经验；是否有明确的使命愿景 2. 团队的组织构架、人员配置、分工协作、能力结构、专业结构、合作机制、激励制度等的合理性情况 3. 团队与项目关系的真实性、紧密性情况；对项目的各项投入情况；创立创业企业的可能性情况 4. 支撑项目发展的合作伙伴等外部资源的使用以及与项目关系的情况	20
发展维度	1. 充分了解乡村振兴、农业农村现代化、城乡社区发展的内容和要求，了解其中的痛点、难点，进而形成对所要解决问题完备的认知 2. 在服务乡村振兴、农业农村现代化、城乡社区发展等方面有较好的创意、产品或服务模式，追求经济效益和社会效益的平衡 3. 项目对推动乡村振兴、农业农村现代化、城乡社区发展等方面的贡献度 4. 项目的持续生存能力，模式可复制、可推广、具有示范效应等	20
创新维度	1. 团队能够基于科学严谨的创新过程，遵循创新规律，运用各类创新的理念和范式，解决乡村振兴、农业农村现代化、城乡社区发展中遇到的各类问题 2. 项目能够从产品创新、服务创新等方面着手开展创新创业实践，并产生一定数量和质量的创新成果 3. 鼓励院校科研成果和文创成果在乡村或社区进行产业转化落地与实践应用 4. 鼓励组织模式或商业模式创新，鼓励资源整合优化创新	20
社会价值维度	1. 项目直接提供就业岗位的数量和质量 2. 项目间接带动就业的能力和规模 3. 项目对社会文明、生态文明、民生福祉等方面的积极推动作用	10
必要条件	参加由学校、省市或全国组织的"青年红色筑梦之旅"活动	

表 11-6 “青年红色筑梦之旅”赛道项目评审要点：创业组

评审要点	评审内容	分值
教育维度	1. 项目应弘扬正确的价值观，体现家国情怀，恪守伦理规范，有助于培育创新创业精神 2. 项目体现团队扎根中国大地了解国情民情，遵循发现问题、分析问题、解决问题的基本规律，将所学专业知识、技能和方法应用于乡村振兴和农业农村现代化实践，展现创新创业教育对创业者基本素养和认知的塑造力和提升创业者综合能力的效力 3. 项目充分体现团队解决复杂问题的综合能力和高级思维，体现项目成长对团队成员创新创业精神、意识、能力的锻炼和提升作用 4. 项目能充分体现院校在新工科、新医科、新农科、新文科建设方面取得的成果；项目充分体现专业教育、思政教育、创新创业教育的有机融合；体现院校在项目的培育、孵化等方面的支持情况	20
团队维度	1. 团队的组成原则与过程是否科学合理，团队成员的教育和工作背景、创新能力、价值观念、分工协作和能力互补情况，是否有明确的使命愿景 2. 公司是否具有合理的组织构架、清晰的指挥链、科学的决策机制；是否有合理的岗位设置、分工协作、专业能力结构；是否有良好的内部沟通机制；是否有合理的股权结构、激励制度 3. 团队对项目的各项投入情况及团队成员的稳定性情况 4. 支撑公司发展的合作伙伴等外部资源的使用以及与公司关系的情况	20
发展维度	1. 充分了解乡村振兴、农业农村现代化、城乡社区发展的内容和要求，了解其中的痛点、难点，进而形成对所要解决问题完备的认知 2. 在服务乡村振兴、农业农村现代化、城乡社区发展等方面有较好产品或服务模式，追求经济效益和社会效益的平衡 3. 项目通过商业方式推动乡村振兴、农业农村现代化、城乡社区发展等方面的贡献度 4. 项目的持续生存能力，模式可复制、可推广、具有示范效应等	30
创新维度	1. 团队能够基于科学严谨的创新过程，遵循创新规律，运用各类创新的理念和范式，解决乡村振兴、农业农村现代化、城乡社区发展中遇到的各类问题 2. 项目能够从产品创新、服务创新、组织创新等方面着手开展创新创业实践，并产生一定数量和质量的创新成果，获得相应的市场回报 3. 鼓励院校科研成果和文创成果在乡村或社区进行产业转化落地与实践应用	20
社会价值维度	1. 项目直接提供就业岗位的数量和质量 2. 项目间接带动就业的能力和规模 3. 项目对社会文明、生态文明、民生福祉等方面的积极推动作用	10
必要条件	参加由学校、省市或全国组织的“青年红色筑梦之旅”活动	

表 11-7　职教赛道项目评审要点：创意组

评审要点	评审内容	分值
教育维度	1. 项目应弘扬正确的价值观，体现家国情怀，恪守伦理规范，有助于培育创新创业精神 2. 项目符合将专业知识与商业知识有效结合并转化为商业价值或社会价值的创新创业基本过程和基本逻辑，展现创新创业教育对创业者基本素养和认知的塑造力 3. 体现团队对创新创业所需知识(专业知识、商业知识、行业知识等)与技能(计划、组织、领导、控制、创新等)的娴熟掌握与应用，展现创新创业教育提升创业者综合能力的效力 4. 项目充分体现团队解决复杂问题的综合能力和高级思维；体现项目成长对团队成员创新创业精神、意识、能力的锻炼和提升作用 5. 项目能充分体现院校在职业教育建设方面取得的成果；体现院校在项目的培育、孵化等方面的支持情况；体现多学科交叉、专创融合、产学研协同创新、产教融合等模式在项目的产生与执行中的重要作用	30
创新维度	1. 具有原始创意、创造 2. 具有面向培养“大国工匠”与能工巧匠的创意与创新 3. 项目体现产教融合模式创新、校企合作模式创新、工学一体模式创新 4. 鼓励面向职业和岗位的创意及创新，侧重于加工工艺创新、实用技术创新、产品(技术)改良、应用性优化、民生类创意等	20
团队维度	1. 团队的组成原则与过程是否科学合理；团队是否具有支撑项目成长的知识、技术和经验；是否有明确的使命愿景 2. 团队的组织构架、人员配置、分工协作、能力结构、专业结构、合作机制、激励制度等的合理性情况 3. 团队与项目关系的真实性、紧密性情况；对项目的各项投入情况；创立创业企业的可能性情况 4. 支撑项目发展的合作伙伴等外部资源的使用以及与项目关系的情况	20
商业维度	1. 充分了解所在产业(行业)的产业规模、增长速度、竞争格局、产业趋势、产业政策等情况，形成完备、深刻的产业认知 2. 项目具有明确的目标市场定位，对目标市场的特征、需求等情况有清晰的了解，并据此制定合理的营销、运营、财务等计划，设计出完整、创新、可行的商业模式，展现团队的商业思维 3. 其他：项目落地执行情况；项目对促进区域经济发展、产业转型升级的情况；已有盈利能力或盈利潜力情况	20
社会价值维度	1. 项目直接提供就业岗位的数量和质量 2. 项目间接带动就业的能力和规模 3. 项目对社会文明、生态文明、民生福祉等方面的积极推动作用	10

表 11-8　职教赛道项目评审要点：创业组

评审要点	评审内容	分值
教育维度	1. 项目应弘扬正确的价值观，体现家国情怀，恪守伦理规范，有助于培育创新创业精神 2. 项目符合将专业知识与商业知识有效结合并转化为商业价值或社会价值的创新创业基本过程和基本逻辑，展现创新创业教育对创业者基本素养和认知的塑造力 3. 体现团队对创新创业所需知识(专业知识、商业知识、行业知识等)与技能(计划、组织、领导、控制、创新等)的娴熟掌握与应用，展现创新创业教育提升创业者综合能力的效力 4. 项目充分体现团队解决复杂问题的综合能力和高级思维；体现项目成长对团队成员创新创业精神、意识、能力的锻炼和提升作用 5. 项目能充分体现院校在职业教育建设方面取得的成果；体现院校在项目的培育、孵化等方面的支持情况；体现多学科交叉、专创融合、产学研协同创新、产教融合等模式在项目的产生与执行中的重要作用	20
商业维度	1. 充分掌握所在产业(行业)的产业规模、增长速度、竞争格局、产业趋势、产业政策等情况；具有明确的目标市场定位，充分掌握目标市场的特征、需求等情况；具有完整、创新、可行的商业模式 2. 经营绩效方面，重点考察项目存续时间、营业收入(合同订单)现状、企业利润、持续盈利能力、市场份额、客户(用户)情况、税收上缴、投入与产出比等情况 3. 经营管理方面，是否有清晰的企业发展目标；是否有完备的研发、生产、运营、营销等制度和体系；是否采用先进、科学的管理方法，以确保企业具有较强的竞争力 4. 成长性方面，是否有清晰、有效、全方位的企业发展战略，并拥有可靠的内外部资源(人才、资金、技术等方面)实现企业战略，以建立企业的持续竞争优势 5. 现金流及融资方面，关注项目融资情况、获取资金渠道情况、企业经营的现金流情况、融资需求及资金使用情况是否合理 6. 项目对促进区域经济发展、产业转型升级的情况	30
团队维度	1. 团队的组成原则与过程是否科学合理；团队是否具有独特的支撑项目成长的知识、技能、经验以及成熟的外部资源网络；是否有明确的使命愿景 2. 公司是否具有合理的组织构架、清晰的指挥链、科学的决策机制；是否有合理的岗位设置、分工协作、专业能力结构；是否有良好的内部沟通机制；是否有合理的股权结构、激励制度等 3. 团队对项目的各项投入情况及团队成员的稳定性情况 4. 支撑公司发展的合作伙伴等外部资源的使用以及与公司关系的情况	20
创新维度	1. 具有原始创意、创造 2. 具有面向培养“大国工匠”与能工巧匠的创意与创新 3. 项目体现产教融合模式创新、校企合作模式创新、工学一体模式创新 4. 鼓励面向职业和岗位的创意及创新，侧重于加工工艺创新、实用技术创新、产品(技术)改良、应用性优化、民生类创意等	20

续表

评审要点	评审内容	分值
社会价值维度	1. 项目直接提供就业岗位的数量和质量 2. 项目间接带动就业的能力和规模 3. 项目对社会文明、生态文明、民生福祉等方面的积极推动作用	10

表 11-9 萌芽赛道项目评审要点

评审要点	评审内容	分值
创新性	1. 项目的想象力和创造力，就发现的问题和解决途径进行创意设计，创意设计过程符合客观规律 2. 科技创意证据充分，有足够的科学研究参与度(调查、实验、制作、验证等) 3. 文化创意逻辑清晰、完整，调研和分析数据充分	40
实践性	1. 项目的可行性、应用性和完整性 2. 项目具备可执行的计划或实践方案 3. 项目具有可预见价值，能够让未来的生活更美好	20
自主性	1. 项目符合团队成员年龄段的知识结构和实施项目能力 2. 项目选题、创意模式构建主要由学生提出和完成 3. 团队成员能够准确表述项目内容及原理，真实可信 4. 涉及科技成果和专利发明的，须提供证明材料或授权证明材料	20
团队情况	1. 团队成员的创新精神和创新意识与能力 2. 项目团队成员的教育背景、基本素质、价值观念、知识结构、擅长领域 3. 团队构成和分工协作合理	20

表 11-10 产业命题赛道项目评审要点

评审要点	评审内容	分值
教育维度	1. 项目应弘扬正确的价值观，体现家国情怀，恪守伦理规范，有助于培育创新创业精神 2. 项目符合将专业知识与产业实际问题有效结合，并转化为商业价值或社会价值，展现创新创业教育对创业者基本素养和认知的塑造力和提升创业者综合能力的效力 3. 项目充分体现团队解决复杂问题的综合能力和高级思维，体现项目成长对团队成员创新创业精神、意识、能力的锻炼和提升作用 4. 项目能充分体现院校在新工科、新医科、新农科、新文科建设方面取得的成果；体现院校在项目的培育、孵化等方面的支持情况；体现多学科交叉、专创融合、产学研协同创新等模式在项目的产生与执行中的重要作用	30

续表

评审要点	评审内容	分值
命题分析	1. 全方位开展与所选命题相关的产业(行业)的产业规模、增长速度、竞争格局、产业趋势、产业政策以及市场的定位、特征、需求等方面的调研，形成一手资料 2. 系统、深入了解企业(机构)内外部环境情况，通过与企业对接，准确把握其实际需求与痛点，明确解决该命题所需的各类资源 3. 结合企业(机构)的产品、技术、模式、管理、制度等现实情况与本团队的创意、技术、方案、人才等实际情况，展开解题可行性和匹配度分析，为形成解决方案奠定基础	10
创新维度	1. 用于解决命题的创意、技术、方案、模式等的先进性情况 2. 团队基于科学严谨的创新过程，遵循创新规律，运用各类创新的理念和范式解决命题 3. 基于产业命题赛道开放创新的内在要求，促进企业(机构)将内外部资源有机整合，提高其创新效率的情况	20
团队维度	1. 团队的组成原则与过程是否科学合理，是否具有支撑解决命题的知识、技术和经验 2. 团队的组织构架、人员配置、分工协作、能力互补、专业结构的合理性情况 3. 团队与项目关系的真实性、紧密性情况，团队对项目的各项投入情况，团队与企业(机构)持续合作的可能性情况 4. 支撑项目发展的合作伙伴等外部资源的使用以及与项目关系的情况	20
实现维度	1. 解决命题过程的规划和工作进度安排合理，在各阶段工作目标清晰，难点明确，重点突出，并能兼顾目标与资源配置 2. 解决方案匹配企业(机构)命题要求，解决方案具备先进性、现实性、经济性、高完成度等特点 3. 命题解决方案是否解决企业(机构)命题中涉及的问题，以及为企业(机构)带来经济效益、社会效益的潜力情况	20

小贴士

大学生创新创业大赛参赛项目十大来源

1. 学生自发的创新创业项目。这类项目更多来自学生的自发创意、自主创新、商机发现。

2. 科技成果转化的创新创业项目。科技成果转化为大学生创新创业，能够把学校教学、科研与大学生创新创业三项工作有机结合在一起，在促进大学生创新创业的同时，实现高校科研成果产业化，创造更大的价值。

3. 产教融合协同创新创业项目。对于地方本科院校与高等职业院校来说，产教融合协同创新将成为一个重要的创新创业项目来源渠道。

4. 学校特色专业与优势学科的创新创业项目。大学生创新创业项目需要更好地与学校的特色、专业与学科的特色紧密结合，通过创新创业，促进学校特色专业与学科建设。

5.“互联网＋”最新技术的创新创业项目。

6. 校友教师的“大手拉小手”的创新创业项目。

7. 第三方“电子商务平台”的创新创业项目。

8. 家族产业与产权二次创业的创新创业项目。

9. 政府公共服务采购与社会公益需求的创新创业项目。

10.“一带一路”与全球经济一体化的创新创业项目。

延伸阅读

数看第七届中国国际“互联网＋”大学生创新创业大赛①

2021 年 10 月 9 日，教育部召开新闻发布会介绍第七届中国国际“互联网＋”大学生创新创业大赛有关情况。

做强创新创业“底色”，赛事规模再创新高

本届大赛以“我敢闯，我会创”为主题，共有来自国内外 121 个国家和地区、4347 所院校的 228 万余个项目、956 万余人次报名参赛，参赛项目数增幅达 55%，参赛人次增长 51%，赛事规模再创新高。尽管受到疫情影响，仍有来自国外 117 个国家和地区的 1263 所学校、5531 个项目、15611 人报名参赛，增幅分别达到 68%和 74%。职教赛道共计 2116 所院校、86 万余个项目、330 万余人次报名参赛。萌芽赛道共计 228 个项目参赛。为适应赛事发展，总决赛入围项目由 1600 个增加到 3500 个，金牌数量由 158 个增加到 320 个。

点亮课程思政“红色”，红旅活动星火燎原

6 月 11 日，大赛“青年红色筑梦之旅”全国启动仪式在江西井冈山举行，并与上海、深圳、嘉兴、延安、雄安 5 地联动，1200 多万人次在线观看直播。各地各高校紧扣“建党百年”主题，全程贯穿“四史”教育，2586 所院校的 40 万个创新创业团队、181 万名大学生参加活动，对接农户 105 万户、企业 2.1 万多家，签订合作协议 3 万余项。产生了良好的经济效益和社会效益。

---

① 本部分内容来自中国教育在线 2021 年 10 月 9 日推文。选入时有改动。

坚守育人育才“本色”，让大赛讲好立德树人故事

本届大赛进一步回归教育本质，力争从“稚嫩”中突出“不平凡”。新设“本科生创意组”，并设置单独的晋级通道，保障在校大学生深度参赛，让更多创新创业的“未来之星”能脱颖而出。大赛同期举办的“创新创业成果展”，将突出展示各地各高校落实立德树人根本任务、培养大众创业万众创新生力军的成果。

再添高质量发展“成色”，大赛赛道进一步拓展

为引导高校把创新创业教育与破解产业实际技术难题有机结合，本届大赛新增了产业命题赛道。产业出题、高校揭榜，多家知名企业高度关注、积极参与，国内共有1024所高校、10466个项目、59454人次报名参赛，有力促进了赛事成果转化与产学研深度融合，营造了协同培养创新创业人才的良好生态，推动了高校毕业生更高质量创业就业。

三、大学生创新创业项目的成果展示方式

（一）项目计划书

项目计划书是全面介绍项目发展前景，阐述产品、市场、竞争、风险及投资收益和融资要求的书面材料，应逻辑清晰、重点突出。其基本内容主要包括项目概述、市场分析、市场营销策略、财务分析与融资计划等。

一份好的项目计划书既可以帮助创业者自我评价、厘清思路，又可以帮助创业者凝聚人心、有效管理、对外宣传、获得融资。作为一份全方位的计划，项目计划书既是对即将展开的创业项目进行可行性分析的过程，在一定程度上也是拟建企业进行对外宣传和包装的文件。

项目计划书应注意控制篇幅，切忌堆砌无用内容。此外，计划书还应遵循“重要优先和重要高亮”原则，将重要的内容放在前面来呈现。项目内容要表述清楚，创新性的、核心的部分要突出。务虚的部分要尽量少，如创意组的项目，财务部分的内容不宜太多，不宜过分夸大。

（二）项目 PPT

在项目路演时，可以用 PPT 形式，就做什么事、为什么做、怎么做、谁来做等几个方面来向投资人展示自己的项目。其核心目标是“讲清楚”和“说服力”，突出项目亮点，让投资人能够为自己的项目投资。

一般情况下，项目 PPT 应包含以下内容。

1. 封面。项目名称＋一句话描述，体现出产品亮点，达到“有料、有趣、有情”，如“智阅科技——人工智能阅卷解决方案领创者”。建议项目名称不要直接用公司名称，尤其是尚未成立的公司项目。

2. 分析行业背景和市场现状(Why)。包括对项目相关的行业背景、市场发展趋势、

市场空间的分析，要具体且有针对性，与所要做的事要紧密相关，避免空泛。可描述在目前的市场背景下，发现了一个怎样的痛点，如市场需求点、机会点等。在分析时，如已有相关的产品或服务，要同已有的产品或服务做简要对比分析，表明当前项目的差异和机会。

3. 讲清楚要做什么(What)。用一两句话说清楚准备做什么事，最好能配上简单的产业链上下游图、产品功能示意图或简要流程框图等，让人对要做的事一目了然，不要整页 PPT 都是大段文字。

4. 如何做以及现状(How)。讲清楚有什么样的解决方案或者什么样的产品能够解决发现的痛点，方案或者产品提供了什么样的功能。要有清晰的目标用户群定位，同时说明产品或解决方案的竞争力。

5. 项目团队(Who)。包括团队的人员规模和组成，主要成员的分工、背景和特长，成员个人能力与岗位的匹配度，团队的核心竞争优势，等等。

6. 财务预测与融资计划(How much)。包括未来一年左右项目收支状况的财务预估、未来 6 个月或一年的融资计划、目前的估值及估值逻辑等。

7. 结束语。应再次点题，突出亮点，并阐述项目的情怀，引发评委共鸣。

（三）项目微视频

微视频的作用是在有限的时间里体现出项目的核心和亮点，制作精良的项目微视频可以为整个项目加分。针对不同类型的项目，可以制作不同风格的项目微视频，需要根据项目的整体情况来选择相应的微视频风格。

一分钟的视频时间很有限，因此其呈现的内容和形式都很重要，关键看想传达什么样的信息，想让观众有什么样的感受。拍摄微视频就像拍电影或广告一样，既需要剧本、道具和演员，又需要场景和剧情，可以用真人也可以用卡通。视频的制作要尽可能精良，最好找专业团队或相关专业学生来完成。微视频和 PPT 是配合使用的，应尽量减少二者重复的内容，以传达更多的信息。微视频能够达到的最佳效果是有冲击力并能吸引人。

四、项目路演答辩

路演者应对展示内容非常熟悉。在陈述环节，应表达清晰、流畅，展示应侧重项目的亮点、创新性、核心竞争力等方面，常规内容不必花费太多时间。要做好陈述，主讲者必须对 PPT 的内容非常熟悉，应反复练习，最好形成文字稿(文字稿的好处是便于控制演讲时间)，应根据规则严格控制时间，建议在规定时间里留 10 秒空余，可提前进行多次彩排演练。

在评委提问环节，首先要听清题目、听懂问题，进行有针对性的回答，千万不可答非所问。其次，不可随意发挥，东拉西扯。最后，回答完毕，应对专家评委的提问或建议表示感谢。

答辩环节可以提前准备，想一想评委可能提什么问题、准备如何回答等，可以和队友一起进行彩排。

任务实施

与班级内的5—8名同学组成一个团队，发掘生活和学习中有待解决的问题，整合资源，以小组为单位撰写一份创业计划书。

延伸阅读

习近平总书记给第三届中国“互联网+”大学生创新创业大赛“青年红色筑梦之旅”的大学生的回信①

第三届中国“互联网+”大学生创新创业大赛“青年红色筑梦之旅”的同学们：

来信收悉。得知全国150万大学生参加本届大赛，其中上百支大学生创新创业团队参加了走进延安、服务革命老区的“青年红色筑梦之旅”活动，帮助老区人民脱贫致富奔小康，既取得了积极成效，又受到了思想洗礼，我感到十分高兴。

延安是革命圣地，你们奔赴延安，追寻革命前辈伟大而艰辛的历史足迹，学习延安精神，坚定理想信念，锤炼意志品质，把激昂的青春梦融入伟大的中国梦，体现了当代中国青年奋发有为的精神风貌。

实现全面建成小康社会奋斗目标，实现社会主义现代化，实现中华民族伟大复兴，需要一批又一批德才兼备的有为人才为之奋斗。艰难困苦，玉汝于成。今天，我们比历史上任何时期都更接近实现中华民族伟大复兴的光辉目标。祖国的青年一代有理想、有追求、有担当，实现中华民族伟大复兴就有源源不断的青春力量。希望你们扎根中国大地了解国情民情，在创新创业中增长智慧才干，在艰苦奋斗中锤炼意志品质，在亿万人民为实现中国梦而进行的伟大奋斗中实现人生价值，用青春书写无愧于时代、无愧于历史的华彩篇章。

习近平

2017年8月15日

① http://www.gov.cn/xinwen/2017-08/16/content_5217973.htm，访问日期：2023-06-27。

参考文献

1. 白逸仙，耿孟茹．跨界融合：“双一流”建设高校教改新方向——基于40所高水平工科行业特色型高校的实证分析[J]．湖南师范大学教育科学学报，2020(4).

2. 蔡立彬．高校青年志愿者行动的德育机制、成效及发展对策探析[J]．学校党建与思想教育，2005(8).

3. 曹帅召主编．大学生安全教育[M]．北京：经济科学出版社，2010.

4. 陈永灿，白钰编著．生活起居中的中医养生智慧[M]．北京：人民军医出版社，2013.

5. 陈振华．从生产空间到生活空间：城市职能转变与空间规划策略思考[J]．城市规划，2014(4).

6. 杜伟．工业4.0时代，就业人口增多还是减少[J]．中国对外贸易，2016(9).

7. 付洪涛，王伟才主编．大学生安全教育[M]．北京：人民教育出版社，2015.

8. 侯文皓，王平，梁乐华．中国工业4.0之路——“中国制造”的机遇[J]．上海汽车，2018(7).

9. 胡凯，杨欣．论大学生志愿服务的思想政治教育功能[J]．思想教育研究，2010(2).

10. 黄艳．当代大学生志愿服务现状、问题与对策[J]．高等农业教育，2014(2).

11. 黄艺，张根福．大学生思想政治教育的新载体——志愿服务探析[J]．浙江师范大学学报(社会科学版)，2012(4).

12. 黄珍，李冬凤．“创新创业”背景下大学生正确择业价值观的培育研究[J]．学理论，2017(6).

13. 季梦婷，周嫣，冯芳茗，周如女．老年人生活空间的研究进展及临床意义[J]．中华现代护理杂志，2014(35).

14. 姜思哲．当代大学生参与志愿服务活动的问题及解决途径[J]．继续教育研究．2013(8).

15. 李峥．“四个自信”对新时代大学生理想信念的引领作用探究[J]．青年与社会，

2019(16).

16. 林竹，傅艺娜. 关于社会工作理念介入大学生志愿服务的思考[J]. 青少年研究，2009(3).

17. 刘霞，张建刚，苏雅丽，任小永. 利用信息技术培养大学生创新创业能力的实践与研究[J]. 科技风，2020(18).

18. 刘煜. 大学生社会实践导论[M]. 杭州：浙江大学出版社，2017.

19. 刘艺博，郝雪晶，邓鹏飞. 高校大学生志愿服务制度化建设研究[J]. 吉林工程技术师范学院学报，2019(5).

20. 沈颖，陈华栋. 从国家战略视角看中国高校创新创业教育的沿革[J]. 价值工程，2017(36).

21. 盛旭. 当前大学生社会实践研究——以首都大学生为例[M]. 北京：中国人民公安大学出版社，群众出版社，2017.

22. 石春娜，曹丽，苏兵. 以专业竞赛为依托的大学生创新创业能力培养模式研究[J]. 教育教学论坛，2019(18).

23. 谭泽媛. 新时代高职院校劳动教育体系的构建[J]. 宁波职业技术学院学报，2020(1).

24. 王宁. 惟创新者胜　善跨界者赢[N]. 解放军报，2020-03-23.

25. 王世强. 社区服务项目设计[M]. 北京：中国社会出版社，2017.

26. 习近平. 在同全国劳动模范代表座谈时的讲话[N]. 人民日报，2013-04-29.

27. 习近平. 在庆祝“五一”国际劳动节暨表彰全国劳动模范和先进工作者大会上的讲话[N]. 人民日报，2015-04-29.

28. 习近平. 在知识分子、劳动模范、青年代表座谈会上的讲话[N]. 人民日报，2016-04-30.

29. 习近平. 在2018年春节团拜会上的讲话[N]. 人民日报，2018-02-14.

30. 肖青山. 大学生社会实践考核评价问题探析[J]. 新西部，2018(35).

31. 谢秀秀. 高校共青团大学生社会实践评价机制的构建及应用研究[J]. 青苹果，2017(3).

32. 徐敏，张浩. 劳动防护用品知识学习手册[M]. 北京：中国劳动社会保障出版社，2018.

33. 张科，彭巧胤. 高校青年志愿服务专业化研究[J]. 中国青年研究，2010(2).

34. 张杨. 大学生志愿服务的现状与对策分析[J]. 青少年研究—山东省团校学报，2007(5).

35. 张红霞. 论大学生志愿服务的育人功能及其实现路径[J]. 思想理论教育导刊，2019(1).

36. 张文存. 浅谈问卷设计技术[J]. 产业创新研究，2020(10).

37. 赵海鹏，李广辉. 大学生社会实践实效性评价机制的构建研究[J]. 理论观察，2019(8).

38. 周蕾，林松涛. 基于控制理论的大学生社会实践系统管理反馈机制[J]. 教育与职业，2012(17).

39. 周谋灵. 新时代我国高校志愿服务的现状与路径——以某高校为例[J]. 法制与社会，2020(3).